nŭmerŭs, *i*, m.: numero, quantità, moltitudine; misura, ritmo, armonia; valore; ordine, regola; canone.
Esempio: *numerus scriptorum optimorum.*

info@lucasossellaeditore.it
www.lucasossellaeditore.it

Printed in China by
Guangzhou Zonefuprint Co., Ltd

Art director
Alessandra Maiarelli

ISBN 978-88-97356-09-7

Valerio Daniel De Simoni

Diari di viaggio Travel Journals

luca
sossella
editore

Ringraziamenti

Il diario di Valerio è stato ritrovato in Africa in un baule, inzuppato d'acqua. È stato ricomposto, decifrato, tradotto – e integrato con altri scritti presenti in questa opera – grazie a diversi professionisti di due continenti.

In particolare, Gino Moliterno ha curato la selezione generale e le traduzioni dall'italiano, Irena Knerr ha ricostruito e trascritto il diario, Mirella Alessio ha tradotto il diario e i messaggi facebook dall'inglese. Mirella Scriboni e Nicoletta Zanardi hanno tradotto i blog, Donata Marciano le email e Claudio Marcello le conferenze stampa, sempre dall'inglese.

Si ringraziano per la consulenza e l'aiuto prestati: Massimo Pasquini, Adriana Argentini, Angelo Pasquini, Marisa M. Katis, Marco De Simoni, Assunta Giorgio, Alessandra Vanzi, Flavia Pasquini.

Acknowledgements

Valerio's diary was found in Africa in a trunk, water-damaged. It has been salvaged, transcribed, translated, and put together with a number of other of Valerio's writings in the present volume, thanks to a number of professionals on two continents.

In particular: Gino Moliterno has been general editor of the volume and translated the Italian into English, Irena Knerr reconstituted and transcribed the diary. Mirella Alessio has translated the diary and the Facebook messages from English into Italian. Mirella Scriboni and Nicoletta Zanardi have translated the blogs, Donata Marciano the emails and Claudio Marcello the press releases, all from English into Italian.

In addition warmest thanks for invaluable advice and general assistance to: Massimo Pasquini, Adriana Argentini, Angelo Pasquini, Marisa M. Katis, Marco De Simoni, Assunta Giorgio, Alessandra Vanzi, Flavia Pasquini.

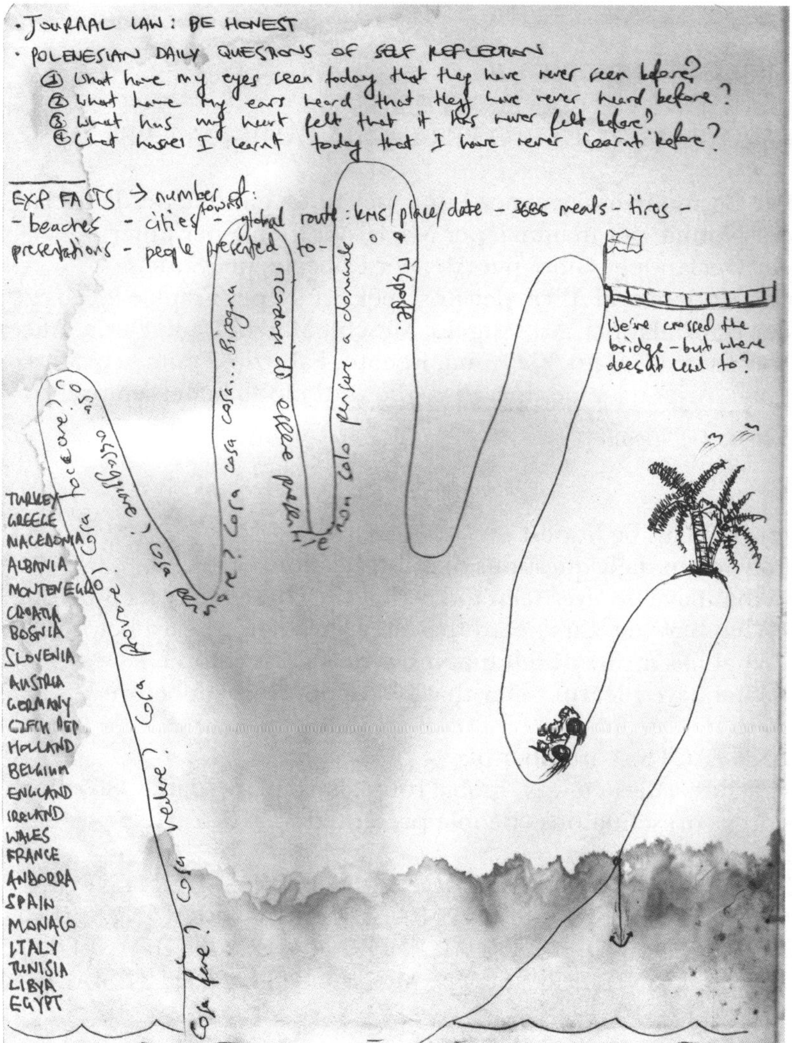

· JOURNAL LAW: BE HONEST
· POLENESIAN DAILY QUESTIONS OF SELF REFLECTION
① What have my eyes seen today that they have never seen before?
② What have my ears heard that they have never heard before?
③ What has my heart felt that it has never felt before?
④ What have I learnt today that I have never learnt before?
EXP FACTS → number of:
- beaches - cities/towns - global route: kms/place/date - 3686 meals - tires -
presentations - people presented to -
Cosa fare? Cosa vedere? Cosa provare? Cosa toccare? Cosa assaggiare? Cosa pensare? Cosa cosa cosa... Bisogna ricordarsi di essere gentile e non solo pensare a domande o risposte.
We've crossed the bridge - but where does it lead to?
TURKEY
GREECE
MACEDONIA
ALBANIA
MONTENEGRO
CROATIA
BOSNIA
SLOVENIA
AUSTRIA
GERMANY
CZECH REP
HOLLAND
BELGIUM
ENGLAND
IRELAND
WALES
FRANCE
ANDORRA
SPAIN
MONACO
ITALY
TUNISIA
LIBYA
EGYPT

The World, Together

TRAVEL JOURNALS
OF VALERIO DANIEL DE SIMONI

Quad Bike Expedition
Istanbul-to-Sydney 2010

I WILL NEVER GIVE UP
IF ANYONE CAN DO IT – IT'S ME.
FARÒ TUTTO QUESTO PER LA MIA FAMIGLIA E PER ME

Per Cosmo, per Coco, per Luna, per tutti i gattoni, per Patricia, per Nonna, per mamma, per Marti, per Elena, per Emer, per Declan, per Gino, per Ale, per Roberto, per Susie, per Morgan and Alice, per Rosi, per Emily, per Fraukje e Harry, per Dario, Franci, Ari, Angelo, Meschi, Marco, Dani, Flavia, Alice, Marilisa, Susi, Tito, Zia Anna, Renato, Fabrizio, Francesca, Marco, Luigi, Arianna, e per me. Vi voglio tutti molto bene, sempre.

Valerio De Simoni

Journal law: be honest
Polynesian daily questions of self reflection:
- What have my eyes seen today that they have never seen before?
- What have my ears heard that they have never heard before?
- What has my heart felt that it has never felt before?
- What have I learnt today that I have never learnt before?

EXP. FACTS > number of:
beaches - cities / towns - global route: kms/place/date - 3865 meals - tires - presentations - people presented to -

TURKEY, GREECE, MACEDONIA, ALBANIA, MONTENEGRO, CROATIA, BOSNIA, SLOVENIA, AUSTRIA, GERMANY, CZECH REP, HOLLAND, BELGIUM, ENGLAND, IRELAND, WALES, FRANCE, ANDORRA, SPAIN, MONACO, ITALY, TUNISIA, LIBYA, EGYPT

Cosa fare? Cosa vedere? Cosa provare? Cosa toccare? Cosa assaggiare? Cosa pensare? Cosa cosa cosa... Bisogna ricordarsi di essere presenti e non solo pensare a domande o a risposte.

We've crossed the bridge – but where does it lead to?

Il mondo, insieme

DIARI DI VIAGGIO
DI VALERIO DANIEL DE SIMONI

Spedizione Quad Bike
Istanbul - Sydney 2010

NON MI ARRENDERÒ MAI
SE C'È QUALCUNO CHE PUÒ FARLO – SONO IO.
I WILL DO ALL THIS FOR MY FAMILY AND FOR ME

For Cosmo, for Coco, for Luna, for all tomcats, for Patricia, for Nonna, for mamma, for Marti, for Elena, for Emer, for Declan, for Gino, for Ale, for Roberto, for Susie, for Morgan and Alice, for Rosi, for Emily, for Fraukje and Harry, for Dario, Franci, Ari, Angelo, Meschi, Marco, Dani, Flavia, Alice, Marilisa, Susi, Tito, Zia Anna, Renato, Fabrizio, Francesca, Marco, Luigi, Arianna, and for me. I love you all very much, for ever.

Valerio De Simoni

Regola del diario: sii onesto
Domande quotidiane polinesiane di autoriflessione:
- Cosa hanno visto oggi i miei occhi che non avevano mai visto prima?
- Cosa hanno sentito le mie orecchie che non avevano mai sentito prima?
- Cosa ha provato il mio cuore che non aveva mai provato prima?
- Cosa ho imparato oggi che non avevo mai imparato prima?

ELEMENTI DELLA SPEDIZIONE > numero di:
spiagge - città - paesi/percorso totale: kms/luoghi/date - 3685 pasti - pneumatici - presentazioni - gente a cui ho fatto presentazioni -

TURCHIA, GRECIA, MACEDONIA, ALBANIA, MONTENEGRO, CROAZIA, BOSNIA, SLOVENIA, AUSTRIA, GERMANIA, REPUBBLICA CECA, OLANDA, BELGIO, INGHILTERRA, IRLANDA, GALLES, FRANCIA, ANDORRA, SPAGNA, MONACO, ITALIA, TUNISIA, LIBIA, EGITTO

What to do? What to see? What to feel? What to touch? What to taste? What to think? What... what... one has to remember to be present and not only think of questions and answers.

Abbiamo attraversato il ponte, ma dove ci porterà?

F ANYONE CAN DO IT - IT'S ME.
FARO TUTTO QUESTO PER LA MIA FAMIGLIA E PER ME

per Cosmo, per Coco, per luna, per tutti i gattini per Patrizia, per Nonna, per mamma, per mati, per Elena per Emer, per Declan per Cosma, per Ale, per Roberto, per Sare, per Megan e Alice, per Emily, per Franzike e Henry, per Dario, Franky, Ari, Angelo, Meslei, Marco, Dani, Flavi, Marilisa, Susi, Tito, Zia Anna, Renato, Francesca, Marzo, Luigi, Arianna, e per me. Vi voglio tutti molto bene, sempre.

Prefazione
Vittoria Pasquini

Quando mi è stato chiesto di scrivere l'introduzione al diario di viaggio di mio figlio Valerio la prima reazione è stata di sorpresa. Una madre è sempre di parte soprattutto quando il figlio molto amato non c'è più. Perché io e non un addetto ai lavori?
In un weekend australiano caldo umido e senza risposte convincenti dall'Italia ho ripreso il manoscritto che avevo letto e riletto insieme al curatore Gino Moliterno.
Le parole scorrevano sulla carta nel silenzio di Bronte Park non più come un documento da trascrivere, mettere insieme, discutere ma di nuovo – come il 13 marzo del 2011 – come l'ultimo legame fisico con mio figlio, un quaderno nero A4 arrivatomi a Johannesburg da Lilongwe nel suo baule da viaggio, unico sopravvissuto a quell'assurdo tragico incidente.
Un regalo impensato.
C'era tutto Valerio là dentro in quei fogli sbiaditi dall'acqua, le sue passioni, i suoi scatti d'ira, la sua intelligenza, i suoi grandi amori, le sue visioni, i suoi saluti affettuosi a parenti ed amici che in quella notte, la prima senza di lui per me che li leggevo, diventavano gli addii.
Era un leone mio figlio, aveva combattutto con coraggio per quello in cui credeva, aveva sognato di cambiare il mondo con gli occhi ed il cuore ben piantati nel presente.
La sua energia era lì con me in quel momento, era grande e non andava sprecata. Come avrebbe detto lui, andava riciclata.
Nel letto d'un resort sconosciuto della periferia di Johannesburg – mia nipote Arianna stremata che mi dormiva accanto, di sopra i compagni di viaggio di Vale tutti appena arrivati, Ted dallo Zimbabwe dove aveva accompagnato il corpo di mio figlio senza più vita, Jamie dal Malawi col suo baule da viaggio, Sasha dal Kenya, Sylvie da Sydney come noi ma in rotta verso il Mozambico, Marco e Massimo in arrivo da Roma, Martina a Sydney, ormai giorno là, a ricevere telefonate, messaggi, visite, offerte di condoglianze e di documentari – in quel letto sconosciuto, in quella notte africana senza fine in cui tutta la mia vita

Preface
Vittoria Pasquini

When I was first approached to write an introduction to the travel diary of my son, Valerio, my first reaction was one of surprise. A mother is always biased, especially when the much-beloved child is no longer there. Why me rather than someone better qualified?
In a hot and humid Australian weekend in the absence of persuasive replies from Italy I took up the manuscript which I had read and re-read together with the editor, Gino Moliterno.
The words flowed on the pages in the silence of Bronte Park no longer as a document to transcribe, assemble and discuss but again, as on that 13th March 2011, as the last physical bond with my son, a black A4 writing book which had reached me in Johannesburg from Lilongwe in his traveling trunk, the only thing to have survived that absurd and tragic accident.
An unexpected gift.
All of Valerio was there in those faded, water-damaged sheets – his passions, his irate reactions, his intelligence, his great loves, his visions, his affectionate greetings to family and friends which in that night, the first night without him for me who was reading them, were becoming his farewells.
He was a Lion, my son; he had fought courageously for what he believed in, he had dreamed of changing the world with his eyes and his heart planted firmly in the present. His energy was there with me in that moment, it was great and was not to be wasted. As he would have said, it needed to be recycled.
In the bed of an unknown resort on the outskirts of Johannesburg my exhausted niece, Arianna, was sleeping beside me, above us Vale's travelling companions who had just arrived, Ted from Zimbabwe, where he had accompanied my son's lifeless body, Jamie from Malawi, who had brought his travel chest, Sasha from Kenya, Sylvie, like us from Sydney but en route to Mozambique, Marco and Massimo about to arrive from Rome, Martina in Sydney, day dawning there now, receiving telephone calls, messages, visits, offers of condolences and docu-

mi è passata davanti in un soffio e tutte le possibilità future mi si sono presentate con sconcertante lucidità anche le più terribili, in quella notte di grande, incredibile chiarezza, ho cominciato a pensare e a scrivere per non dimenticare, per poter ricordare, un tributo a Valerio, alla sua vita ed alla gioia che ha portato nella mia.
Tributo che avrei poi letto a Sydney al Memorial a Bronte Park, una delle tante celebrazioni in ricordo di Valerio e che appare in questo libro qui di seguito.
Nel rileggerlo oggi, mi accorgo con stupore che in quel discorso c'era già in nuce molto di quello che sarebbe successo poi, in questi tre lunghissimi anni.
La creazione delle associazioni Valerio Daniel De Simoni che operano a Sydney, a Roma e presto anche in Malawi, "comunità di buone intenzioni", parte di un movimento di base che "agisce localmente e pensa globalmente", volontariato che promuove orti bio urbani, porta solidarietà e aiuto ad Aborigeni australiani, a richiedenti asilo e a comunità disagiate, insegna l'italiano ai profughi minori e senza accompagno.
Ed infine la pubblicazione dei diari di Valerio.
Il primo, Real Love for the Turning World, *pubblicato l'anno scorso a cura delle associazioni Valerio Daniel De Simoni di Sydney e di Roma, collezione di due diari bilingue di Valerio ritrovati dopo la sua morte e scritti tra il 2006 e il 2010.*
Il secondo, questo suo (Valerio Daniel De Simoni: i diari di viaggio), *un intreccio di diario scritto a mano, lettere, messaggi email, Facebook, messaggini, conferenze stampa, conversazioni skype, scritti diversi portati avanti da Valerio giornalmente insieme agli svariati chilometri da percorrere durante il suo ultimo viaggio (Expedition Quad Squad, 1/8/10 - 13/3/11) in Quad Bike su tre continenti con i due amici Jamie e Ted per battere il record mondiale di percorrenza su veicoli* four wheeler, *raccogliere $100,000 per OXFAM e promuovere l'ambientalismo militante.*
Nella veste editoriale di Luca Sossella, che da subito lo ha voluto, questo libro rappresenta, come il primo, lo sforzo collettivo di tanti generosi professionisti parenti ed amici che hanno amato Valerio ed hanno apprezzato i suoi scritti.
A loro va la mia profonda eterna riconoscenza.

Wish you were here, Vale

mentaries – in that unknown bed, in that endless African night in which my entire life passed before me in one breath and all future possibilities appeared before me in their most disconcerting, terrible lucidity; in that night of great, incredible clarity, I began to think and to write so as not to forget, so as to remember, a tribute to Valerio, to his life and to the joy that he brought into my life.

A tribute that I would then have read at the Memorial we held for him in Bronte Park, one of so many celebrations to honour his memory and which now appears in the following pages.

In reading it now I'm astonished to see that in that speech there was already the nucleus of so much that would have ensued in these very long three years.

The creation of the Valerio Daniel De Simoni Association, branches of which are now operating in Sydney, in Rome and soon also in Malawi, "communities of good intentions", part of a grassroots movement which "acts locally and thinks globally", a voluntary organisation which promotes organic urban vegetable gardens, offers solidarity and aid to Aboriginal Australians, asylum seekers and communities in need, teaches Italian to young unaccompanied refugees.

And finally the publication of Valerio's diaries.

The first, Real Love for the Turning World, *published last year under the auspices of the Valerio Daniel De Simoni Associations of Sydney and Rome, assembled from two bilingual diaries found after his death and written between 2006 and 2010. The second, this* The Travel Diaries of Valerio Daniel De Simoni, *an interweaving of entries from his handwritten diary, letters, email messages, Facebook pages, text messages, press conferences, skype conversations, all sorts of different writings produced daily by Valerio in between the many kilometres to be traversed during his last journey (EXPEDITION QUAD SQUAD 1/8/10-13/3/11) across three continents with his two friends, Jamie and Ted, in an attempt to break the world record for long distance travel on Quad bikes, raise $100,000 for OXFAM vvhiie promoting a militant environmentalism.*

Published by Luca Sossella, who immediately sensed its value, this volume represents, as did the first, the collective effort of so many generous professionals, relatives and friends, who loved Valerio and cherished his writings.

To them my most profound and eternal gratitude.

Wish you were here, Vale

Speech delivered in Bronte Park, Sydney, 27 March 2011, as part of the memorial service for Valerio soon after his death

«I want to pay tribute to my handsome loving son Valerio, pearl of my eyes, joy of my heart, my bright star, my generous Lion, killed in a freak accident near Lilongwe in Malawi on the 13th of March.

I want to remember him with you here today as:

the newborn baby "with an old soul" as my Chinese friend Oifah used to say

the baby who never crawled, who started walking, actually running, when he was eight months old and was never afraid of falling, the little boy who, after losing his father at age two, would often look out at night for a star up in the sky and call out with joy: " Daddy! Daddy!" as if it were a wonderful game

the little independent boy who learnt how to ride a bike in half an hour just copying an older boy in a park in Canberra one day and the day after decided to ride back home from school without telling anyone while his teachers went berserk thinking he had been kidnapped

the affectionate little boy who loved his cat Luna, was devastated when she was hit by a car accident and decided that as a replacement he wanted not one but two lovely fluffy cats, Cosmo and Coco. They became his friends, his night companions, his joy. Cosmo in particular became his role model, his archetype, his mentor. Valerio spent a lot of time observing Cosmo and he would often comment with great admiration on how Cosmo could always get the best out of every little thing that happened to him in life

Discorso pubblico fatto a Bronte Park, Sydney, il 27 marzo 2011, parte delle commemorazioni in memoria di Valerio subito dopo la sua morte

«Voglio rendere omaggio al mio bellissimo figliolo Valerio, perla dei miei occhi, gioia del mio cuore, la mia stella luminosa, il mio generoso Leone, ucciso in un assurdo incidente vicino a Lilongwe il 13 marzo.

Voglio ricordarlo qui ora con voi così:

il neonato con "un'anima antica" come diceva la mia amica cinese Oifah

il bambino che non andò mai carponi ma cominciò a camminare, anzi a correre a 8 mesi senza paura di cadere
il bambino che dopo aver perso suo padre all'età di 2 anni, andava la sera fuori a guardare le stelle e chiamava con entusiasmo "Daddy! Daddy" come se fosse un gioco meraviglioso

il bambino indipendente che in mezz'ora imparò ad andare in bicicletta copiando un ragazzino in un parco di Canberra e il giorno dopo decise di tornare a casa da scuola in bicicletta senza dirlo a nessuno mentre i suoi insegnanti diventavano isterici pensando che fosse stato rapito

il bambino affettuoso che amava moltissimo la sua gatta Luna, soffrì tanto quando fu investita da una macchina e decise che per sostituirla voleva non uno ma due adorabili soffici gattini, Cosmo e Coco. Diventarono i suoi amici, i suoi compagni di letto, la sua gioia. Cosmo in particolare diventò il suo modello, il suo archetipo, il suo mentore. Valerio passava molto tempo ad osservare Cosmo e spesso commentava con grande ammirazione come Cosmo riuscisse a prendere sempre il meglio da quanto gli accadeva nella vita

the boy who loved Canberra, his time spent there with his best friend, Ale, chasing monsters in the garden with wooden swords, playing Lego and having big fights, becoming very skilled at circus school, organising shows for parents and friends to get pocket money, Vale of course always the leader and stealing the show

the boy who started playing soccer first in Canberra, with a great passion, and then in Sydney where he learnt the basics of football tecnique by watching tirelessly endless hours of "Pelè: The best Goals" on VHS

the boy who back in Sydney went to Woollahra Public School, where he enjoyed socialising, put great effort and passion into drama and creative writing and otherwise tried his best to skip his homework, making up very elaborate and dramatic excuses, yawning and sleeping most of the time during his Italian classes

the rebellious adolescent who at 13 acknowledged that it was great to be bilingual, to be Italian and to have a big lovely family in Rome, started dressing Italian style and worshipping the Roma soccer team

the boy who often argued with his mum for everything he wanted, always trying hard to win, whether it was coming home late at night from parties, trying to skip a day at International Grammar School, not tidying up his room, the artistic adolescent who loved to watch art house films with his mum and learnt a lot from the great cinema masters

the young man who accepted he couldn't be a champion soccer player and decided to completely change direction in his life, with no regrets. Same passion, same discipline, same accuracy, same intelligence of the game. Soccer taught him a lot of important skills which he then applied in other fields.

So, first, there was Pony Promotions with his best friend Jaime, a lot of fun organising events, dressing up, working nights and sleeping in the day and of course meeting a lot of very exciting girls

il bambino che amava Canberra, il tempo passato lì con il suo migliore amico Ale a cacciare mostri nel giardino con le spade di legno, a giocare a Lego, a fare a botte. Divenne molto bravo come acrobata alla scuola di circo, faceva spesso spettacoli per parenti ed amici per tirare su un po' di soldi, sempre lui il leader, al centro dello show

il bambino che incominciò a giocare a calcio a Canberra con grande passione e poi a Sydney dove imparò da solo i primi rudimenti della tecnica del calcio guardando per ore il video de "I migliori goal di Pelè" su VHS

il bambino che di ritorno a Sydney andò a Woollahra Public School dove si divertiva molto a socializzare, si appassionò alle lezioni di teatro e scrittura creativa e per il resto cercava sempre di non fare i compiti a casa inventando elaborate e drammatiche scuse, faceva molti sbadigli e qualche pisolino durante le lezioni di italiano

l'adolescente ribelle che a 13 anni capì che era figo essere bilingue, essere italiano ed avere una grande famiglia a Roma, cominciò a vestirsi Italian style e ad adorare la Roma

l'adolescente che spesso litigava con la mamma per qualunque cosa volesse, che cercava sempre di avere la meglio per ritornare a casa tardi la sera dalle feste o per non andare a scuola, o per non mettere a posto la stanza, l'adolescente artistico che adorava vedere film d'essai con sua mamma e imparò molto dai Grandi del cinema

il giovane che accettò che non poteva diventare un campione di calcio e decise di cambiare completamente direzione, senza troppi rimpianti. Stessa passione, stessa disciplina, stessa intelligenza del gioco, il calcio gli insegnò tecniche molto importanti che poi applicò in altri campi.

Così prima ci fu Pony Promotions insieme al suo migliore amico Jamie: gran divertimento ad organizzare eventi, a vestirsi, a lavorare di notte e dormire di giorno e ovviamente un sacco di "ragazze stupende"

then the young man that, like St. Paul on the road to Damascus, after seeing the Al Gore movie, *The Inconvenient Truth*, changed his life completely. From that movie on, he gathered the good news that "yes we can!" at an individual level, do something worthwhile for our planet. After seeing the film that same night, he spoke for hours and hours and hours like only he could about how he would do things, talk to people, make a change.

Soon after that, he became interested in Green politics, started working for Greenpeace with great enthusiasm, did a lot of training with them, walked the city during rallies dressed up as a polar bear, started wearing T-shirts with environmental messages, preaching to his friends about the importance of saving energy. He went through a phase of introspection during which he read a lot, began journal writing, and going to art house films even more with his mum.

The young man who founded Adverto, his media business first with Daniele and then with his beloved uncle Marco. With Adverto Vale, at age 21, created a little jewel: a small business, no initial cost, environmentally friendly, using recycled goods, an office space offered by Claudio, friends and relatives offered their expertise and lent a hand. A community of good intentions, a slick business as Vale would say.
Valerio quickly excelled with computers, learnt public speaking, put forward ideas and then tried to convince you of their validity.
The ancient Roman masters of rhetoric must have helped him.

Finally, the young man who designed and brought to fruition his last and most important dream of his short yet full life: "The Expedition" with friends, Jamie and Teddy. A compendium of everything he loved and wanted to do. Adventure, risk taking, partaking in a unique project, mastering great feats, contributing good to the world, fighting poverty and undertaking this journey at extremely low energy cost.

His absolute passionate involvement and devotion to the whole project was paramount. In his own words, his role and responsibilities before and while travelling were many:

poi il giovane che, come san Paolo sulla via di Damasco, dopo aver visto *The Inconvenient Truth* di Al Gore cambiò la sua vita drasticamente. Da quel documentario Valerio tirò fuori l'importante nozione che "Yes, we can!" a livello individuale, sì possiamo fare qualcosa di valido per il nostro pianeta. All'uscita dal cinema cominciò a parlare per ore, come lui solo sapeva fare, di come avrebbe fatto, di come avrebbe parlato, di come avrebbe messo in piedi dei cambiamenti.

Subito dopo quell'evento, iniziò ad interessarsi alla politica dei Verdi, si iscrisse a Greenpeace con grande entusiasmo, fece molti training con il gruppo di Sydney, girava per la città vestito come un orso polare durante le manifestazioni, si metteva magliette con scritte ambientaliste, predicava davanti ai suoi amici dell'importanza di risparmiare energia. Passò una fase di introspezione in cui lesse moltissimo, cominciò il suo diario e andò sempre più al cinema con sua madre.

Fondò poi Adverto, il suo business multimediale, prima in partnership con Daniele e poi con il suo amatissimo zio Marco. Con Adverto Valerio, all'età di 21 anni creò un piccolo gioiello: un business senza costi iniziali, *environmentally friendly*, usando attrezzature riciclate, un ufficio prestato da Claudio, amici che si offrirono di aiutare gratis, una comunità di buone intenzioni, un business sofisticato, come avrebbe detto Valerio. Divenne bravissimo con i computer.
Imparò a parlare in pubblico, offriva idee e cercava di convincerti della loro bontà, i Grandi Retori dell'antica Roma devono averlo aiutato.

Infine il giovane che portò a termine l'ultimo e più importante sogno della sua breve anche se piena vita: "The Expedition" creata con gli amici Jamie e Teddy. Un compendio di tutto quello che amava e voleva fare. Avventura, rischio, progetto unico, grande impresa, fare qualcosa di buono per l'umanità, vincere la povertà e intraprendere il viaggio usando pochissima energia.

Il suo totale appassionato coinvolgimento nel progetto era fondamentale. Il suo ruolo e le sue responsabilità erano, secondo quanto aveva lui stesso scritto, molteplici "Occuparsi

"Sponsorship. Documentary. Social media (Facebook, You Tube, Twitter), the Website, Events, Expedition brand/marketing, backing up, uploading all content, production companies, media.»

When I look back to what happened on that horrible day, the 13th of March, where my heart bled for the cruelty and randomness of his death, I can't avoid thinking that Vale had taken into consideration the possibility of dying while travelling. He was a very organised young man, always thinking through every possible detail and at many levels, always foreseeing what might happen, he had good foresight. He seemed almost prepared for his death, judging from the hundreds of letters, emails, Facebook messages, comments and phone calls I received during these two long weeks following his death. Indeed in this, his last journey, he made sure to say goodbye individually or in writing to a huge number of people and in the process, touched the heart of many of us here today and abroad.

To all of them and all of you here this morning, I want to say Thank you! with all my heart for having loved Vale and for being close to myself, to Martina and to my family here and in Italy, during this desperate time.
Neapolitans say, that a child, to their mother is: "nu piezze e' core", 'a piece of their heart'.
Since Vale died I feel that a piece of my heart is gone forever.

I know had Vale been in my situation today, he would have cried, despaired and expressed deep emotion. Italian style. But then, in a while, he would have held himself together, transformed his pain into Big Action and out of his suffering created something positive for himself and others. This is what I'd like to do in due time.
I want to create a not-for-profit, environmentally friendly Association in Valerio's name to help young people in need. Doing good for others will be my healing, it will help keep me close to my son and what he wanted to do, it will allow people who loved Valerio to remember him and do something in his memory.

delle sponsorship. Il documentario. Social media (Facebook, You Tube, Twitter), il sito web, gli eventi, il marchio Expedition, salvare tutto il filmato, cercare compagnie di produzione cinematografica, contattare i media.»

Quando io ripenso a quel giorno tremendo, il 13 di marzo, giorno in cui il mio cuore ha sanguinato per la crudeltà e la casualità della sua morte, non posso fare a meno di pensare che Vale avesse preso in considerazione la possibilità di morire durante il viaggio. Era a quel punto un uomo molto organizzato, curava sempre tutti i minimi possibili dettagli ed a vari livelli, cercando sempre di prevedere quello che sarebbe potuto accadere, aveva una sorta di preveggenza. Sembrava quasi preparato alla sua morte, giudicando dalle centinaia di lettere, email, messaggi Facebook, commenti e telefonate che ho ricevuto durante queste due lunghe settimane che hanno seguito la sua morte, e certamente in questo, il suo ultimo viaggio, si è assicurato di salutare personalmente o per iscritto un enorme numero di persone, e nel farlo, ha toccato il cuore di molti che sono qui tra noi oggi ed all'estero.

A tutti coloro che sono fuori dall'Australia ed a voi che siete qui questa mattina voglio dire "Grazie!" con tutto il cuore per aver amato Valerio e per essere vicini a me, a Martina ed alla mia famiglia qui ed in Italia, durante questo periodo tremendo.
I napoletani dicono che per una madre il figlio è "nu piezze e' core".
Da quando Valerio è morto un pezzo del mio cuore se ne è andato per sempre.

So che se Valerio fosse stato nella mia situazione oggi, avrebbe pianto, si sarebbe disperato ed avrebbe espresso profonde emozioni. All'italiana. Ma poi, dopo un po' si sarebbe ritirato su, avrebbe trasformato il suo dolore in "Grande Azione" e dalla propria sofferenza avrebbe creato qualcosa di buono per se stesso e per gli altri.
Questo è quello che voglio fare appena mi sarà possibile. Voglio creare un'Associazione *no profit* ed *environmentally friendly* per aiutare giovani che hanno bisogno di aiuto. Fare qualcosa per gli altri mi aiuterà, mi farà sentire vicina a mio figlio ed a quello che voleva fare, permetterà alle persone che amavano Valerio di ricordarlo e di fare qualcosa in sua memoria.

To do this I will need your support, your creativity, your expertise, your advice.
When I saw Vale's body in Johannesburg, and then again here in Sydney, I was struck by his expression, the kind that stays with you forever. He was composed, he had an aura of authority and of strength that made me respectful and relieved about his departure. He had become a man, in control of his life, the choices he made in life and the consequences of those choices.

I am sure, like many times before when he faced difficulties, if he could now, Valerio would say to me: "it's all right mum, non ti preoccupare, don't worry mum, I have accepted it". I hope I will be able to say the same thing in time.

I want to conclude here with an extract from Vale's diaries, diaries which were for me an unexpected gift and a beautiful surprise for the quality of the writing and the depth of his thoughts. I read some extracts from his diaries at the small service we held on Friday and many of you requested more so I have decided to put a few on the Expedition website, together with speeches from today and last Friday's ceremony. This is going to be another big contribution by Vale to the Expedition. I am sure it will attract wide interest among young people, but also many people who both knew him and didn't know him, it could become material for a book.

So here is Vale one more time:

28/4/08, Rosi's apartment, in Bronte
"I feel that we all spend too much time looking at the time; worrying about not having enough, complaining that it passes too slow. We should not time our lives.
We should not live for, or in 'the have lived' or the 'to live' but 'in the living'... for we have only that in real time".

VALE VALERIO!

Per fare questo ho bisogno del vostro supporto, della vostra creatività, della vostra professionalità, dei vostri consigli.
Quando ho rivisto Valerio a Johannesburg e poi qui di nuovo a Sydney sono stata colpita dalla sua espressione, un'espressione che non potrò mai dimenticare. Era composto, aveva un'aura di autorità e di forza, incuteva rispetto, era diventato un uomo con il controllo sulla sua vita, sulle scelte che aveva fatto e sulle conseguenze derivate dalle sue scelte.

Sono sicura che, come è successo molte volte quando doveva affrontare delle difficoltà, se potesse, ora Valerio mi direbbe: "Mamma è ok, non ti preoccupare, l'accetto".
Spero col tempo di essere capace anch'io di dire la stessa cosa.

Voglio qui concludere con un estratto dai diari di Valerio, diari che per me sono stati un dono inaspettato e una sorpresa bellissima per la qualità della scrittura e la profondità delle riflessioni. Ho letto degli estratti alla cerimonia di venerdì scorso e molti di voi mi hanno chiesto di poterne leggere degli altri, così ho deciso di metterne alcuni sul sito di Expedition, insieme con i discorsi di oggi e della cerimonia di venerdì.
I diari saranno un altro importante contributo di Vale al progetto Expedition. Sono sicura che attireranno interesse da parte dei giovani ma anche di molte persone che lo conoscevano o che non l'hanno mai conosciuto, e potrebbe diventare materiale per un libro.

Ecco qui Vale *one more time*:

28/4/2008, appartamento di Rosi, Bronte:
"Credo che tutti noi passiamo troppo tempo pensando al tempo, preoccupandoci di non averne abbastanza, lamentandoci perché passa troppo lentamente.
Non si dovrebbe cronometrare la nostra vita, non dovremmo vivere per o nel passato, per o nel futuro ma vivere nel presente... perché è tutto ciò che abbiamo in questo preciso attimo."

VALE VALERIO!

Il testo originale, scritto da Valerio De Simoni, in inglese o italiano, è riportato sulla parte sinistra del volume. Sulla destra la relativa traduzione.

Valerio Daniel De Simoni: Diari di viaggio

The original text, written by Valerio De Simoni, in English or in Italian, appears on the left-hand pages of the volume. Its translation appears on the right-hand pages.

[JOURNAL] 21/6/2010 - SYDNEY, AUS, "KRIS DEPARTURE"

The last one to join and now the first one to leave. Kris flew out today from Sydney for the UK to oversee the vehicle preparation at ATV World.
I felt prepared seeing Kris leave from Kingsford Smith today, yet I had never seen him and his mum (Hedy) so emotional. That scene of Kris hugging his mum and crying his heart out really, really got to me – it was the simplicity and the reality of our story – that it's totally real and there's no turning back.

*****

[EMAIL] 22/6/2010

From: Valerio De Simoni
To: Kristopher Davant
CC: Sylvie Narciso
Tuesday, 22 June 2010 10:01 PM

KD,
Hope you have landed safely and are ready for the next phase of EXP.

Once the vehicles have arrived at ATV World, please take some general 'mechanic prep' footage, keeping the camera VERY still on a tripod of some sort. I need footage of you also interacting with the mechanic team and talking to the camera. I'm sure you can work out how to 'film yourself'. And, obviously, photos.

I mentioned to SN last night that she should also keep an EXP journal throughout the year so that you can pull pieces of the 'HQ experi-

[DIARIO] 21/6/2010 – SYDNEY, AUS, PARTENZA DI KRIS

L'ultimo ad unirsi a noi ed ora il primo a lasciarci. Kris è partito oggi da Sydney diretto in Inghilterra per supervisionare la preparazione dei veicoli all'ATV World.
Mi sono sentito preparato a vedere Kris che oggi andava all'aeroporto Kingsford Smith, finora non avevo mai visto lui e sua mamma (Hedy) così commossi. Quella scena di Kris che abbracciava sua mamma e piangeva a dirotto mi ha veramente colpito – la semplicità e la realtà della nostra storia – che è totalmente vera e non si torna indietro.

****

[EMAIL] 22/6/2010

Da: Valerio De Simoni
A: Kristopher Davant
CC: Sylvie Narciso
Martedì, 22 giugno 2010 - 10:01 PM

KD,
Spero che tu sia atterrato bene e sia pronto per la prossima fase dell'EXP.
Una volta che i veicoli saranno arrivati alla TV World, per favore, gira un po' di preparativi meccanici tenendo la macchina MOLTO ferma su un treppiedi. Mi serve materiale di te che interagisci anche con la squadra dei meccanici e parli in camera. Sono sicuro che troverai il modo di auto-filmarti. E, ovviamente, fotografie.

L'altra sera ho accennato a SN che anche lei dovrebbe tenere un dia-

ences' into the main book as well- just like I will be doing for the documentary> thus, SN, you will need to keep taking photos and video every now and then and especially at university/school seminars that you will do.
VDS

*****

[JOURNAL] 3/7/2010 - BRONTE, SYDNEY, AUS 13.00
"Sitting under the Sun"

We are so close, yet so far.
We have come such a long way, and yet have not even begun.
We are three, but travel as one.
We are young, yet I feel old.

—

I was born Valerio De Simoni, but who am I?
I am a human being, but what are we really?
I am courageous, but what do I fear?
I will leave, but will "I" come back?

*****

[FACEBOOK MESSAGE] 8/7/2010
7:06pm
Jamie and Val's – GOIN...

Jamie and Val's 12-month Farewell this Saturday

FAREWELL - SAT 10th of JULY from 6pm at Paddo Bowls
Val, Kris and Jamie are setting off for an amazing adventure!!!
Traveling through 34 countries, across 3 continents, for 365 days, over 50,000 Kms all BY ROAD from Istanbul (Turkey), through all of Africa, and then all of Australia before arriving home to Sydney!!! Attempting to break a World Record and raise money for an important charity.
More info: www.expedition.org.au
For now, come and have a few laughs and a few drinks to say goodbye for a year, before we leave in a few weeks time!!
Hope you can all make it, as we will miss you all!
Jamie and Val x

rio dell'XP per tutto l'anno, in modo che tu possa includere anche brani sulle vicissitudini al Quartier Generale nel libro principale, come farò io per il documentario; quindi, SN, dovrai continuare a fare foto e a riprendere in video ogni tanto, specialmente ai seminari in università e scuole che terrai.
VDS

*****

[DIARIO] 3/7/2010 BRONTE, SYDNEY, Aus, ore 13
"Seduto al sole"

Siamo così vicini, eppure così lontani.
Abbiamo fatto così tanta strada, eppure non siamo neppure partiti.
Siamo in tre, ma viaggiamo come uno solo.
Siamo giovani, eppure io mi sento vecchio.

———

Mi chiamo Valerio De Simoni, ma chi sono io?
Io sono un essere umano, ma cosa siamo noi veramente?
Io sono coraggioso, ma di cosa ho paura?
Io partirò, ma tornerò, "io"?

*****

[MESSAGGIO FACEBOOK] 8/7/2010
19:00
Jamie e Val – SI VA...

Festa per il viaggio (12 mesi) di Jamie e Val questo sabato

ARRIVEDERCI - SABATO 10 luglio dalle 6 al Paddo Bowls.
Val, Kris e Jamie stanno partendo per un'incredibile avventura!!!
Un viaggio per 34 paesi, attraverso 3 continenti, per 365 giorni, oltre 50.000 Km tutti SU STRADA da Istanbul (Turchia), attraverso tutta l'Africa, e poi tutta l'Australia prima di tornare a casa a Sydney!!! Per tentare di battere il record mondiale e raccogliere fondi per un importante ente di beneficenza.
Ulteriori informazioni: www.expedition.org.au
Ma per ora, prima della nostra partenza fra poche settimane, venite a farvi quattro risate e una bella bevuta per dirci arrivederci a fra un anno.

*****

[JOURNAL] 14/7/2010 - EXP HQ - SYDNEY

Jamie left last Monday. At the airport the mood was very somber. For the first time I saw my friend really understand that he was about to embark on something incredible. He looked stunned. His girlfriend Brigette was devastated. Our friends, Jai, Phil, Dom, Ed and Arit were all very comforting for us all. Sacha, Jamie's brother, seemed calm and unaffected by it all. I learned through Jamie's emotions that we are about to do something astronomical. I felt excited for Jamie that he now knew just what the reality was – that we had passed the point of no return. Teall, my girlfriend, was filming the whole farewell.

*****

[POSTCARD] 18/7/2010

ENERGY. SENSUALITY. PLAYFUL. LAUGHTER.

These are the qualities I draw from you.
Your soft yet focussed energy; your passionate sensuality; your air of playfulness; and, the sweet laughter you give others.

Teall,
ti voglio bene. Io parto fra poco tempo, però almeno ci siamo goduti il tempo che ci è stato dato. Mi life is like a rainbow that relentlessly offers more colourful emotion.
I feel that you are within this - and I am happy with you.
Kiss, kiss, bang, bang. VDS

*****

[BLOG] 20/7/2010
20 July

Do you ever get that nostalgic feeling before you leave?
Do you ever feel home sick at the thought of leaving your home?
With 8 days until I fly out of Sydney I wanted to share a bit of the atmosphere going on the EXP backstage-

Spero possiate venire tutti perché ci mancherete tutti!
Jamie e Val x

*****

[DIARIO] 14/7/2010 - QG EXP - SYDNEY

Jamie è partito lunedì scorso. All'aeroporto eravamo tutti molto seri. Per la prima volta ho visto il mio amico veramente capire che stava per imbarcarsi in qualcosa di incredibile.
Aveva l'aria frastornata. La sua ragazza Brigette era sconvolta. I nostri amici Jai, Phil, Dom, Ed e Arit ci erano tutti di gran conforto. Sacha, il fratello di Jamie, sembrava calmo e del tutto distaccato. Mi sono reso conto, tramite le emozioni di Jamie, che stiamo proprio per fare qualcosa di galattico. Mi sono sentito esaltato per Jamie che, in quel momento, aveva preso coscienza della realtà – che abbiamo passato il punto di non ritorno. Teall, la mia ragazza, ha ripreso l'intera scena dell'addio.

*****

[CARTOLINA] 18/7/2010

ENERGIA. SENSUALITÀ. GIOCO. RISO.

Queste sono le qualitá che traggo da te.
La tua energia leggera ma determinata; la tua sensualitá ardente; la tua aria giocosa; e, il dolce sorriso che regali agli altri.

Teall,
I love you. I'm leaving soon, but at least we have enjoyed the time which has been given to us. La mia vita è come un arcobaleno che incessantemente offre emozioni sempre più variegate.
Ti sento dentro tutto questo – e sono felice con te.
Kiss, kiss, bang, bang. VDS

*****

[BLOG] 20/7/10
20 luglio
Vi viene mai quel senso di nostalgia prima di una partenza?

Sitting here, at HQ, for the last 12-months flat out 6-7 days a week has brought me closer to the real team- the real people- the real friends I have.
Jamie, Ted and I are unbelievably dysfunctional people when we need to make a decision as a group. But, when we are in sync... well, you can see what we are doing.
I guess this is a retrospective quality that we all have as a team, and as life-long best friends (unless we shout, kick, hiss and then separate in the middle of the Sudanese desert).
I do feel nostalgic.
I will miss Sydney.
I am scared.
I am ready.
8 days and counting!

*****

[JOURNAL] 24/7/2010
BRONTE HOUSE 00.50am (SYD/AUS) "Full on Day"

Full day at HQ. Sylvie was there. We smashed out a lot of "to-dos". I then went to the sports medical centre to get an Xray on my toe -> no result yet. It may be a mal-united fracture... Leaving in five days time!
Then I started packing up my plane kit and packing down the HQ in anticipation of my departure. Then I went to meet my girlfriend Teall and took her to "Golden Century" in Chinatown for a great meal before we saw "Inception". What followed seemed unrealistic. Jamie and Ted called 70 million times whilst I was in the cinema to tell me that we were now needing to delay our departure AGAIN! The quads are now on their way to Athens. I fly to Istanbul, then to Athens, then we drive to Istanbul for our press conference at the Pyramid Sanat Art Centre on August 2nd. Never ending cycle of coordination!

*****

[JOURNAL] 27/7/2010 Marriott Hotel, Sydney, AUS, 15.30

48 hours until Sydney departure -> and then, Geronimo!!

Vi viene mai la nostalgia di casa al solo pensiero di lasciarla?
Con 8 giorni che restano da qui al mio volo di partenza da Sydney volevo condividere un po' dell'atmosfera che si respira dietro le quinte della EXPedition.
Stare seduto qui, nel Quartier Generale, negli ultimi 12 mesi, senza interruzioni 6-7 giorni la settimana, mi ha avvicinato di più alla vera squadra – le vere persone – i veri amici che ho.
Jamie, Ted ed io siamo persone incredibilmente disfunzionali quando dobbiamo prendere una decisione come gruppo. Ma quando siamo in sintonia... beh, lo vedete cosa stiamo facendo.
Immagino che questa sia una qualità retroattiva che abbiamo tutti come squadra e come migliori amici da una vita (a meno che non ci mettiamo a urlare, tirare calci, sibilare come serpenti e poi ci separiamo nel bel mezzo del deserto sudanese).
Sì, provo un senso di nostalgia.
Mi mancherà Sydney.
Ho paura.
Sono pronto.
8 giorni e avanti con il conto alla rovescia!

*****

[DIARIO] 24/7/2010
CASA BRONTE ore 00:50 (Syd/Aus) "giornata campale"

Giornata campale al QG. Sylvie era qua. Abbiamo polverizzato un sacco di "cose da fare". Io poi sono andato al centro medico sportivo per farmi fare una radiografia al dito del piede –> nessun risultato, per il momento. Forse una frattura mal saldata... Partenza fra 5 giorni!
Dopo ho cominciato a preparare il bagaglio per l'aereo e a riordinare il QG in previsione della partenza. Poi sono andato ad incontrare la mia ragazza Teall e l'ho portata al "Golden Century" a Chinatown per una cena fantastica, prima di andare a vedere "Inception".
Il seguito m'è sembrato surreale. Jamie e Ted hanno chiamato 70 milioni di volte mentre ero al cinema per dirmi che ora si doveva spostare <u>DI NUOVO</u> la partenza! I Quad adesso sono sulla strada per Atene. Io vado in aereo ad Istanbul, poi ad Atene, poi andiamo con i Quad a Istanbul per la nostra confe-

The abyss awaits. The boy is scared. The boy is confused. The boy, the man, the adventure. Bring it on!

*****

[EMAIL] 30/7/2010

From: Valerio De Simoni
To: Teall Barnes
Friday, 30 July 2010 12:05 AM2:05 AM

Amore mio,
I wanted to send this to tonight. I just landed in Singapore and rushed to connect to the internet.
Unfortunately I know you won't be able to read this or see this until the morning.

Teall, you are so, so, so special to me and it's just sad for me that there is this 'year-gap' for us.

I still cannot believe that I cannot kiss you anymore; that I cannot hug you anymore; that I cannot tickle you anymore; that I cannot massage you anymore; that I cannot look into your eyes anymore; and that I cannot make love to you anymore.

Time is fictional as I have grown to learn- and- I want to keep that true for us.
You froze my time Teall. You changed me more than anyone else has in such a short amount of time.
The video attached needs no introduction.
I took it 20 minutes after getting on the plane which was like being hell waiting for that damn seat belt sign to turn off so I could run into the bathroom and pour my heart out to you.
I wish I was with you now reading this together, smiling, and laughing, and crying, together.
With all of my love, Vale xoxoxox

*****

renza stampa al Pyramid Sanat Art Centre il 2 agosto. Un ciclo infinito di cose da coordinare!

*****

[DIARIO] 27/7/2010 Marriott Hotel, Sydney, AUS, 15.30

48 ore alla partenza da Sydney -> e poi, Geronimo!!
L'abisso attende. Il ragazzo ha paura. Il ragazzo è confuso. Il ragazzo, l'uomo, l'avventura. Forza, dai, si parte!

*****

[EMAIL] 30/7/2010

Da: Valerio De Simoni
A: Teall Barnes
Venerdì, 30 luglio 2010 - 12:05 AM

Amore mio,
Volevo mandarti questa mail stanotte. Sono appena atterrato a Singapore e mi sono precipitato a connettermi con internet.
Purtroppo so che non la leggerai né la vedrai prima di domattina.

Teall, sei così, così così speciale per me e mi addolora che ci sia quest'anno di separazione fra noi.

Non riesco a credere di non poterti più baciare; di non poterti più abbracciare; di non poterti più fare il solletico; di non poterti più fare un massaggio; di non poterti più guardare negli occhi; e di non poter più fare l'amore con te.

Il tempo è un'invenzione, come ho imparato - e voglio che questo rimanga vero per noi due.
Tu hai congelato il mio tempo, Teall. Mi hai cambiato più di chiunque altro in così poco tempo.
Il video allegato non ha bisogno di introduzione.
L'ho girato 20 minuti dopo essere salito sull'ereo, ed è stato un inferno aspettare che la maledetta lucina della cintura di sicurezza si spegnesse per correre in bagno ad aprirti il mio cuore.
Vorrei essere con te adesso a leggere insieme questa mail, a sorridere, a ridere, e a piangere insieme.
Con tutto il mio amore, Vale xoxoxox

[JOURNAL] 1/08/2010
Mykonos Isl, Greece

I left Sydney at 3 pm AEST on the 29th and went Sydney to Singapore. Then Istanbul to Athens, Athens to Mykonos…
Flying due south from the "Paradise Beach Resort" on the Island. When I left Sydney it was the first time I had to say goodbye to a girlfriend, and my family, for a year…
20-mins after take-off, I jumped into a toilet to do a video-journal entry about my feelings towards Teall, my girlfriend. 3-minutes in, I started breaking down and the emotions and confusion really, really hit me. I love her and miss her already. The video I made, I sent to her along with some photos of us together from the Singaporean Airport. After the first two full days with the team, I realize that this is going to be a long year – a long year of learning and growth. I must accept this fact, and the dynamics of the team and push on. Knowing that I can look forward to seeing certain people such as my family in Italy, relatives & friends in Europe, and family and my girlfriend in Perth, gives me a lot of strength – knowing that this is not a year completely isolated… Now, I will enjoy my loaf of bread, the whisper of the Aegean Sea, the cool breeze and breathe mindfully.

*****

[EMAIL] 4/8/2010

Da: Valerio De Simoni
A: Marco De Simoni
Mercoledì, 4 agosto 2010 11:08 PM

M, non riesco ad logginare dentro al blog.
Puoi provare te please?

poi, se provo a mandare il "forgot password email" non mi arriva neanche...

Grazie, sto su nave per Atene. Domani prendiamo le moto e si parte per istanbul, poi lunedi si parte per da vero!!!!
Baci, V

*****

[DIARIO] 1/08/2010
Isola di Mykonos, Grecia

Sono partito da Sydney alle 3 il 29 e sono andato da Sydney a Singapore. Poi da Istanbul ad Atene, da Atene a Mykonos...
Diretti verso sud, dal "Paradise Beach Resort" dell'isola. Quando ho lasciato Sydney è stata la prima volta che ho dovuto dire addio ad una ragazza, e alla mia famiglia, per un anno...
Venti minuti dopo il decollo, sono scappato nella toilette per fare una ripresa per il video-diario sui miei sentimenti verso Teall, la mia ragazza. Dopo 3 minuti sono crollato e le emozioni e la confusione mi hanno veramente colpito in pieno. La amo e mi manca già. Fatto il video gliel'ho mandato dall'aeroporto di Singapore, con qualche foto di noi due insieme. Dopo i primi due giorni completi con il team, mi sono reso conto che questo sarà un anno lungo, un lungo anno di crescita e di apprendimento.
Devo accettare questo fatto, e le dinamiche del gruppo, e andare avanti, e poter contare sulla bella prospettiva che vedrò delle persone, come la mia famiglia in Italia, parenti ed amici in Europa, e la mia famiglia e la ragazza a Perth, mi dà una gran forza – il sapere che questo non sarà un anno di totale isolamento... Ora mi godrò la mia pagnotta di pane, il sussurro del mar Egeo, la brezza fresca e il respiro, consapevolmente.

*****

[EMAIL] 4/8/2010

From: Valerio De Simoni
To: Marco De Simoni
Wednesday, 4 August 2010 11:08 PM

M, I can't manage to log into the blog. Could you try please? And if I try to send the "forgot password email" it doesn't go anywhere...

Thanks. I'm on the ship to Athens. Tomorrow we pick up the bikes and leave for Istanbul, then on Monday we really leave!!!
Love, V

*****

[FACEBOOK MESSAGE] 6/8/2010
5:27am
Nipako

Dear Nipako,
Thank you very much for your kind, warm words. As simple as an email can be, it is certainly a big "pick me up" reading positive thoughts.
We are currently in Greece, tomorrow we move toward Istanbul and Tuesday we have our press conference before departing.
Almost under way and it feels like a dream.
Meditation and acceptance are two very powerful travelling tools, and I plan on calling upon both of them frequently.
I look forward to keeping in touch with you when ever we both have a moment to share thoughts, and stories.
A big hug to you and Ally.
Love, Vale

*****

[EMAIL] 8/8/2010

From: Valerio De Simoni
To: Teall Barnes
CC: sylvie@expedition.org.au, Adam Dostalek
Sunday, 8 August 2010 2:40 AM

No problem T.

If only you guys could see the footage we have already after 8 days together- you would FREAK OUT.

We ALREADY have enough footage for the documentary. Believe me.
- We've had I don't know how many on-camera conflicts
- We filmed all of the helmet camera scenes riding as a team
- ample video journals
- ted's quad broke down at midnight on a turkish freeway in the middle of traffic and it was incredible

*****

[MESSAGGIO FACEBOOK] 6/8/2010
5:27 am
Nipako

Caro Nipako,
moltissime grazie per le tue parole, gentili ed affettuose. Per quanto una mail sia una piccola cosa, il leggere pensieri positivi certamente ti ridà la carica.
Al momento siamo in Grecia, domani ci dirigeremo verso Istanbul e martedì prima della partenza ci sarà la nostra conferenza stampa.
Quasi tutto pronto e sembra un sogno.
Meditazione ed accettazione sono due potenti strumenti di viaggio e conto di farne uso spesso.
Spero di continuare a tenerci in contatto quando abbiamo tutti e due un momento per condividere pensieri, e storie.
Un gran abbraccio a te e Ally.
Con affetto, Vale

*****

[EMAIL] 8/8/2010

Da: Valerio De Simoni
A: Teall Barnes
CC: sylvie@expedition.org.au; Adam Dostalek
Sabato, 8 agosto 2010 - 2:40 AM

Nessun problema T.

Se solo voi ragazzi poteste vedere il girato che abbiamo dopo solo 8 giorni insieme, IMPAZZIRESTE.

Abbiamo GIÀ abbastanza materiale per il documentario, credetemi:
- abbiamo fatto non so quante litigate davanti alla telecamera;
- abbiamo girato tutte le scene con la telecamera sul casco guidando in formazione;
- ampi video diari;
- il quad di Ted si è rotto a mezzanotte in mezzo al traffico di una superstrada turca ed è stato pazzesco;

- We were in the VIP DJ booth with Martin Solveig at Mykonos's biggest party of the year
- I had an accident in a customs parking lot
- Jamie almost died on the road (do not disclose this but it was filmed)

> other than that off the top of my head, every, every single person we drive past waves, cheers and looks at us- it's amazing footage and an amazing story already
> I am 100000% sure both Teall and Adam will be impressed.
> Currently at Piramid Sanat (our HQ in Istanbul) preparing the gallery for the press conference on tues.
> will send a back up batch of footage to EXP HQ shortly.

Love, V

*****

[BLOG] 9/8/2010

Departure T MINUS 12-hours
August 9
Writing the last blog update before our departure in 12-hours from Istanbul.
My eyes are falling out of my head as Ted and I stayed up ALL night putting the final touches to the quads.
Tomorrow, press conference at 11:00am then departure at 1:00pm!!!
Cannot wait.

*****

[JOURNAL] 10/8/2010
DAY 1: ISTANBUL TO GALLIPOLI - 270KM

*****

[PRESS CONFERENCE] 10/8/2010

PRESS CONFERENCE ISTANBUL
Hi to everyone.... Welcome to the Pyramid Sanat in Istanbul... apparently it's 11.30? Local time.

- siamo stati nella saletta VIP con DJ insieme a Martin Solveig al party più grande dell'anno a Mykonos;
- io ho avuto un incidente nel parcheggio di un posto di dogana;
- Jamie quasi moriva per strada (non lo dire a nessuno ma è stato filmato).

> E non sto esagerando, ma tutte, proprio tutte le persone davanti a cui passiamo ci fanno cenni di saluto, ci incoraggiano, ci seguono con lo sguardo. Abbiamo girato del materiale straordinario ed è già una storia straordinaria.
> Sono sicuro al 10.000% che Teal e Adam resteranno molto colpiti.
> Adesso siamo al Piramid Sanat (nostro quartier generale a Istambul) a preparare le immagini per la conferenza stampa di martedì.
> A breve manderò un bel malloppo di girato di back up al quartier generale dell'EXP HQ.

Baci, V

*****

[BLOG] 9/8/2010

Tempo alla partenza meno 12 ore
9 agosto
Faccio l'ultimo aggiornamento del blog prima della nostra partenza per Istanbul fra 12 ore.
Ho gli occhi che mi cascano dalle orbite perché Ted ed io siamo rimasti in piedi TUTTA la notte per finire di mettere a punto i quad.
Domani conferenza stampa alle 11 e poi partenza alle 13!!!
Non vedo l'ora.

*****

[DIARIO] 10/8/2010
GIORNO 1: DA ISTANBUL A GALLIPOLI - 270KM

*****

[CONFERENZA STAMPA] 10/8/2010

CONFERENZA STAMPA ISTANBUL
Un saluto a tutti... Benvenuti alla Piramide Sanat a Istanbul... A quanto sembra sono le 11.30 ora locale.

I am Valerio De Simoni, one of the Quad Squad members. On my right is Kristopher Davant. On my left Jamie Kenyon.
Today marks the first Day, D Day, Day One of the Expedition Quad Squad, Istanbul to Sydney and we will be driving through 3 continents approximately across 34 countries, staying 12 months travelling around about 50,000 km all the way back to our homeland of Sydney, Australia. So in about an hour and half's time we will be starting from the Bosphorus Bridge here in Istanbul and then in 12 months time, about August next year, we will be arriving back across the Sydney Harbour Bridge and then the Sydney Opera House.
So essentially I guess the purpose of this Expedition is to fundraise for a local charity, OXFAM Australia, whom we are proudly supporting with the Southern African Livehoods Program which is specialising in training skills, microeconomics, HIV prevention, sanitation in Mozambique, South Africa and Zimbabwe .
Aside from that we will also be attempting to break a Guinness World Record for the longest journey in history on an ATV quad bike which are the vehicles we have chosen to use, 4 wheel sort of mini tanks to go on this global adventure.

So from Turkey we start moving up Europe towards Scandinavia and then we move west to the British area and then south through Spain, France, Italy and then we hit North Africa and that's when the crux of the whole adventure starts, when we're descending the entire East African Coastline.... very hostile, very hot, very dangerous, but full of adventure...full of excitement.... and I'm sure... all the emotions before us.
We'll spend 6 months travelling through Africa from Tunisia, Libya, Egypt, Sudan, Ethiopia, Kenya, right down to South Africa and from there we're aiming to get a container ship from Durban to Perth which will be I think a 12 to 15 days journey...
Then from Perth, Western Australia, we'll be dissecting the Australian mainland over the deserts and the Northen Territory areas as well.

Upon returning to Sydney we'll be having a fundraising ride ... with hopefully 340 motocyclists representing the 34 countries we've been travelling through...
And then once we hit Sydney we'll be looking to have the official welcome home event to appreciate the Guiness world record achievement and to celebrate all the fundraising we will have done and then to start working towards the next step which will be to release our documentary and our book or journal.

Io sono Valerio De Simoni, uno dei membri della Quad Squad. Alla mia destra è Kristopher Davant e alla mia sinistra Jamie Kenyon.
Oggi segna il primo giorno, il D-Day, il giorno uno della spedizione Quad Squad da Istanbul a Sydney durante la quale attraverseremo tre continenti e circa 34 paesi. Saremo in viaggio per 12 mesi percorrendo circa 50.000 chilometri fino a tornare nella nostra terra, a Sydney in Australia.
Quindi fra circa un'ora e mezza partiremo dal ponte sul Bosforo qui a Istanbul e poi fra circa 12 mesi, attorno ad agosto del prossimo anno saremo di ritorno attraverso il ponte sulla baia di Sydney fino all'Opera House di Sydney.
Essenzialmente direi che uno scopo di questa spedizione è di raccogliere fondi per l'organizzazione benefica Oxfam Australia. Siamo orgogliosi di sostenere il loro programma detto Southern African Livelihood, che si specializza in formazione professionale, in varie aree, microeconomia, prevenzione dell'HIV e servizi sanitari, in Mozambico, Sudafrica e Zimbabwe.
E a parte questo tenteremo di entrare nel Guinness dei Primati con il record mondiale per il più lungo viaggio della storia su Quad ATV, che sono i veicoli che abbiamo scelto di usare, motociclette a quattro ruote, per questa grande avventura.

Quindi dalla Turchia continueremo verso nord, attraverso l'Europa verso la Scandinavia, poi a ovest nell'area britannica e quindi a sud attraverso Spagna, Francia e Italia, e poi raggiungeremo il Nordafrica. E sarà allora che comincerà la parte cruciale, la vera avventura, in condizioni molto ostili, pericolose, con temperature molto alte, lungo la costa dell'Africa orientale. Sarà molto eccitante, emozionante
Impiegheremo sei mesi ad attraversare l'Africa dalla Tunisia, Libia, Egitto, Sudan, Etiopia, Kenya, giù fino al Sudafrica. E da lì abbiamo in programma di continuare su una nave container da Durban a Perth, che credo sarà un viaggio di 12-15 giorni.
Poi da Perth in Western Australia percorreremo il continente australiano attraverso i deserti e anche il Territorio del Nord.

Al nostro ritorno a Sydney, come occasione di raccolta fondi, avremo un corteo, speriamo con 340 motociclisti, a rappresentare i 34 paesi che avremo attraversato ...
Una volta raggiunta Sydney prevediamo un benvenuto ufficiale di ritorno in patria, per celebrare il record Guinness raggiunto e la raccolta fondi che avremo realizzato. E poi cominceremo a lavorare alla prossima fase, che sarà di presentare il documentario e il nostro diario di viaggio.

So that's pretty much what we're doing.

What we like to do now is to invite the Consul General of Australia... who will say few words and then we will show a short video and then answer questions.

...

(*In answer to questions from the media*)

I guess the other reason for choosing Istanbul, as the Consul says, is as the border of Eurasia, so as definitely a meeting point historically from antiquity onwards. We've always thought that sailing from Europe coming back to Australia was always a very important thing for us and we chose Istanbul for that Asian-European balance.

I think the reason for not choosing Gallipoli, I guess, is we didn't want to sound too Australian or to be too focused on something which wasn't very much of our time. I guess Gallipoli is so important to Australia and Australians historically, but, for us, the younger generation, passing through Gallipoli will be an amazing experience, but we wanted to do something, as we said, "we are here for the world". So we are Australian, we are proud, but it is certainly a global challenge so we wanted to make it as global as possible.

And just to add to that, for everyone looking at information, we had been planning this, as I said before, for two years, so it's an extensively well-researched, well-planned-for project and from Sydney we have a HQ team there, 2 project coordinators, so we had been working around the clock, managing 2 jobs at thc samc timc, a job and this, so we definitely feel confident enough to start to go on...

... and just in answer to the second question, we have driven enough to be at this point, experience varies, time varies, but we are certainly as prepared as we could be to ride these 4 wheel very well-built, very well-modified vehicles.

I guess we also all hope that it is an inspirational story for young Australians, for young Turkish people, for young African people, to be able to look at something as big as this project and to try and inspire and hope that they too can go and travel the world and bring a positive message for society and we certainly feel like we are trying to do that.

Questo è più o meno quello che faremo.

Vorrei ora invitare il Console Generale australiano che dirà qualche parola. Poi vi mostreremo un breve video e risponderemo alle vostre domande.

...

(*Risposte alle domande dei giornalisti*)

L'altro motivo per scegliere Istanbul che, come ha detto il Console, si trova al confine con l'Eurasia, è che è stata un punto di incontro fin dall'antichità. Quindi abbiamo sempre pensato fosse importante partire dall'Europa per ritornare in Australia, e perció abbiamo scelto Istanbul per questo collegamento Asia-Europa.

Penso che la ragione per non scegliere Gallipoli, direi, è che non volevamo sembrare troppo australiani o troppo fissati su qualcosa che non era più così attuale ai nostri giorni. Credo che storicamente Gallipoli sia molto importante per l'Australia e gli australiani, ma per noi, per le giovani generazioni, passare per Gallipoli sarà un'esperienza incredibile, e volevamo fare qualcosa, come ho detto, "siamo qui per il mondo". Quindi, siamo australiani, ne siamo fieri, ma questa è una sfida globale e volevamo renderla il più globale possibile.

E vorrei aggiungere a quello che ha detto, e per tutti quelli che desiderano informazioni, che noi abbiamo elaborato questo, come ho detto prima, per due anni, quindi si tratta di un progetto ben pianificato e studiato, a Sydney abbiamo il Quartier Generale con 2 coordinatori del progetto, quindi abbiamo lavorato senza tregua, gestendo 2 lavori contemporaneamente, il lavoro vero e proprio e questo, quindi ci sentiamo definitivamente abbastanza sicuri per poter partire...

... per rispondere alla seconda domanda, abbiamo guidato abbastanza a questo punto, con diverse esperienze e in momenti diversi, e certamente siamo preparati al meglio per guidare questi veicoli ben costruiti e modificati.

Direi che speriamo anche che questa sia una storia che ispiri giovani australiani, turchi, africani in modo che possano guardare a qualcosa di cosí grande come questo progetto e tentare, ispirare e sperare che anche loro possano viaggiare per il mondo e portare un messaggio positivo per la società e noi certamente sentiamo che stiamo cercando di fare proprio questo.

Why not climate change or anything else? I agree. We discussed at length all sorts of different causes, and charities, but, as the consul said, eradicating extreme poverty and hunger is the number one UN development goal, and we just wanted to do something and Jamie has been to Africa many times, Kris and I not yet, but poverty affects every culture in one way or another, so we just wanted to start with this cause for this first project.

With Oxfam Australia we're aiming to fundraise a large sum of money for them and the direct support that will come out from that fund-raising will be injected into training local people how to maintain agricultural areas, HIV prevention, building water wells, small things to do with microeconomics, but to answer your question directly the three of us will be aiming to traverse those three areas of Mozambique, South Africa, Zimbabwe, and hopefully link up with Oxfam Australia volunteers, and go to the communities and putting some bricks on a water well, or collecting firewood or doing anything for the community in that specific time or event, we are certainly aiming to do that, as much as we can.

Ok. Well... at this point, thank you very much for coming and we need about 15-20 minutes to get the bikes ready so if anyone wants any more photos or videos we'll be downstairs in the street preparing everything, radios, cameras etc and then we will be working our way to the Palace just down from the Bosphorus bridge, and... what is the name of the palace...? So we will start riding from the Palace, the consul will wave our flag (hopefully), if we find it, so if anyone wants the last shot from there... Other than that, thank you very much for coming.

*****

[JOURNAL] 12/8/2010
DAY 3 - GALLIPOLI TO OHRID - 710km

*****

[JOURNAL] 13/8/2010 Ohrid, Macedonia

Tired. Hot. Malnourished. Yet, still here. 1153km already driven towards the world record and it's only day 3. Team dynam-

Perché non il cambiamento climatico o qualsiasi altra cosa? Sono d'accordo. Abbiamo discusso lungamente a proposito di una quantità di progetti e di diverse ONLUS, ma, come ha detto il console, sradicare la povertà estrema e la fame, sono il primo obiettivo dei progetti di sviluppo delle Nazioni Unite e noi volevamo fare qualcosa e Jamie è stato in Africa molte volte, io e Kris no, ma la povertà affligge tutte le culture, in un modo o in un altro, così volevamo cominciare ad affrontarla nel nostro primo progetto.

Con Oxfam Australia miriamo a raccogliere una consistente somma di denaro e il risultato di questa raccolta fondi verrà devoluto direttamente per educare la gente del posto a mantenere aree agricole, per la prevenzione dell'AIDS, per costruire pozzi per l'acqua, piccole cose di microeconomia, ma per rispondere direttamente alla tua domanda, noi tre vogliamo attraversare quelle aree del Mozambico, Sud Africa, Zimbawe e speriamo, mettendoci in contatto con i volontari di Oxfam, andare nelle comunità, mettere dei mattoni per costruire i pozzi per l'acqua, raccogliere legna da ardere, o fare qualsiasi cosa per la comunità in quel momento o per quell'evento specifico, ed è proprio questo che ci proponiamo di fare, per quanto possibile.

Ok. Bene. A questo punto, grazie di essere venuti, noi abbiamo bisogno di 15-20 minuti per preparare le moto, così se qualcuno vuole altre foto o video, noi saremo giù in strada a preparare tutto, radio, macchine fotografiche, ecc. e poi ci avvieremo verso il Palazzo, proprio davanti al Ponte sul Bosforo, come si chiama il palazzo?.... Partiremo dal palazzo, il console sventolerà la bandiera, (sperlamo, se la troviamo) quindi se qualcuno vuole le ultime immagini da lí...
A parte questo, grazie infinite per esser venuti.

*****

[DIARIO] 12/8/2010
GIORNO 3 - DA GALLIPOLI A OHRID - 710km

****

[DIARIO] 13/8/2010 Ohrid, Macedonia

Stanco. Caldo. Denutrito. Eppure, ancora qui. 1153 km già percorsi per il record mondiale e siamo solo al terzo giorno.

ics seem to be one of the defining factors of our problems. The quads other than having low fuel efficiency are running very smooth. Yesterday we drove from Gallipoli to Ohrid in Macedonia.

I feel as though there are different aims and goals between the three of us. Ted seems a very changed person now on the road. Jamie is still a stern, hard-faced know-it-all traveler – as I perceive it.

*****

[BLOG] 13/8/2010

Turkey, Greece, Macedonia: 1153 Km already!
After setting off out of Gallipoli in Turkey yesterday, we drove a total of 710km from 6.30am-to-11:50pm.
The roads were windy, crumbly, long, hot, and very tough considering it was only day 2-3.

Every little town or even major city we pass through with our quads, people just stop and stare with jaws dropping to their shoe laces. We are starting to see just how much of a spectacle our little convoy really is. Police salute us thinking we're military; children wave and scream thinking we're action men; shop keepers always willing to help us out... It's just great to see how lovely so many people have been with us already.
I am now sitting at our desk in a small town called Ohrid, in Macedonia having had about 6 hours sleep, sweating like a monkey, and having eaten little more than 7-8 biscuits.
Today we will be blasting our way north towards Havar, Croatia!

*****

[JOURNAL] 14/8/2010
Budra, Montenegro 10.18 am

We arrived at 2.30am last night at this beach-side resort town. Every hotel, every motel we looked at was fully booked. We had left Macedonia at 2pm and we did another massive day. Now, our 4th day in a row of riding. Let's hope we don't fall

La dinamica del gruppo sembra essere uno dei fattori scatenanti dei nostri problemi. I quad, a parte avere una bassa efficienza energetica, girano bene. Ieri abbiamo guidato da Gallipoli fino a Ohrid, in Macedonia.

Ho la sensazione che ci siano sogni e obiettivi diversi per noi tre. Ted sembra una persona molto diversa, adesso che siamo in viaggio. Jamie è ancora un viaggiatore austero, duro, sotutto-io – almeno questa è la mia sensazione.

*****

[BLOG] 13/8/2010

Turchia, Grecia, Macedonia: già 1153 Km!
Dopo la partenza da Gallipoli in Turchia ieri, abbiamo viaggiato per un totale di 710 km dalle 6.30 di mattina fino alle 23:50.
Le strade erano ventose, sgretolate, lunghe, assolate, e molto faticose da percorrere, considerato che era solamente il 2°-3° giorno.
In ogni paesino o anche nelle città più grosse che attraversiamo con i nostri quad, la gente è lì che si ferma e resta a guardarci a bocca spalancata fino ai piedi. Iniziamo a vedere quanto in effetti il nostro piccolo convoglio sia uno spettacolo. I poliziotti ci salutano pensando che siamo dei militari, i bambini agitano le mani per salutarci e gridano pensando che siamo uomini d'azione; i negozianti sono sempre pronti a darci un aiuto... È davvero fantastico vedere quante persone siano già sia state così carine con noi.
In questo momento sono seduto alla nostra scrivania in una piccola città che si chiama Ohrid, in Macedonia, dopo aver dormito circa 6 ore, sudato come una scimmia, e aver mangiato poco più di 7-8 biscotti.
Domani schizziamo a nord verso Hvar, in Croazia!

*****

[DIARIO] 14/8/2010
Budra, Montenegro 10:18

Siamo arrivati alle 2.30 ieri notte in questo paese che è una specie di villaggio turistico sul mare. Tutti gli hotel, tutti i motel in cui siamo entrati erano al completo. Siamo partiti dalla Macedonia alle 2 del pomeriggio e abbiamo avuto un'altra giornata

asleep en-route again! My hand is numb. My mouth is dry. My bag smells of petrol.

*****

[BLOG] 15/8/2010

Albania, Montenegro, Croatia! 1864km
Day 5 coming to an end in Hvar, Croatia.
The team is EXHAUSTED. My eyes are about to pop out of their sockets, but we're happy to be here, and so happy that we've almost hit 2000km of the World Record attempt. Only 48,000km to go for Sydney!!
These first few days on the road have been exceptional testing conditions; windy roads, high wind, high altitude, long distances, long hours, and little recovery times. I feel as though we're working really well as a team. Our gear is fully operational from our Sonic helmet communication systems, to helmet cameras, to our Blackwolf kits, to our Vigilante clothes- all kits seem to matching their tag and our requirement of being the world's best.
The lovely people at Carlisle Tire & Wheel Company have graced us with the unbreakable ATV tires allowing us to roll through Eastern Europe (and then the rest of the world) without a worry at all.
These few days off in beautifully colourful Croatia, allows us to reorganise our Pelican cases, eat something other than stale bread, biscuits, and a few dribs of tarmac-hot tap water... But, isn't that what makes it an adventure?
Jamie seems to be really getting used to the quad, as it's not easy- believe me. Kris seems to be settling in as well. I too am thoroughly enjoying the Adriatic coast line and this once in a life time opportunity to see the world in a convertible-roof-less-vehicle.
We've met some lovely Italians here and I have to dash off with them as they want to organise a big fundraiser ride starting from Milan with several large Ducati motorcycle clubs!! Talk soon. Love to all, Val x

*****

pesante. Adesso, la nostra quarta giornata di viaggio senza sosta. Speriamo di non addormentarci di nuovo per strada. Ho la mano intorpidita. La bocca secca. La mia borsa puzza di benzina.

*****

[BLOG] 15/8/2010

Albania, Montenegro, Croazia! 1864 km

Il 5° giorno sta per finire a Hvar, in Croazia.

La squadra è SFINITA. Gli occhi mi stanno per cascare dalle orbite, ma siamo felici di essere qui e felicissimi di aver quasi raggiunto 2000 km del tentativo di Record Mondiale. Solo 48.000 km da qui a Sydney!

Questi primi pochi giorni sulla strada sono stati una condizione di test eccezionale: strade ventose, vento forte, alta quota, lunghe distanze, ore lunghe e tempi brevi di recupero. Sento che stiamo funzionando davvero bene come squadra. Il nostro equipaggiamento è pienamente operativo, dai sistemi di comunicazione dei caschi Sonic, alle videocamere da casco, ai kit Blackwolf, ai capi di abbigliamento Vigilante – tutti i kit sembrano corrispondere al loro marchio di qualità e alla nostra esigenza che siano i migliori al mondo.

Le splendide persone della Carlisle Tire & Wheel Company ci hanno onorato dei loro indistruttibili pneumatici ATV che ci permettono di attraversare l'Europa dell'Est (e poi il resto del mondo) senza alcuna preoccupazione.

Questi pochi giorni liberi nella bella e pittoresca Croazia ci danno modo di riorganizzare i nostri bauletti Pelican, di mangiare qualcosa che non sia pane raffermo, biscotti, e bere qualche sorso di acqua del rubinetto calda come l'asfalto... Eppure, non è questo ciò che la rende un'avventura?

Jamie sembra si stia davvero abituando al quad, e non è una cosa facile – credetemi. Anche Kris sembra che si stia adattando bene. Anch'io mi sto godendo fino in fondo la costa adriatica e questa occasione di una vita di vedere il mondo da un veicolo convertibile scoperto.

Qui abbiamo incontrato degli italiani carinissimi e devo scappar via con loro perché vogliono organizzare una grande corsa di moto per una raccolta di fondi con partenza da Milano con diversi grandi motoclub Ducati!! Ci sentiamo presto. Saluti affettuosi a tutti. Val. x

*****

[EMAIL] 16/8/2010

From: Valerio De Simoni
To: Sylvie Narciso
Monday, 16 August 2010 6:27 AM

S, the Google map now needs to be integrated into the "Expedition" page.

Also, I think the page needs to be called "JOURNEY" as some people won't understand.

I think the current map is perfect and should be left as is, but it should then have an option or a button saying "View Google Earth map" which allows the viewer to zoom in.

Also, if you haven't already, find out from Marco how to modify the "KMs" and tell us how so we can do it as well.
V

*****

[EMAIL] 16/8/2010

From: Valerio De Simoni
To: Marco de simoni
Message starred
Monday, 16 August 2010 6:34 AM

M, we should be in Rome around 5-10th October. Intorno a quella data. Tanto per avvisarti.

Abbiamo lettini quindi ci potremmo buttare per terra SENZA PROBLEMI se per voi non lo è.

baci, stiamo in Hvar Croatia ora-
belllllliiiiiiiisssssssiiiiiimmmmmmmoooooo

*****

[EMAIL] 16/8/2010

Da: Valerio De Simoni
A: Sylvie Narciso
Lunedì, 16 agosto 2010 - 6:27 AM

S, ora bisogna che Google maps venga integrata alla pagina della spedizione. E penso anche che la pagina debba chiamarsi VIAGGIO perché altrimenti qualcuno potrebbe non capire.

Mi pare che l'attuale mappa sia perfetta e dovrebbe essere lasciata com'è, ma dovrebbe anche avere un'opzione o un pulsante che dica "guarda mappa Google" e che permetta di zoomare sui posti.

E poi, se ancora non lo hai fatto, fatti spiegare da Marco come si modificano i "KMs" e diccelo, così possiamo farlo anche noi.
V

*****

[EMAIL] 16/8/2010

Da: Valerio De Simoni
A: Marco de simoni
Lunedì, 16 agosto 2010 6:34 AM

M, dovremmo essere a Roma intorno al 5-10 ottobre. Around that date. Just to let you know.

We've got camp beds so we can sleep on the ground WITHOUT ANY PROBLEMS AT ALL, if it isn't for you.

Big hugs, we're in Hvar Croatia at the moment- faaaan-taaaaaaaassticcc.

*****

[JOURNAL] 16/8/2010
Hvar, Croatia 7.48pm

Lying atop a clean bed sheet, I write with a cool bay breeze coming from the window on our second floor. We arrived yesterday from Markarska and Dubrovnik where we stayed at Boro Szrich grandma's house. Today I felt, as usual, a wide range of emotions. Calling mum was nice, calling Sylvie was productive – and my girlfriend not answering my calls was frustrating. Jamie, Kris and I had a very positive hour-long discussion about the direction of the project, fundraising, the journey and our wants from it all. Each day I learn more about myself and the others, and the places we visit.

*****

[JOURNAL] 20/8/2010
DAY 10, 11.53AM – GRAZ - CROATIA = 2650km

CV joint broken. Potentially entire rear drive shaft of my quad bike. Team feeling is always up and down. Yesterday at 2.00pm local time 50km out of Zagreb my quad broke down and I had a big panic. I exploded at Jamie and just had a really tough time -> I WILL NEVER GIVE UP THOUGH! Today the quads were fully serviced and ready to go. After 150km, the same fault occurred and we had to pull off and stop in Graz, Austria.

———

I feel confused about Teall my girlfriend; positive now about the project and the trip; still unsure about my travelling partners; but all-in-all, glad I am here.
One must feel pain to understand pain.
One must feel loss to understand loss.
One must feel strong to become strong.

*****

[BLOG] 20/8/2010

Yamaha: TM Zagreb & Delta Team Slovenia
Day 10: 2650 km. Graz, Austria.

[DIARIO] 16/8/2010
Hvar, Croazia 19:48

Sdraiato sopra un lenzuolo pulito, scrivo, la brezza fresca della baia entra attraverso la nostra finestra al secondo piano. Siamo arrivati ieri da Markarska e Dubrobnik dove siamo stati a casa della nonna di Bero Zrich. Oggi provo, come sempre, tante emozioni diverse. Telefonare a mamma è stato bello, telefonare a Sylvie produttivo e la mia ragazza che non rispondeva alle mie chiamate, frustrante. Jamie, Kris e io abbiamo avuto una discussione di un'ora, molto positiva, sulla direzione da dare al progetto, la raccolta fondi, il viaggio e le nostre aspettative. Ogni giorno imparo qualcosa di più su me stesso e gli altri, e sui posti che visitiamo.

*****

[DIARIO] 20/8/2010
GIORNO 10, ore 11.53 - GRAZ - CROAZIA = 2650 km

Giunto di velocità costante rotto. Forse l'intero albero motore posteriore del mio quad. I sentimenti del gruppo oscillano sempre fra alti e bassi. Ieri alle 2 del pomeriggio ora locale, 50 km fuori Zagabria, il mio quad si è guastato e mi ha gettato nel panico totale. Sono esploso contro Jamie e ho passato veramente un brutto momento – MA NON MI ARRENDERÓ MAI. Oggi è stata fatta una revisione completa ai quad e siamo pronti a partire. Dopo 150 km lo stesso guasto si è ripresentato e ci siamo dovuti fermare a Graz, Austria.

—

Mi sento confuso su Teall, la mia ragazza; ottimista, ora, per quanto riguarda il progetto e il viaggio; ancora insicuro sui miei compagni di viaggio; ma, nel complesso, contento di esser qui.
Si deve soffrire, per capire la sofferenza.
Si deve subire una perdita, per capire la perdita.
Ci si deve sentir forti, per diventare forti.

*****

[BLOG] 20/8/2010

Yamaha: TM Zagabria & Delta Team Slovenia
10° giorno: 2650 km. Graz, Austria.

After breaking down just 50km outside Zagreb yesterday at around 1:30pm local time, we rolled into Zagreb to start preparing the pit-stop service at the Delta Team HQ in Slovenia with the most professional and experienced Yamaha mechanics in the entire region.
The rear drive shaft and CV joint of my quad (it had to be my quad!!) were faulty and so we needed to get them repaired in a real Formula 1 fashion to ensure we could keep moving forward today.
After only 150km today though, there was a slight problem with the same part – so we have now moved into Austria and are awaiting further mechanical repairs at Motorad Yamaha tomorrow morning at 8:00am local time.
Everything is on track, but we are very, very, very eager to keep moving. Tomorrow hopefully the parts are ready to install, we can do a final check up on my disabled quad and then drive on to Prague with another 400 km to go.
We'll keep you up to date! Love, Val.

*****

[EMAIL] 22/8/2010

From: Valerio De Simoni
To: Vittoria Pasquini, Martina Palombi, Gino Moliterno, 5 More...
Sunday, 22 August 2010 9:58 AM

Ciao Mamma, Marti e zii,
Appena atterati a Munich.
Fatti 3.106 Km del record mondiale.
Squadra tesa, frustrata, contenta, gioiosa, noiosa, bella, brutta – insomma, squadra.
Divertimento: molto più alto ora che mi sono "sistemato" psicologicamente.
Sviluppo personale: ogni giorno, ogni ora, ogni momento.
ATV News, newspapers, magazines, radio, online – tutto sta procedendo molto bene per il progetto.

Molto interesse pubblico. Molto interesse professionale.
In moto, ogni bambino ci guarda e sorride. In moto, sorrido e medito pensando, guardando, immaginando, godendo, vivendo.

Si mangia, si beve, si dorme, si sbaglia, si impara, si cresce, si, si...

Dopo esserci fermati ad appena 50 km da Zagabria ieri verso le 13:30 ora locale, abbiamo proseguito per Zagabria per iniziare a preparare la fermata di servizio al quartier generale Delta Team in Slovenia con i meccanici della Yamaha più professionali ed esperti dell'intera regione.
L'asse posteriore e il giunto CV del mio quad (doveva essere proprio il mio quad!!) erano difettosi e quindi dovevamo farli riparare in vero e proprio stile Formula 1 per essere sicuri di poter proseguire oggi.
Oggi però, dopo soli 150 km, c'è stato un piccolo problema con lo stesso pezzo, e quindi ora ci siamo spostati in Austria e siamo in attesa di ulteriori riparazioni meccaniche alla Motorad Yamaha domattina alle 8:00 ora locale.
Tutto è sotto controllo, ma siamo molto, molto, molto ansiosi di proseguire. Domani, si spera, le parti di ricambio saranno pronte per l'installazione, possiamo fare un controllo finale al mio quad invalido e poi proseguire il viaggio per Praga con altri 400 km da percorrere.
Vi terremo aggiornati! Baci, Val.

*****

[EMAIL] 22/8/2010

Da: Valerio De Simoni
A: Vittoria Pasquini, Martina Palombi, Gino Moliterno, 5 More...
Domenica, 22 agosto 2010 9:58 AM

Dear Mum, Marti, and uncles,
Just landed in Munich.
Covered 3106 Km of the world record.
Team is tense, frustrated, happy, joyous, boring, beautiful, horrible – in a word a team it is.
Enjoyment: much greater now that I've settled down "psychologically".
Personal development: every day, every hour, every moment.
Il telegiornale, i giornali, le riviste, la radio, in rete – everything is going well for the project.

A lot of interest from the public. A lot of interest from professional groups. On our bikes, every child looks at us and smiles. On the bike, I smile and I meditate as I think, look, imagine, enjoy, live.

One eats, one drinks, one sleeps, one makes mistakes, one learns, one grows, one, one...

Leggo poco, scrivo molto, filmo tutto. 8 paesi in 11 giorni; insomma!

Vi mando un E N O R M E bacio a tutti quanti. Quando potete, rispondetemi.
Per ulteriori informazioni quotidiani: http://quadsquad.org/blog/
Vostro figlio/fratello/nipote.
Vale, xoxoxox

*****

[JOURNAL] 22/8/2010
Munchen, Germany 13:08 local time – King's Place

"What is the name of this place?"
"King's Place. It is the King's Place."
After a brisk walk from the hostel, I sit on cold marble steps overlooking a calming place with six grass lawns and old cobbled streets. A bell rings in the background, a bird croaks overhead, bicycle wheels clank, a subtle breeze passes over me … a shutter opens and closes… this is living with awareness…

I remember growing up in Canberra, where I used to love riding my bicycle. The rubber tyres ease apart the soft upper layer of dust, pebbles and sand – gliding frame, wheels and rider along with ease.

*****

[EMAIL] 22/8/2010

From: Valerio De Simoni
To: Martina Palombi
Sunday, 22 August 2010 11:02 PM

I read little, write a lot, film everything. 8 countries in 11 days. Not bad!

I send an ENORMOUS kiss to every one of you. Reply to me, when you can.
For more daily news: http://quadsquad.org/blog/
Your son/brother/nephew.
Vale, xoxoxox

*****

[DIARIO] 22/8/2010
Monaco, Germania, 13.08 ora locale - piazza del Re

"Come si chiama questo posto?"
"King's Place. È la piazza del re." (Köningsplatz)
Dopo una passeggiata veloce dall'ostello, mi sono seduto sui freddi gradini di marmo, dominanti una zona tranquilla, i prati con l'erba tagliata e vecchie strade acciottolate. Una campana rintocca in fondo, un uccello gracchia sopra di me, una bici, le ruote rimbombano, una brezza leggera passa sopra di me... Una persiana si apre e si chiude... Questo si chiama vivere con consapevolezza...

Il ricordo di quando crescevo a Canberra dove mi piaceva molto andare in bici. I pneumatici di gomma lacerano lo strato superficiale, soffice di polvere e sassi e sabbia, le ruote girano senza problemi, la carrozzeria con il suo motociclista planano.

[DRAWING] Everything flows - Heraclitus, for Alessandro G.W

*****

[EMAIL] 22/8/2010

Da: Valerio De Simoni
A: Martina Palombi
Domenica, 22 agosto 2010 - 11:02 PM

Ciao sorella!
Che piacere sentirti

Hey sis!
Good to hear from you

Yes, the team dynamics are certainly very interesting sociologically speaking. We have a very delicate balance of energy set up in some sort of a pyramid structure where by one day it's 2-vs-1 for a certain discussion or action, then another day it changes.

It's a constant flow of emotions as we are still getting used to being a road team, rather than an office team. Which is understandable. I am learning, growing, enjoying, and savoring as much of the dynamics as possible as I know this is the real 'stuff' that makes us a strong team and will get us through a break down in the middle of war-torn Sudan at 65 degrees celsius!

Hopefully that won't occur – but the point being that Europe is like our training ground for the real adventures to come.

Well, on the 12th day, we've been to 9 countries. The most interesting

aspect of Europe thus far is that we see it 'by land' so to speak. The entire journey will by minus air travel which gives us the genuine traveler's experience of all of those little moments and little experiences.

Istanbul was INCREDIBLE.
Athens was quite impoverished externally, and certainly wasn't what I expected.
Macedonia was calm, bland-ish but a nice rest.
Albania – we blasted through there unfortunately to make up lost time. Unbelievable country side, really unbelievable.
Montengro was stunningly posh and looked like Monte Carlo or something. Beautiful though!
Croatia was INCREDIBLE.
Slovenia was a mechanical stop over, but equally gorgeous country side.
Austria, very sturn, hard people- amazing country side.
Munich - still here until tomorrow at least. Great lively city – very German!

We are certainly going to visit Dec's family! That was always my plan. Please remind me the exact spelling of the place so we
can plug it into our GPS to calculate when we envisage our arrival time. It will be approximately around the 7th-14th September for 1-2 days max.

Sì, le dinamiche della squadra sono sicuramente molto interessanti sociologicamente parlando. Abbiamo un equilibrio di energia molto delicato, costruito su una specie di struttura a piramide in cui, un giorno, 2 contro 1 per una certa discussione o azione, e poi un altro giorno questo cambia.

È un continuo flusso di emozioni, perché ci stiamo ancora abituando ad essere una squadra di lavoro su strada, invece che in un ufficio. E questo è comprensibile. Sto imparando, crescendo, godendomela e assaporando quanto più possibile le dinamiche, perché so che questa è la vera cosa che ci rende una squadra forte e ci fa trovare la via per passare attraverso il Sudan sconvolto dalla guerra a 65 gradi Celsius!

Speriamo che non succeda – ma il punto è che l'Europa è il nostro campo di addestramento per le vere avventure che verranno.

Bene, al dodicesimo giorno noi siamo stati in 9 Paesi. Finora l'aspetto più interessante dell'Europa è che la vediamo "da terra". L'intero viaggio avverrà senza spostamenti in aereo, cosa che ci fa provare l'autentica esperienza del viaggiatore, fatta di tutti quei piccoli momenti e piccole esperienze.

Istanbul era INCREDIBILE.
Atene aveva un'aria piuttosto immiserita e certamente non era quella che mi aspettavo.
La Macedonia era calma, placida, ma un bel riposo.
L'Albania, ci siamo passati di corsa, purtroppo, per riguadagnare il tempo che avevamo perso. Paesaggi meravigliosi, davvero stupendi.
Il Montenegro, sorprendemente ben curato, sembrava una specie di Montecarlo. Bellissimo.
La Croazia è stata INCREDIBILE.
La Slovenia è stata una sosta meccanica ma ugualmente luogo di paesaggi meravigliosi.
L'Austria, gente molto ostinata, dura – paesaggi bellissimi.
Monaco, restiamo qui ancora fino a tutto domani. Grande città vivace, molto tedesca.

Passeremo sicuramente a trovare la famiglia di Declan! Questa è sempre stata la mia intenzione. Per piacere, ricordami come si scrive esattamente il nome del posto, così possiamo metterlo nel GPS per calcolare più o meno quando arriveremo. Dovrebbe essere attorno al 7-14 settembre, per 1-2 giorni al massimo.

Send my love to Emer and Elena. Will send a postcard as soon as I have time!
Baci baci baci xo

*****

[BLOG] 23/8/2010

München, Day 13: A day of reflection
The face of poverty is widespread. Sometimes, the solution seems so simple, yet so distant.
Luckily, where there is a will, there is Quad Squad.
Passing through countries such as Greece, Macedonia, and Albania makes me realise that it is not only the generically labelled 'third world' that houses poverty stricken communities- but also, Western countries.
Every day we find ourselves passing through 1, 2, 3, 5, 10 towns speaking with locals about their cultures, their wants, their hopes, their dreams and their lives.

Poverty as I have seen it briefly is not only a wealth calculation- but also, an emotional poverty.
I was sitting down in a restaurant in Macedonia, having parked the quads outside, when I noticed a group of young children smiling at me through the window. They noticed the quads and were just excited.
A few 'international words' of "Hello, me Valerio. What you name?" later, the kids and I were kicking a soccer ball around well passed their bed time, laughing about for a good while. Then one of the boys who spoke broken english said, "Mr. can we please have your autograph?", and I looked at him not knowing if he was serious or not- and realised that with so little, some children gain so much.
Kris, Jamie and I all signed a few of our Quad Squad postcards for them, and then the boy gave me what he said was his favorite soccer team's scarf. It meant a lot to him to give me the most important thing he had, "because you guys are so great and I want to remember you always".
By the time we had finished our dinner, there was a crowd of about 15 local street children all wanting to see us turn the engines on, and ride off into the distance... And, so we did...
Val.

*****

Fai arrivare il mio amore a Emer e Elena. Manderò una cartolina appena avrò un momento di tempo!
baci baci baci xo

*****

[BLOG] 23/8/2010

Monaco, 13° giorno: una giornata di riflessione
L'immagine della povertà è diffusa ovunque. A volte la soluzione appare così semplice, eppure così lontana.
Fortunatamente, dove c'è volontà, c'è la Quad Squad.
Attraversare paesi come la Grecia, la Macedonia e l'Albania mi fa capire che non è solo quello genericamente etichettato come 'terzo mondo' ad ospitare gruppi di persone colpite dalla povertà, ma sono anche i Paesi dell'Occidente.
Ogni giorno ci troviamo ad attraversare 1, 2, 3, 5, 10 città, a parlare con le persone del luogo della loro cultura, i loro bisogni, le loro speranze, i loro sogni e le loro vite.
La povertà come l'ho intravista non è solo un calcolo di quanto si possiede, ma anche una povertà emozionale.
Ero seduto in un ristorante in Macedonia dopo aver parcheggiato fuori i quad, quando ho notato un gruppo di ragazzini che mi sorridevano attraverso i vetri. Avevano visto i quad ed erano tutti eccitati.
Un po' di 'parole internazionali' come "Hello, me Valerio. What you name?" e poco dopo io e i ragazzini eravamo a tirare calci a un pallone molto oltre l'ora in cui avrebbero dovuto essere a letto, a ridere e scherzare per un bel po'. E poi uno dei ragazzi, che parlava un inglese stentato, ha detto "Signore, possiamo avere il tuo autografo per favore?", e io l'ho guardato non sapendo se diceva sul serio o no, e mi sono reso conto che da così poco alcuni bambini ricavano così tanto.
Kris, Jamie ed io abbiamo autografato per loro un po' delle nostre cartoline della Quad Squad e poi il ragazzino mi ha regalato una sciarpa che ha detto era quella della sua squadra di calcio preferita. Significava un sacco per lui darmi la cosa più importante che aveva, "perché voi ragazzi siete così eccezionali e io vi voglio ricordare sempre".
Quando abbiamo finito di cenare, c'era una folla di 15 ragazzini di strada che volevano tutti starci a guardare mentre mettevamo in moto e ci allontanavamo da lì... E così abbiamo fatto...
Val.

*****

[JOURNAL] 26/8/2010 - 9.56AM
Prague, Czech Republic - HOSTEL ROSEMARY

Day 16. Well rested. Happy. Calm. Comfortable. Ready to move. The city's architecture is very beautiful. Very enchanting by night. Frescos on street buildings. Prague Castle, imposing and domineering, overlooks the entire city. Walking aside the river, over the 515m–long Charles Bridge, trekking over the cobblestones, learning about the city in a non-informative way, in a more visual way. I did not feel much excitement from the people or the city. It feels a little dull, yet still a very important historical city.

———11.59AM Prague, on the river in a park, on the lawn. Yesterday I called Teall for maybe the 4th time since being away. Both her and my emotions seem to go up and down. She always asks me if I have "met any girls" – and I tell her the truth as always that I have not the want, the time, or the energy to dedicate to anything else other than our journey and our project. Does she love me – still? Do I love her – still? The day I left Sydney bound for Greece 3 weeks ago I obviously felt very down and filled with mixed emotions. Once the plane had taken off and the seat belt sign had switched off, I ran for the toilet to do a video journal. I had so much built up inside me that I felt it necessary to release. I made a 9-minute video in the toilet, for my girlfriend. I started off with a logical explanation of our relationship, the project/journey, and where that left us as boyfriend and girlfriend. Half-way through, my eyes became weak, my heart became heavy, my thoughts became stronger and stronger. Before long I was declaring my love for her on camera, in an airplane toilet – crying my heart out!! Since then, we've been in touch a few times per week by email and phone. I wanted her to give me a reassurance that she loved me and would remain faithful whilst I was away as I will most probably be for her as well. She has been my first real girlfriend and I do still care for her immensely. Time will tell what the petals will reveal -> "Does she love me…?"

*****

[DIARIO] 26/8/2010 – 9.56
Praga, Repubblica Ceca - OSTELLO ROSEMARY

Giorno 16. Riposato bene. Felice. Calmo. Sto bene. Pronto a partire. L'architettura della città è bellissima. Un incanto di notte. Affreschi sulle facciate degli edifici. Il castello di Praga, imponente e dominante, sovrasta l'intera città. Camminando lungo il fiume, percorrendo i 515 m del Ponte Carlo, scarpinando sugli acciottolati, imparando cose sulla città in modo non nozionistico, in un modo più visivo. Non percepisco grandi emozioni venire dalla gente o dalla città. Sembra un po' scialba, eppure una città storica ancora molto importante.

———11:59 Praga, in un parco, lungo il fiume, sull'erba.
Ieri ho chiamato Teall, forse per la quarta volta da quando son partito. Sia lei che le mie emozioni sembrano avere degli alti e bassi. Lei mi chiede sempre se ho "incontrato delle ragazze" – e io le dico la verità come al solito, che non ho né la voglia, né il tempo o le energie da dedicare a nient'altro a parte il nostro viaggio e il nostro progetto. Mi ama – ancora? La amo – ancora? Il giorno che ho lasciato Sydney per la Grecia 3 settimane fa mi sentivo ovviamente molto giù e pieno di emozioni contrastanti. Una volta decollato l'aereo e spento il segnale delle cinture di sicurezza, sono corso in gabinetto per fare una ripresa per il video-diario. Avevo così tante cose accumulate dentro di me che sentivo la necessità di liberarmene. Ho fatto un video di 9 minuti per la mia ragazza, nella toilette. Ho cominciato con una spiegazione logica della nostra relazione, il progetto/viaggio e a che punto ci trovavamo noi come ragazzo e ragazza. A metà gli occhi mi si sono indeboliti, il cuore è diventato pesante, i pensieri sempre più forti e profondi. Poco dopo stavo dichiarando il mio amore per lei, in diretta da una toilette d'aereo – piangendo a dirotto!!! Da allora ci siamo sentiti varie volte la settimana, per e-mail e al telefono. Volevo che lei mi rassicurasse che mi amava e che mi sarebbe rimasta fedele mentre ero via proprio come io, molto probabilmente, avrei fatto con lei. È stata la mia prima vera ragazza e le voglio ancora immensamente bene. Col tempo, se son rose, fioriranno – "mi ama...?"

*****

[MESSAGGIO FACEBOOK] 26/8/2010

1:42am
Federico Neri

Arriviamo a Berlino domani!

Arriviamo a Berlino domani! Mandami per email il tuo numero cell al piu presto! Abbracci, V.

6:47am
Ok. Quando ci vogliamo vedere? Noi dovremmo arrivare verso le 5-7 di pomeriggio domani. Sarebbe figo se tu ci riprendessi mentre entriamo in città, forse? Rimaniamo fino al 29.

*****

[JOURNAL] 27/8/2010 - 29/8/2010
BERLIN-GERMANY - Staying at Dario's house 27-29th August, 2010

Driving into Berlin did not reveal the atmosphere, the beauty or the energy of the city. It was wet and I was tired. We found Dario Pasquini's place. Dario is my first cousin. To state a fact, he is gay. But I think it softens him positively, and I say that with a great sense of pride and honour. His flatmates were nice and friendly. After a long and uninterrupted sleep I sorted out a lot of work. Then Pede came to visit and with Dario we ate at a lovely Vietnamese restaurant in the posh area of Berlin – very "Ale". I have a vivid memory of that late lunch, the food, the company, the venue and the feeling of just "being" in Berlin. It felt at that point that I was in the German capital.
After the lunch the trio returned here to collect the other two (JK and KD) and we all set out for a lovely tour of Berlin. I REALLY love the city. Slight tensions between the squad were still visible, but all-in-all we were ok. Dario showcased Berlin to us fantastically – seeing countless important monuments and museums including Jewish war monuments and the Berlin Wall. On the way back home Pede left us and the four of us

[FACEBOOK MESSAGE] 26/8/2010

1:42am
Federico Neri

We arrive in Berlin tomorrow!

We arrive in Berlin tomorrow! Send me your mobile number by email as soon as possible. Hugs. V

6:47am
Ok. When should we meet up? We should be arriving between 5-7 tomorrow afternoon. Would be cool if you could film us coming into the city, perhaps. We'll be staying to the 29th.

*****

[DIARIO] 27/8/2010 - 29/8/2010
BERLINO-GERMANIA - a casa di Dario 27-29 agosto, 2010.

L'ingresso a Berlino non ha rivelato l'atmosfera, la bellezza, l'energia della città. Pioveva molto ed ero stanco. Abbiamo trovato la casa di Dario Pasquini. Dario è mio cugino, gay. Ma penso che questo fatto lo addolcisca positivamente e lo dico con un gran senso di orgoglio e onore. Quelli con cui divide l'appartamento erano gentili e amichevoli. Dopo un lungo sonno ininterrotto ho fatto molto lavoro. Poi Pede è venuto a trovarci e con Dario abbiamo mangiato in un ristorante vietnamita molto carino nel quartiere elegante di Berlino – molto "Ale". Ho un ricordo vivido di quel pranzo sul tardi, il cibo, la compagnia, il posto e la sensazione semplicemente di 'essere' a Berlino. Ho sentito in quel momento che ero nella capitale della Germania.
Dopo pranzo il trio è tornato qui a riprendere gli altri due (JK e TD) e siamo partiti tutti insieme per un piacevole giro turistico di Berlino. Amo VERAMENTE la città. Una leggera tensione fra la squadra era ancora visibile, ma nel complesso, eravamo ok. Dario ci ha fatto vedere Berlino in modo fantastico – innumerevoli monumenti importanti e musei, incluso il memoriale dell'olocausto degli Ebrei; il muro di Berlino.
Al ritorno Pede ci ha lasciato e noi quattro ci siamo fermati a cena in un ristorante indiano tradizionale vicino a casa. Io e

stopped for dinner at a traditional Indian restaurant close to the house. Jamie and I spoke about Teall and Brigette (the girlfriends) and food was sensational: tandoori, butter chicken, naan. We all made a visit to a "communal centre" – or "centro sociale" where youths (young adults really) seemed to manage the immense premises. Live music, drugs, drinks, rain, lights, sand, puddles, smells, colours, characters – then, gelato!
Following: chillout @ home and then we woke up at 12AM to go to Panorama Super Club. It was a full-on hard-core Berlin-style, what I had imagined club. Another lovely day in Berlin and then off we went to Bielefeld. Very much enjoyed Berlin.

*****

[EMAIL] 27/8/2010

From: Valerio De Simoni
To: Gino Moliterno

Friday, 27 August 2010 6:30 PM

Thanks Uncle Gino!

Really great to see how many people are following us already, and it's only day 17, and we're only in Europe!
Currently at Dario's house in Berlin, learning about the history of this great city.
Got a lot to see today so I will write more later on.
Much love and hugs!

P.S. hope you're enjoying some vino e castagne in this period in Canberra!

Vale.

*****

[EMAIL] 28/8/2010

Da: Valerio De Simoni
A: Massimo Pasquini
Sabato, 28 agosto 2010 9:54 PM

Jamie abbiamo parlato di Teall e Brigette (le nostre ragazze) e il cibo era eccellente: tandoori, pollo al burro e naan. Abbiamo tutti fatto una puntata al "centro comunitario" o "centro sociale" dove dei ragazzi (veramente giovani adulti) avevano l'aria di gestire un posto immenso. Musica dal vivo, droghe, da bere, pioggia, luci, sabbia, pozzanghere, odori, colori, personaggi – poi gelato!
A seguire: relax @ casa e poi ci siamo svegliati a mezzanotte per andare al Panorama Super Club. Era un club totalmente hard-core stile Berlino, come me l'ero immaginato. Un'altra bella giornata a Berlino e poi via, siamo andati a Bielefeld. Mi è proprio piaciuta Berlino!

*****

[EMAIL] 27/8/2010

Da: Valerio De Simoni
A: Gino Moliterno
Venerdì, 27 agosto 2010 - 6:30 PM

Grazie zio Gino!

È fantastico vedere quante persone già ci stanno seguendo; ed è solo il diciottesimo giorno, e siamo solo in Europa!
Attualmente a casa di Dario a Berlino, imparando molto della storia di questa città.
Ho un sacco di cose da vedere oggi, quindi ti scriverò ancora più tardi.
Baci e abbracci!

P.S. Spero che tu ti stia godendo un po' di vino e castagne, in questo periodo a Canberra!

Vale

*****

[EMAIL] 28/8/2010

From: Valerio De Simoni
To: Massimo Pasquini
Saturday, 28 August 2010 9:54 PM

Ciao zio, quando hai tempo, Jamie ha invitato la sua ragazza per un paio di giorni a Roma e voleva sapere se conoscevi qualche albergo intorno ai 140 euro a notte, carino, romantico, da qualche parte. Se hai qualsiasi idea, fammi sapere.

Io credo che starò da zio Marco con Teddy (l'altro viaggiatore), perché cosi possiamo parcheggiare le moto nel loro garage.
Grazie!
V.

*****

[JOURNAL] 30/8/2010 - 2/9/2010
Zvenaar, Arnheim, The Netherlands

Press Conference. Television interview. $2000 US donation from Carlisle.
**** Luxury Hotel for two nights. Big discussion with Jamie. All in all it was a fantastic and memorable experience. I learnt a lot about the importance of preparation -> in ADVANCE! For any event/promotion and in particular the need for a "local spin".

*****

[FACEBOOK MESSAGE] 31/8/2010

6.04am
Brigitte Martinez
Great. Yeah me too. 11 countries in 20 days. Just arrived into The Netherlands into a luxury hotel sponsored by our partner. Soooooooooo tired... See you in Italy I guess woo-woo! Xx

7.34am
Yes, my eyes are falling out of my head I'm so tired lol
I know, that's so nice to hear B. I am sure you will love Italy. You CAN'T get more romantic than Roma!! Speak soon, Vx.

*****

Dear uncle, when you have time, Jamie has invited his girlfriend to come to Rome for a few days and he wanted to know if you knew of any hotels around the place, say 140 euros a night, nice, romantic.
If you can think of anything at all let me know.

I think I'll be staying at uncle Marco's place with Teddy (my other fellow traveler) so that we can park the bikes in their garage.
Thanks.
V.

*****

[DIARIO]30/8/2010 – 2/9/2010
Zvenaar, Arnheim, Olanda.

Conferenza stampa. Intervista in televisione. Donazione di $2000 US da Carlisle.
**** Hotel di Lusso per 2 notti. Grande discussione con Jamie. Nel complesso una esperienza fantastica e memorabile. Ho imparato molto sull'importanza di prepararsi -> in ANTICIPO!
Per ogni evento/promozione, e in particolare la necessità di avere "un'angolatura locale".

*****

[MESSAGGIO FACEBOOK] 31/8/2010

6:04
Brigitte Martinez
Perfetto. Sì, anch'io. 11 paesi in 20 giorni. Appena arrivati in Olanda, in un hotel di lusso sponsorizzato dal nostro partner. Cosììììììì stanco... ci si rivede in Italia immagino, wow-wow! XX

7:34
Sì, son così stanco che mi stanno cascando gli occhi dalle orbite ah ah! Lo so è così bello sentire B. son sicuro che amerai l'Italia. Non c'è niente di più romantico di Roma!!! A presto, Vx.

*****

[EMAIL] 31/8/2010

Da: Valerio De Simoni
A: maxpasquini
Martedì, 31 agosto 2010 6:51 AM

Ottimissima idea!
Grande zio!

Allora, noi abbiamo un event con un club della Ducati il 3 Ottobre a Milano, poi si va a Venezia per un giorno, e poi veniamo giù a Roma senz'altro.
Dimmi quel che ti serve, logo, press release, foto, video, informazioni ecc ecc. Abbiamo tutto pronto.
Se possibile, voremmo fare il massimo al festival per coinvolgere più media possibile.
Quindi da qua, noi siamo disposti a stare al festival pure il 7, 8, 9 se si può/se serve.

Potremmo fare un discorso:
- sui nostri veicoli ed il loro impatto sulla gente che ci vedrà in Africa;
- dove vanno i nostri fondi per la carità;
- l'importanza di essere protetti ed intelligenti come autisti;
- il nostro record mondiale, ovviamente;
- l'importanza di essere "mobili" ed il suo significato;
- un sommario di tutto il nostro progetto globale

P.S. ora stiamo in Zevenaar, The Netherlands in attesa di fare un grande ufficio stampa mercoledì con un nostro major sponsor.
Guarda qua il nostro recente ufficio stampa a Istanbul, per prendere un idea del nostro progetto: http://www.youtube.com/EXPQUADSQUAD

Fammi sapere e ci mettiamo al lavoro.
Bacione, V.

*****

[PRESS CONFERENCE] 2/9/2010
Zvenaar, Arnheim, The Netherlands

Welcome to all of you, Carlisle importers... Thanks for coming.
As some of you would know, there seems to be some sort of record

[EMAIL] 31/8/2010

From: Valerio De Simoni
To: maxpasquini
Tuesday, 31 August 2010 6:51 AM

Great idea!
Wonderful uncle!

So, we've got an event with a Ducati club on 3 October in Milan, then we're off to Venice for a day, and then we'll come to Rome, without a doubt.
Tell me what you need, logo, press release, photos, video, information etc etc. We've got everything ready. If possible we want to do the maximum we can at the festival in order to create as much media as possible.
Consequently, at this point, we'd be willing to stay at the festival even on the 7, 8, 9, if it will serve a purpose.

<u>We could make a speech:</u>
- about our vehicles and their impact on the people who will see us in Africa;
- where the money we're collecting for charity is going;
- the importance of being protected and intelligent as drivers;
- our world record – obviously;
- the importance of being "mobile" and what it means;
- a summary of our entire global project

P.S. now we're in Zevenaar, in the Netherlands, waiting to do a big press release on Wednesday with one of our major sponsors.
Have a look here at our recent press conference in Istanbul to get some idea of our project: http://www.youtube.com/EXPQUADSQUAD

Let me know and we'll get to work.
Love, V.

*****

[CONFERENZA STAMPA] 2/9/2010
Zvenaar, Arnheim, Olanda

Un benvenuto a tutti voi, importatori di Carlisle... Grazie di essere venuti.

attempt going on, and we are the three riders, Jamie Kenyon on my right, Kristopher Davant and myself.
We started about 21 days ago in Istanbul and we are going to attempt to break the Guinness world record for the longest journey in history on an ATV quad bike.
So, essentially we will cover 50 thousand kilometres across Europe, Africa and Australia, crossing about 34 countries in 12 months.
So it's literally the world biggest ATV quad bike journey and we are very proud to be here and give you some background on what the project is all about, so that you can follow us, so you have a bit more understanding on what Carlisle is doing, and what we are doing.
Essentially, the project aim is to support a global charity called Oxfam and instead of generically giving money, as we say, to poverty, Oxfam has a designated program called the Southern African Livelihood Program which, to make a long story short, is a way of giving money to poor African communities in Malawi, Zimbabwe and South Africa, to train people. So instead of just giving them money, they give them skills to be able to be self-sufficient, learn about agriculture and so on.
So it's very important for us to be doing something as great as supporting those in poverty and also to break a new world record more or less in Zambia, which is half way down to South Africa.
Then from South Africa we are going to get on a container ship, which is a big logistics vessel, and we will sail across to Western Australia, which should take about two weeks, and beyond that we will be on our vehicles, and when we arrive in Australia, then we will do another press conference with representatives of Carlisle in Australia, and that's when a huge amount of media will start picking up as well and the fund raising will also pick up, we hope.
The whole aim is for us as three friends from Australia to travel the world in an extremely unique vehicle, to spread our message about raising money for poverty and understanding poverty and just really enjoying this personal experience through so many different countries, meeting local people.
We are also going to make a documentary, to showcase all our breakdowns, tyre punctures, our arguments, and all the rest of it.
So I guess at this point we have done about two years' worth of planning, so what you can see in front of you is the result of years of research, planning and studying from all three of us, about the route, the security and safety point of view, logistics, vehicles, the right tyres, all the different elements of camping, survival, navigation. It really is a global expedition.

Come alcuni di voi sapranno, sembra che ci sia una specie di "tentativo di record", e noi siamo i tre motociclisti! Jamie Kenyon alla mia destra, Kristopher Davant ed io.
Siamo partiti circa 21 giorni fa da Istanbul e vogliamo tentare di battere il record mondiale per il viaggio più lungo nella storia su quad ATV. Quindi, essenzialmente copriremo 50 mila chilometri attraverso Europa, Africa e Australia, attraversando circa 34 paesi in 12 mesi.
Sarà letteralmente il viaggio in quad ATV più lungo del mondo. Siamo molto orgogliosi di essere qui ad informarvi del progetto e in cosa consiste, in modo che ci possiate seguire, che possiate avere una maggiore comprensione di ciò che farà Carlisle, e di quello che faremo noi. Essenzialmente, un obiettivo del progetto è di dare sostegno a un'organizzazione benefica globale chiamata Oxfam che invece di donare soldi genericamente, come si dice, per combattere la povertà, ha un programma designato chiamato Southern African Livelihood Program, In poche parole, è una maniera per donare soldi alle comunità africane povere in Malawi, Zimbabwe e Sudafrica, ma addestrando le persone. Così invece di dare soldi direttamente, offrono addestramento in modo che poi la gente abbia la capacità di essere autosufficiente nei lavori agricoli e così via.
Per noi è molto importante poter fare qualcosa di così positivo come dare sostegno a chi si trova in povertà e allo stesso tempo conseguire un nuovo record mondiale più o meno quando arriveremo in Zambia, a metà strada andando verso il Sudafrica.
Poi dal Sudafrica saliremo a bordo di una nave container, una grande nave logistica, che ci porterà fino al Western Australia, il che dovrebbe impiegare circa due settimane. E da lì in poi torneremo in sella ai nostri veicoli. Quando arriveremo in Australia, terremo un'altra conferenza stampa con rappresentanti di Carlisle in Australia, e sarà allora che comincerà a moltiplicarsi, speriamo, l'interesse dei media e anche la raccolta di donazioni.
Nell'insieme il nostro fine, di noi tre amici australiani, è di viaggiare per il mondo su un veicolo veramente unico, di diffondere il nostro messaggio, di donare fondi per combattere la povertà, di capire la povertà e veramente di godere di questa esperienza personale viaggiando attraverso tanti paesi diversi, incontrando la gente del luogo..
Gireremo anche un documentario, per mostrare anche tutti i guasti meccanici, le forature, le nostre litigate e tutto il resto.
A questo punto abbiamo alle spalle circa due anni di programmazione, quindi ciò che vedete davanti a voi è il risultato di ricerca, programmazione e studio da parte di tutti e tre noi, sul percorso da fare

It's very exciting to be here in the Netherlands, and to see that everything is moving. After four and half thousand kilometres so far from Istanbul, we have got some very positive signs that we are going to make it a very successful year.

...

Another good point about Oxfam. There are perhaps more well-known charities around the world like Amnesty International, UNICEF, etc. but Oxfam is pretty much in the top two brackets that gives the most amount of money to the charity area, which is about 78 cents per dollar. So, we are aiming to raise about 100 thousand Australia dollars, which is close to 70 thousand euros, and for us, travelling the world, is quite e lot of money to be able to promote such an important cause. And who knows, if we are going to do an expedition number 2, we can add a lot more for Oxfam.

*****

[JOURNAL] 2/9/2010
Amsterdam, The Netherlands

As usual I can easily say that I would have liked more time to have enjoyed this place – the Dutch capital. We stopped off at the YME headquarters to meet and greet the team before pushing on to the city centre where we stayed the night. Dinner and a leisurely stroll around the red light district was certainly part of the experience. I came away with a very positive feeling from the city. As usual the highlights for me are a lot dependent on the people we interact with and/or stay with – so it's always a different experience not staying with locals.

*****

[JOURNAL] 3/9/2010- 6/9/2010
Brussels, Belgium

We left Amsterdam's Van Gogh Museum bound for Bruxelles at around 3pm. After a relatively easy 200-ish-km drive south we arrived into Bruxelles. The city by bike was spectacular. I knew little of the country, people and culture so that too was exciting. Marion's apartment was right in the city and it was

e anche la sicurezza, la logistica, i veicoli, le gomme adeguate, tutti gli elementi necessari al campeggio, la sopravvivenza di base, l'orientamento E' veramente una spedizione globale.
Per noi è molto eccitante essere qui nei Paesi Bassi e vedere che tutto si sta muovendo. Dopo 4500 chilometri finora da Istanbul, abbiamo dei segnali molto positivi che questo per noi sarà un anno di grande successo.
... .
Un altro punto a favore di Oxfam. Vi sono forse organizzazioni benefiche internazionali meglio conosciute come Amnesty International, UNICEF ecc. ma Oxfam è al secondo posto nel destinare la maggior proporzione di denaro ricevuto direttamente all'intervento umanitario, e cioè circa 78 centesimi per dollaro. Così, ci proponiamo di raccogliere circa 100 mila dollari australiani, equivalenti a circa 70 mila euro, e questi, per noi che viaggiamo per il mondo, sono molti soldi per promuovere una causa così importante. E chissà, se faremo una spedizione numero 2, potremo raccogliere molto di più per Oxfam.

*****

[DIARIO] 2/9/2010
Amsterdam, Olanda

Come al solito, posso dire con certezza che avrei voluto avere più tempo per godermi questo posto, la capitale dell'Olanda. Ci siamo fermati al QG del YME per incontrare e salutare il team prima di continuare verso il centro della città dove abbiamo passato la notte. Cena e una passeggiata rilassante nel quartiere a luci rosse dovevano ovviamente far parte dell'esperienza. Sono partito con un'impressione molto positiva della città. Come al solito per me apprezzare le bellezze di un posto dipende molto dalle persone con cui interagiamo o stiamo – così è sempre un'esperienza diversa non stare con qualcuno del posto.

*****

[DIARIO] 3/9/2010 – 6/9/2010
Bruxelles, Belgio

Abbiamo lasciato il Museo Van Gogh ad Amsterdam diretti a Bruxelles verso le 3 del pomeriggio. Dopo una tappa facile di 200 km circa verso sud, siamo arrivati a Bruxelles. Il giro della

so cool to arrive there on bikes. The noise of the bikes makes our convoy well heard before we arrive anywhere. As we were parking curbside, Marion came down from the third floor having heard us arrive from down the street. The feelings of seeing her again after we first met in Sydney were very strong. I was filled with happiness and excitement. She had prepared salmon and cheese crackers, olives, champagne, nibbles of all sorts. I could see and sense that she too was very happy. Marion is a young, bubbly, sparkling vivacious spirit who invigorates those around her. I think the boys also enjoyed the company very much.

That night we went to the Delirium café which holds the GWR for the most different types of beer sold. Guess how many? 2004!! Two thousand and four…

After feeling very well tipsy, we moved on to a more intimate bar – a traditional French bar with old music and lovely fruit wine: cherry, raspberry etc. That's when I started feeling Marion's emotions toward me. We were both warm and touchy towards each other and we had also both come out of a six month relationship. So yes, it's odd, but yes it felt right. The moment when you begin to question your emotions is when you need to trust them the most. Go for it! Trust the energy, not the logic.

The four of us left around 2AM to drop Jamie home, and then we continued on to The Wood, a club in an old hunting lodge in literally the woods of the city. It wasn't the best fun… we left at about 5AM to go home. We only rolled out of bed at 2.30pm and it felt so wonderful. We went to a café down the road from Marion's house and had a lovely late breakfast. That night we all went to dinner at an Italian – VERY good. Then we went to a quiet bar, chilled and then we dropped the boys home and Marion and I went out to the wine bar again – because it's just so cool. We had a round of cherry wines – comfortably together on the couch.

Unfortunately time prevailed and we had to return home. The last 200m, I drove! She has an awesome old VW convertible, about 20 years old in fact – perfectly maintained. I rolled it into the garage as we listened to *Thriller* (Michael Jackson). Then I ran upstairs and got Ted's keys, ran back down, unlocked two helmets, got on my bike -> and off we went! First passenger, although not really allowed, we drove

città in moto è stato spettacolare. Sapevo poco del paese, della sua gente e cultura e anche questo è stato emozionante. L'appartamento di Marion è proprio in centro ed è stato emozionante arrivarci in moto. Il loro rombo preannuncia il nostro arrivo da lontano, ben prima di arrivarci. Mentre stavamo parcheggiando a lato del marciapiede, Marion è scesa dal terzo piano da dove ci aveva sentiti giù in strada. Le sensazioni nel rivederla, a distanza di sei mesi da quando ci siamo incontrati a Sydney per la prima volta, sono state intense. Ero pieno di felicità ed emozionato. Lei aveva preparato cracker di salmone e formaggio, olive, champagne, stuzzichini di tutti i tipi. Si vedeva e sentiva che anche lei era molto felice. Marion è uno spirito giovane, spumeggiante, vivace ed effervescente che trasmette energia a chi le sta intorno. Penso che anche i ragazzi abbiano molto apprezzato la sua compagnia.
Quella sera siamo andati al Delirium, un caffè locale che detiene il Guinness dei primati per il numero di tipi di birra diversi in vendita. Indovina quanti? 2004!!! Duemila e quattro…
Quando ci siamo sentiti parecchio brilli ci siamo trasferiti in un bar più intimo – un bar tradizionale francese con vecchie canzoni e deliziosi vini di frutta: ciliege, lamponi ecc. e lì ho cominciato a sentire i sentimenti di Marion verso di me. Eravamo entrambi affettuosi e suscettibili e tutti e due venivamo fuori da una storia di sei mesi. Così, sì è strano, ma sì, poi non lo è… Quando cominci ad interrogarti sulle tue emozioni allora è il momento che ti devi fidare di loro. Devi buttarti! Fidati dell'energia, non della logica.
Noi quattro ce ne siamo andati verso le 2 del mattino per portare a casa Jamie e poi abbiamo continuato diretti al WOOD, un club in una vecchia casina di caccia, letteralmente nel bosco della città. Non era il posto più divertente… ce ne siamo andati verso le 5 del mattino per tornare a casa. Siamo rotolati giù dal letto solo alle 2.30 del pomeriggio ed era così meraviglioso. Siamo andati in un bar vicino a casa di Marion e abbiamo fatto una deliziosa colazione sul tardi. Quella sera siamo andati tutti a cena in un ristorante italiano MOLTO buono. Poi siamo andati in un bar tranquillo, ci siamo rilassati e dopo abbiamo riportato i ragazzi a casa e io e Marion siamo ritornati al wine-bar – giusto perché è così cool. Abbiamo bevuto del vino alla ciliegia – seduti insieme, comodi sul sofà.
Sfortunatamente si stava facendo tardi e dovevamo rientrare a

slowly and carefully around Bruxelles. It was cold, late and a lot of fun.
Back home – reality kicked in. I was leaving that day, she would continue her way – and who knows, who knows. Marion took us to lunch to her parent's house which was really, really nice. Lunch. Champagne. Cake. Coffee. Laughs. Stories. Tears. Marion drove us to the highway exit. We stopped at a petrol station. We had to say goodbye – we didn't want to. As I am learning en-route, this story, my story, is one of "hellos" and "goodbyes" as we are constantly arriving yet constantly leaving. Off we went… and off we rode… to England.

*****

[JOURNAL] 7/9/2010
LIVERPOOL TO DUBLIN FERRY - 23:19

Low lit cabin.
Swaying vessel.
Purring engines.
Tired eyes
Day 27.
Ted's bike -> broken down again! Piston failure – and probably something else. 5AM on board are only JK and I and Ted is still back in Leeds -> maybe for a week. We arrive into Ireland in 6 hours and then drive down to Cavan to stay with Declan's parents (my brother-in-law) which will be great!

*****

[JOURNAL] 8/9/2010
Cavan, Ireland

We docked at 4.30am in Dublin and made our way down to Cavan to stay with Declan's parents. The drive up was fast; the air was cool and sharp: the sun was just rising to the east and to the north a storm cloud. Pulling up to the house with the dog barking at us and seeing how amazingly beautiful their property is, is something I will remember for some time.

*****

casa. Gli ultimi 200m ho guidato io! Lei ha una VW convertibile, fantastica, vecchia, circa 20 anni, in perfette condizioni. Sono entrato in garage mentre ascoltavamo *Thriller* (Michael Jackson). Poi sono corso su e ho preso le chiavi di Ted, son corso giù, ho sganciato due caschi, sono salito sulla mia moto e via! La prima passeggera, anche se veramente non sarebbe permesso, abbiamo fatto un giro per Bruxelles lentamente e facendo attenzione. Era tardi, freddo ed è stato molto divertente.
Ritornati a casa – ripiombati nella realtà.
Io sarei partito quel giorno, lei avrebbe continuato per la sua strada e – chissà, chissà. Marion ci ha portati a pranzo a casa dei genitori il che è stato proprio, proprio gentile. Pranzo. champagne. Dolce. Caffè. Risate, storie. Lacrime. Marion ci ha accompagnati verso l'uscita della superstrada. Ci siamo fermati ad un distributore di benzina. Dovevamo salutarci – non volevamo. Sto imparando "per strada" che questa storia, la mia storia, è fatta di "hellos" e "goodbyes", ciao e arrivederci, dato che in continuazione arriviamo e ce ne andiamo continuamente. E via siamo partiti... diretti verso l'Inghilterra.

*****

[DIARIO] 7/9/2010
TRAGHETTO DA LIVERPOOL A DUBLINO – 23.19

Cabina poco illuminata.
Imbarcazione ondeggiante.
Ronzio dei motori.
Occhi stanchi
Giorno 27.
La moto di Ted -> di nuovo guasta! Guasto ai pistoni– e probabilmente qualcos'altro. Alle 5 del mattino a bordo ci siamo solo io e JK, e Ted è rimasto a Leeds -> forse per una settimana. Arriviamo in Irlanda fra 6 ore e poi continuiamo per Cavan dove staremo con i genitori di Declan (mio cognato), sarà grandioso.

*****

[DIARIO] 8/9/2010
Contea Cavan, Irlanda

[JOURNAL]
RECOUNT FROM 10th September to 21st September 2010
CAVAN TO KILKENNY TO CARLOW

Stayed with Will Gabbell and Patch Percival Maxwell.
Then we rode to Waterford without Ted who was left at ATV World in Leeds to mend his terminally ill engine.
Waterford fundraising with Oxfam Ireland. Lots of other bikes… Celtic Thunder, Harley Davidson Motorcycles…

Ted and I did a very calming, quiet, and mindful bicycle ride of about 11kms.
We left on Tuesday morning from Pembroke to Rosslare on the ferry. Off and on to Taunton.
We stayed at Chloe's old manor house for a splendid two nights. The parents were really so warm and happy to have us stay. Ted was sick. I edited 2 episodes. Jamie, the father and I went for a 140-mile an hour tour in his Aston Martin Vanquish.
Great food. Great sleeps. Intense dreams.

From Taunton to London via Stonehenge. I listened to an audio explanation of the site. Very mysterious, yet practical ancient burial ground.
London. Stayed with "Chippy" and "Cancan," Jamie's uncle and auntie for two nights.
The highlight for me was my solitary walk from the Lighthouse pub to Westminster Abbey. I crossed much of the city following the Thames right round. Tate Museum. M15. International Maritime Organization. A very real sight of the city.
I enjoyed London. It seemed a little less atmospheric than I expected. I would like to see more of the city centre…
London to Dover. Dover to Calais. Arrived at 1900 French local time and stopped for petrol. I suggested we camp and push off the next morning. I love camping.

*****

Abbiamo attraccato alle 4.30 del mattino a Dublino e ci siamo diretti verso Cavan per stare con i genitori di Declan. La strada era veloce; l'aria fresca e frizzante: il sole stava appena sorgendo a est, a nord dei nuvoloni. Arrivando a casa con il cane che abbaiava, la vista di quanto incredibilmente bella sia la proprietà, è qualcosa che mi ricorderò per un bel po'.

*****

[DIARIO] 10/9/2010 - 21/9/2010
RACCONTO dal 10 settembre al 21 settembre 2010
DA CAVAN A KILKENNY A CARLOW

Siamo stati con Will Gabbell e Patch Percival Maxwell.
Poi siamo andati a Waterford senza Ted che avevamo lasciato a ATV World a Leeds a riparare il suo motore malato terminale.
Raccolta fondi a Waterford con Oxfam Irlanda. Molte altre moto, Celtic Thunder, Harley Davidson...

Io e Ted abbiamo guidato le moto per circa 11 km in modo molto calmo, tranquillo e cosciente.
Siamo partiti il martedì mattina da Pembroke diretti a Rosslaire in traghetto. Siamo scesi e via per Taunton.
Siamo stati al vecchio maniero di Chloe per 2 notti splendide. I genitori sono stati veramente così calorosi e contenti di averci. Ted è stato male. Ho montato 2 episodi. Io, Jamie e il padre siamo andati per un giro a 140-miglia all'ora con la sua Aston Martin Vanquish.
Cibo ottimo. Belle dormite. Sogni intensi.
Da Taunton a Londra via Stonehenge. Ho ascoltato una spiegazione audio del sito. Molto misterioso, ma un antico e pratico luogo di sepoltura.
Londra. Siamo Stati con "Chippy" e "Cancan," lo zio e la zia di Jamie per 2 notti.
La cosa più bella per me è stata la mia passeggiata solitaria dal pub Lighthouse all'abbazia di Westminster. Mi son fatto a piedi quasi tutta la città, seguendo il corso del Tamigi. Il Tate Museum. M15. La International Maritime Organisation. Una vera visita della città.
Mi è piaciuta Londra. Mi è sembrato avesse un po' meno atmosfera di quanto mi aspettassi. Avrei voluto veder un po' di

[BLOG] 13/9/2010

Ireland. A green land

Last Tuesday at 4.00am Jamie and I were woken up on the ferry by a loud thud on our cabin door and a few slurred phrases of "Wake up, wake up – breakfast and off you go!".

We had only JUST made it on to the ferry the night before after making a literally last-minute decision as a team that Ted would stay back in Leeds, UK to work on his quad and fix the crank shaft issue!

So... Jamie and I left ATV World at about 6.30pm, and we had to be in Liverpool by 8.30pm. So the minutes were counted!

We got lost about 3-4 times on the way with untranslatable directions from hard-english accents- but- we made it just in the nick of time!

So after the ferry docked at 4.30am on Wednesday morning in Dublin, Jamie and I drove up to County Cavan where my brother-in-law's family lives. A lush, soft, calm, and green village in the hills over looking countless fields in every direction. We were welcomed with open arms and never left the house without a full belly; something we will miss in Africa!

Walks, sleeps, laughs, and many, many cups of tea was pretty much the experience up at Cavan. Poor old Ted was stuck in Leeds learning all about "How to drive the quad respectfully".

After that bliss of a real homely-home, Jamie and I left the Brady's on Thursday afternoon bound for Kilkenny.

As expected, Will, Jamie's cousin, was waiting for us at their big old residence with Guinness and a traditional "Irish stew". Which was just what we need after 3 hours of riding in perfect Irish weather > i.e. rain, wind, rain, thunder, wind, rain!

*****

più del centro della città. Da Londra a Dover. Da Dover a Calais. Arrivati alle 19.00 ora locale francese ci siamo fermati per far benzina. Ho suggerito di campeggiare e continuare la mattina dopo. Amo campeggiare.

*****

[BLOG] 13/9/2010

Irlanda. Una terra verde
Martedì scorso alle 4:00 Jamie ed io siamo stati svegliati da un forte colpo alla porta della cabina e da alcune frasi biascicate come " Sveglia, sveglia - colazione e mettetevi in marcia!".

Eravamo riusciti ad arrivare al ferry APPENA IN TEMPO la sera prima, dopo aver preso come squadra una decisione letteralmente dell'ultimo minuto, cioè che Teddy si sarebbe fermato a Leeds, UK, per lavorare al suo quad e sistemare il problema dell'albero a gomiti!
Allora... Jamie ed io abbiamo lasciato l'ATV World verso le 18:30, e dovevamo essere a Liverpool per le 20:30. E dunque avevamo i minuti contati!
Ci siamo persi circa 3-4 volte sulla strada con le indicazioni intraducibili date in un inglese dal forte accento, ma ce l'abbiamo fatta giusto in tempo! Così dopo che il ferry ha attraccato a Dublino alle 4:30 di mercoledì mattina, Jamie ed io abbiamo proseguito fino a County Cavan, dove vive la famiglia di mio cognato. Un paesino dalla vegetazione lussureggiante, dolce, calmo e verde sulle colline che sovrastano campi sconfinati in ogni direzione. Siamo stati accolti a braccia aperte e non siamo mai usciti di casa a pancia vuota; qualcosa che ci mancherà in Africa!
Camminate, dormite, risate e molte, molte tazze di tè, più o meno è stata questa l'esperienza su a Cavan. Mentre quel poveraccio di Teddy era bloccato a Leeds ad imparare tutto su "Come guidare con il dovuto rispetto il quad".
Dopo quella beatitudine di una vera casa accogliente, Jamie ed io abbiamo lasciato la famiglia Brady giovedì pomeriggio diretti a Kilkenny.
Come previsto, Will, il cugino di Jamie, ci aspettava nella loro grande e vetusta abitazione con la Guinness e un tradizionale 'stufato irlandese'. Che era proprio ciò di cui avevamo bisogno dopo 3 ore di guida in perfetto tempo irlandese, vale a dire pioggia, vento, tuoni, vento, pioggia!

*****

[FACEBOOK MESSAGE] 20/9/2010

12:59am
Zoe L B Wane

Hy beautiful, how are you?
We're at Dover now getting the ferry to Calais. Arrive there at 19:15 today and will arrive in Paris by around 23:00.
We're staying at a friends so we can catch up tomorrow night?

*****

[JOURNAL] 21/9/2010 - PARIS, France

Riding into and through the city of Paris is an image that I will remember for a long time. I have been leading the team since we left London as the navigator. So once in the city of Paris, we took one main turn towards the Eiffel Tower and so began the show. The show of people in the streets completely stunned at the image of us three. The architecture, city layout, noise, smell, colour, population reminded me of a bigger Rome. We stopped briefly at Moulin Rouge and from there onto Torre Eiffel. The main plaza (which name I cannot recall) was breathtaking. Vast open space, imposing French buildings and a really captivating atmosphere and energy that just yelled out to me like "This city is incredible." Thinking back already, everything I saw in Paris was REALLY a highlight. I will certainly return. After a nice rest at the tower we moved on to Marie's house, next to "Le Bon Marché" in the 6th district. As soon as we arrived – again – there was this unexplained energy and feeling that just spoke out to me. I really felt the buzz of the city. Sandrine (Marie's mother) arrived and ushered us upstairs to their 4th floor residence. Bruno, the father, opened the door and their home to us. Images of Sydney's Bondi Beach gave me a little feeling of homesickness.

*****

[MESSAGGIO FACEBOOK] 20/9/2010

12:59
Zoe L B Wane

Ciao bella, come stai?
Siamo a Dover adesso e stiamo per prendere il traghetto per Calais. Arriviamo alle 19:15 oggi e arriveremo a Parigi verso le 23:00.
Stiamo da amici, allora possiamo vederci domani sera?

*****

[DIARIO] 21/9/2010 Parigi, Francia

Entrare a Parigi ed attraversare la città, è una scena che ricorderò per molto tempo. Ho guidato il gruppo da quando abbiamo lasciato Londra come navigatore. Così una volta nella città di Parigi, abbiamo preso la strada principale per la Torre Eiffel e lo show è cominciato. Lo spettacolo delle persone in strada completamente scioccate alla vista di noi tre. L'architettura, la pianta della città, il rumore, il colore, la popolazione, mi hanno fatto venire in mente una Roma più in grande. Abbiamo fatto una breve sosta al Moulin Rouge, da lì ci siamo diretti alla Torre Eiffel. La piazza principale (non ricordo come si chiama) era da mozzare il fiato. Un vasto spazio aperto, imponenti edifici francesi e un'atmosfera veramente affascinante e un'energia che mi gridava "Questa città è incredibile." Ripensandoci, tutto quello che ho visto era VERAMENTE un highlight. Ci ritornerò di sicuro. Dopo una piacevole sosta alla Torre Eiffel, siamo andati a casa di Marie, vicino al Bon Marchet nel Sesto distretto. Appena arrivati – nuovamente – c'era questa energia inspiegabile e una sensazione che mi parlava direttamente. Ho veramente percepito il fermento della città. Sandrine (la mamma di Maria) è arrivata e ci ha portati su, nel loro appartamento al quarto piano. Bruno, il padre, ci ha aperto non solo la porta, ma tutta la loro casa. Immagini della spiaggia di Bondi a Sydney mi hanno fatto venire un po' la nostalgia di casa.

*****

[POSTCARD] 23/9/2010

Chere Marti, Declan, Elena, Emer,

C'est Paris!
Spero che stiate tutti bene, sorridenti, bravi, spiritosi, allegri e attivi.
L'estate sta per arrivare da voi beati! Qua invece il caldo sta finendo.
L'Africa però sarà tutto caldo!
Abbiamo solo 22 giorni...

Elena – lo zio ti manda 1,000,000,000 di bacini basta che fai la bimba brava!
Emer – gaga, bibi, goga!
M&D – Paris is immensily beautiful –
Wish you were here – Talk soon
V. xoxoxxxo

*****

[JOURNAL] 24/09/2010 - Plum Village, Thenac, France
THIC NHAT HANH BUDDHIST MEDITATION CENTRE

The moon.
The full moon.
The full, white moon.
A bright, white, full moon shines its pure light on me. I looked deeply into the soul of the moon breathing in and out – calmly enough to feel an exchange of energy between the planet and me.

—

After leaving Paris at 9AM yesterday, we arrived at the "Village du Prunes" at around 10.30PM. Happy to have finally found this sacred place, we tented up and just as I was finishing, one of the loudest cracks of thunder tore the sky open and thus began an almighty down pour.

—

Morning. Late breakfast. Great sleep. Beautiful rays of sun were arriving. The present moment; always wonderful. I rose from the tent. Back stretch. Slept without mat. Wandered around the area, slowly, calmly – meditating subconsciously.

[CARTOLINA] 23/9/2010

Chere Marti, Declan, Elena, Emer,

Here we are in Paris!
I hope you're all well, smiling, good, witty, happy and active.
Summer is about to arrive for you lucky people. Here instead the warm days are ending.
Africa however is going to be hot everywhere!
We have only 22 days left....

Elena – your uncle sends you 1,000,000,000 little kisses as long as you're a good girl!
Emer – gaga, bibi, goga!
M&D – Parigi è immensamente bella
Wish you were here – sentiamoci presto
V. xoxoxxxo

*****

[DIARIO] 24/09/2010 Plum Village, Thenac, Francia
THIC NHAT THAN, CENTRO DI MEDITAZIONE BUDDISTA

La luna.
La luna piena.
La luna piena, bianca.
Una luna piena brillante, bianca, getta la sua luce pura su di me.
Guardo profondamente nell'anima della luna, inspirando ed espirando, calmo in modo da sentire il passaggio di energia fra me e il pianeta.

—

Ieri, dopo aver lasciato Parigi alle 9 del mattino, siamo arrivati al "Village du Prunes" verso le 22.30. Felice di aver finalmente trovato questo luogo sacro, abbiamo piantato le tende e proprio mentre stavo per finire, è scoppiato un tuono fortissimo che ha squarciato il cielo ed è iniziato un tremendo temporale.

—

Mattina. Colazione tardi. Una bella dormita. Bellissimi raggi di sole stavano arrivando. Il momento presente; sempre meraviglioso. Sono uscito dalla tenda. Mi sono stiracchiato la schiena. Dormito senza il materassino. Gironzolato nella zona, lentamente, calmo – meditando subconsciamente.

—

With a warm breeze and a warm soul, I sat on a bed of grass "ommming" to the breath – in and then out until my heart's content.

—

... Silence. Plums. Breathing. Mindful. Smiling. Mindful being. The bells. The rains. The monks...

*****

[SMS] 25/9/2010
05:04:30 (to Vittoria)

Mum, we're at Plum Village, Buddhist Meditation Centre, France. Thic Nhat Than's centre. I feel enlightened by being here. Please tell Marti and Nipako. Baci xo

*****

[JOURNAL] 27/9/2010
Barcelona, Espana

Computer stolen. Hard drives stolen. Microphone. Memory cards. Chargers stolen.
- the reality of being robbed is a powerful reminder of the meaningless possessions we so treasure.
- Clutter is bad.
- Unclutter yourself.

- From Plum Village down through Andorra, through the Catalunyan mountains crossing – 3 degrees centigrade, 1000 m altitude, and frosted fingers – we arrived in Barcelona, beautifully lively Barcelona at 6pm local time.
What was interesting to me was that we had left the peace and calm of a meditation centre, and then thrown into yet another bustling metropolis. Mindfulness and acceptance gives the character much strength. MIND over Matter. The stay was too short for me. I will return.

—

In the moment I felt extremely angry. Just the painful realization that nothing could be done. The thief had picked up

—

Con una brezza calda e un'anima calda, mi son seduto sull'erba recitando "Ommmmm" al ritmo del respiro – dentro e fuori, fino ad aver il cuore colmo di contentezza.

—

Silenzio. Prugne. Respirare. Consapevole. Sorridendo. Essere consapevole. La pioggia. I monaci...

*****

[SMS] 25/9/2010
05:04:03 (a Vittoria)

Mamma, siamo a Plum Village, il Centro di Meditazione Buddista in Francia. È il Centro di Thic Nhat Than. Stando qui mi sento illuminato. Dillo per favore a Marti e Nipako. Baci xo

*****

[DIARIO] 27/9/2010
Barcellona, Spagna

Computer rubato. Hard disk rubato. Microfono. Schede di memoria. Caricatori rubati.
La realtà dell'essere derubato è un monito efficace dell'inutilità delle proprietà di cui facciamo così tesoro
- accumulare è male
- fai ordine in te stesso.

- Dal Plum Village abbiamo proseguito verso Andorra, attraverso il passo sulle montagne della Catalogna 3C, 1000+ di altitudine e dita congelate – siamo arrivati a Barcellona, la bellissima e vivacissima Barcellona alle 6 di sera ora locale.
Quello che io ho trovato interessante era che abbiamo lasciato la pace e la calma di un centro di meditazione, per poi essere gettati in un'altra metropoli animatissima. La consapevolezza e l'accettazione danno molta forza all'anima. La MENTE sopra la materia. Il soggiorno è stato troppo breve per me. Ci ritornerò.

—

Al momento sono estremamente arrabbiato, qualcosa molto di più della dolorosa conclusione che non ci si può fare niente. Il

the 2x bags soon after we had parked and I had put them down. Coming up the path where we had parked he said "Abla spagnol?" – and then went on to say that "if you leave those there, they will steal everything"... "I guarantee it," the man said. As he turned away I mentioned to Ted and Jamie that we should put the bikes in a parking station. As I turned to place more items on the footpath literally one metre from my foot, and all our equipment – the man spoke – I turned back – the bags were gone.

—

We learnt insurmountable amounts from such a simple experience. A cheap lesson in retrospect, giving us an accurate case study for our African leg!!!

*****

[JOURNAL] 28/9/2010
Marseille, St. Tropez, Monte Carlo

After the fiery experience in Spain we rode off toward Marseille. After a very much needed rest stop at a family friend's (Bruno) house, we continued on to St. Tropez. In Marseille, Jamie and I had another very large blow up over demenial issues. After some strong "repair" and several key solution ideas we decided to have a meeting with Ted as intermediary when in St. Tropez. There was a navigational mistake and then another bigger more violent blow up ensued. We went to a bar to have the meeting. After a solid session of 2 hours, the parties resolved on a better management process after we both expressed how we felt, and how we thought we got to those feelings. I was enraged in a way that could have led to violence - as was Jamie. Finally after that whole scene we were able to enjoy somewhat of the beautiful landscape that lay in front of us. One of the world's real yachting centres. These days for me were lived with somewhat of a distant mind – somewhat of an unfocussed and unsettled consciousness. After a quick tour through the famous seaside Principality of Monte Carlo, a photo opportunity in front of the "Casino Monte Carlo" – and a few police interactions, we left for

ladro ha preso le 2 borse subito dopo che io avevo parcheggiato e le avevo messe giù. È venuto verso di noi giù dal sentiero davanti al quale stavamo parcheggiando e ha detto "Abla spagnol?" – e poi ha continuato dicendo "se le lasciate qua, ruberanno tutto"… "garantito" ha detto il tipo. Mentre si girava per andarsene, ho riferito a Ted e Jamie che avremmo dovuto parcheggiare le moto in un parcheggio custodito. Nell'istante in cui mi giravo per metter altre cose sul marciapiede letteralmente a un metro dal mio piede, e tutto il nostro equipaggiamento – il tizio mi ha parlato – mi sono rigirato – le borse erano sparite.

—

Abbiamo imparato tantissimo da questa semplice esperienza. Una semplice lezione a ripensarci, che ci offre un caso di scuola accurato per la nostra tappa africana!!!

*****

[DIARIO] 28/9/2010
Marsiglia, St. Tropez, Monte Carlo

Dopo la brutta esperienza in Spagna, siamo ripartiti verso Marsiglia. Dopo una sosta ben meritata a casa di un amico di famiglia (Bruno) abbiamo continuato per St. Tropez. A Marsiglia, Jamie e io abbiamo fatto un'altra litigata esplosiva per motivi futili. Dopo molto "rappezzare" e parecchie idee per delle soluzioni chiave, abbiamo deciso di fare una riunione una volta arrivati a St. Tropez con Ted in veste di intermediario. C'è stato un errore di navigazione e poi un'altra lite, ancora peggiore, è cominciata. Siamo andati in un bar per fare la riunione. Dopo una seduta di 2 ore piene, le parti si sono accordate su un processo di gestione migliore, dopo aver espresso tutti e due come ci sentivamo, come pensavamo di esser arrivati a questi sentimenti. Io ero furioso al punto tale che sarei potuto arrivare alla violenza – e così pure Jamie. Finalmente alla fine di tutta la scenata, siamo riusciti, comunque, ad apprezzare il bellissimo paesaggio che si apriva davanti a noi. Uno dei centri mondiali dello yachting. Questi giorni mi sembra di averli vissuti con la mente in un certo senso distante in qualche modo sfocata e con una coscienza agitata. Dopo un veloce giro del lungomare del Principato di Monaco, una foto scattata davanti al "Casinò di Monte Carlo" – e alcuni incontri con la polizia, siamo partiti

Milan. It took the better part of 5 hours to get there by 2am. Zebra Hostel on Via Regina Margherita 9.

*****

[JOURNAL] 29/9/2010
MILAN, ITALY - 29th Sept to 4th October 2010 - PIACENZA MECHANIC WORK - PIAZZA DUOMO

We arrived on the Wednesday. Thursday morning I felt so exhausted. More like the bottom of a smoothie glass. When you suck out the very last drops – fully empty – I needed a break!
Breakfast, plan, and off we went. Jamie and I went to do some final errands and Ted remained at the hostel calling media for Sunday's event. After repurchasing some items, I had a nice walk around the Duomo and surrounding shops. At about 13.00 Jamie and I met up at the Duomo and sat down for a nice coffee in the arcade "Vittorio Emanuele I" for what turned out to be a very serious, lengthy conversation about our global media strategy to attract more sponsors to attract more donations, to attract more following, to release our documentary, to publish our book and then, also have a great journey. I still felt very much like we had to sort out our shit as ex-business partners, and best friends. The event was great – as I expected – the focus lay more on fundraising and the images themselves rather than media coverage. Cristian, Attila, and all the others from Paracarri Opera club were amazing. 40 bikes, 3 quads, 600 Euros for Oxfam Australia, buffet lunch, escort to hospital for Ted, tears & life-long friends.

*****

[JOURNAL] 2/10/2010 Milan
- 10,000KM - $10,000 - 21 COUNTRIES - 50 DAYS
A BIG START. THE START. NOW THE ADVENTURE BEGINS.

*****

per Milano. Ci sono volute quasi 5 ore per arrivare attorno alle 2 di notte all'ostello Zebra in viale Regina Margherita 9.

*****

[DIARIO] 29/9/2010
MILANO, ITALIA - dal 29 settembre al 4 ottobre 2010 - PIACENZA, RIPARAZIONI DAL MECCANICO, PIAZZA, DUOMO

Siamo arrivati il mercoledì. Il giovedì mattina mi sentivo esausto. Più o meno come il fondo di un bicchiere di frappè. Quando hai succhiato tutto, anche le ultime gocce – completamente vuoto – ho sentito il bisogno di una pausa! Colazione, piano e via. Jamie e io siamo andati a fare le ultime commissioni e Ted è rimasto all'ostello a chiamare i media per l'evento di sabato. Dopo aver riacquistato alcune cose, ho fatto una bella passeggiata intorno al Duomo e i negozi intorno. Verso le 13 io e Jamie ci siamo incontrati al Duomo e ci siamo seduti per un buon caffè nella galleria "Vittorio Emanuele " per quella che poi si è rivelata una seria e lunga conversazione sulla nostra strategia globale per i media, per attrarre più sponsor, per attrarre più donazioni, per avere più seguito, per distribuire il nostro documentario, per pubblicare il nostro libro e poi, farci anche un bel viaggio. Sento che dobbiamo ancora risolvere i nostri casini come ex soci del business, e migliori amici. L'evento è stato grande – come me l'ero aspettato – l'obiettivo sta più nella raccolta dei fondi e nelle immagini in se stesse che nella copertura dei media. Cristian, Attila, e tutti gli altri del Paracarri Opera club sono stati incredibili. 40 moto, 3 quad, 600 Euro per Oxfam Australia, pranzo a buffet, scorta in ospedale per Ted, lacrime e amici per tutta la vita.

*****

[DIARIO] 2/10/2010 Milano
– 10.000KM – $10.000 – 21 PAESI - 50 GIORNI
UN GRANDE INIZIO. L'INIZIO. ORA L'AVVENTURA COMINCIA.

*****

[CONFERENZA STAMPA] 3/10/2010, MILANO

Ciao, benvenuti al nostro evento del 3 ottobre.
Io mi chiamo Valerio De Simoni, alla mia sinistra c'è Jamie Kanyon, alla destra Kris Davant. Noi facciamo parte di un progetto che si chiama "The Exp Quad Squad - Istanbul to Sydney".
Per spiegare brevemente, cominciando dalla Turchia, in 12 mesi passeremo per 34 paesi, attraversando l'Europa, l'Africa e l'Australia per battere il record mondiale per la distanza più lunga in assoluto su moto Quad, che attualmente è di 21.141 km. Diciamo, quindi che come progetto abbiamo il raggiungimento del record mondiale. Finora abbiamo fatto più o meno 10.000 km, attraversando 21 paesi in 50 giorni dalla Turchia, Grecia, Albania, Montenegro, Macedonia proprio fin su in Croazia, Austria, Bosnia, Germania e fino all'Inghilterra, scendendo per la Francia e ora Milano. Dopo Milano dovremmo andar giù, a Venezia e poi Roma a fare altri 2 eventi, di lá poi si scende a Palermo dove facciamo l'altro servizio meccanico, l'ultimo servizio con la Yamaha. Dobbiamo cambiare le ruote con un modello più adatto per il terreno africano. E poi dall'Africa, insomma dalla Tunisia, passeremo 6 mesi immersi nel continente africano, e dovremmo arrivare nello Zambia, vicino alle cascate del Victoria e batteremo il record più o meno in quella zona...
Non avevamo pianificato un evento a Milano ma un paio di settimane fa, quando eravamo su un traghetto andando in un'isola in Croazia, abbiamo incontrato dei ragazzi italiani simpatici che si son messi a guardare i quad: "Oh che figo, spiegaci..." e niente, ci siamo messi a chiacchierare e abbiamo detto "Guarda, noi saremmo pure disposti a fare un fundraising day a Milano" e quindi ci siamo messi a organizzare e dopo Christian spiegherà un po' più a lungo come sono andate le cose.
Quindi finora abbiamo fatto una conferenza stampa a Istanbul che è stata enorme, non so se voi l'avete vista, abbiamo attraversato il ponte sul Bosforo che divide l'Asia e l'Europa ed è stato come un simbolo, Istanbul, il ponte di Istanbul che si ricollega idealmente al ponte di Sydney.

(*Risposte alle domande dei giornalisti*)

Un momento allegro durante il viaggio quale è stato? Ogni giorno, guarda, è bellissimo.
Vi do un esempio. A Istanbul, come in molti altri posti, ogni volta che ti fermi ad un semaforo, ti fermi a fare benzina, i bambini vedo-

[PRESS CONFERENCE] 3/10/2010, MILANO

Hello and welcome to our 3rd October event
My name is Valerio De Simoni, Jamie Kenyon is on my left side and Kristopher Davant on my right. We are part of a project called "The Exp Quad Squad Istanbul to Sydney".
To briefly explain, starting from Turkey in 12 months we're going to pass through 34 countries across Europe, Africa and Australia in order to break the world record for the longest distance travelled on a Quad bike, which is currently 21,141 Km.
Let's say then that as a project our aim is to break the world record. Until now we clocked more or less 10,000 km crossing 21 countries in 50 days, going from Turkey across Greece, Albania, Montenegro, Macedonia, then north to Croatia, Austria, Bosnia, Germany to England, then going down through France and now Milan.
After Milan we head to Venice and then down to Rome, to stage two more events, and then from there we go down to Palermo, where we'll have another mechanical service, the last Yamaha check-up. We have to change tyres with a more suitable sort for African terrain.
And then in Africa, starting from Tunisia, we will spend six months immersed in the African and we should reach Zambia, near the Victoria waterfalls and break the record more or less in that area...
We hadn't planned an event in Milan but a couple of weeks ago, as we were on a ferry, going to an island in Croatia, we met some friendly Italian boys who started looking at the Quads. "Oh, how cool...tell us about it...", and, of course, we started talking and we said: "Look, we would be prepared to come to a fundraising day in Milan" and so we got down to organizing it, and then Christian will explain a bit more how things went.
So, until now we've done a press conference in Istanbul which was enormous – I don't know if you've seen it, we crossed the bridge on the Bosporus, which divides Asia from Europe, and it was like a symbol, Istanbul, the bridge of Istanbul, which links up symbolically with the Harbour Bridge in Sydney.

(*In answer to questions from the media*)

What's been a happy moment for us on the trip? Look, every day is fantastic.
I'll give you an example. In Istanbul, as in so many other places, every time you stop at a traffic light, or you stop for petrol, children see

no l'immagine di 3 ragazzi vestiti un po' come i militari un po' come i super-eroi e quindi ti vengono incontro con la mano tesa e tu non hai niente da dargli, l'unica cosa che gli puoi dare è un bel sorriso e li guardi e gli dai tutta la tua volontà e speranza e poi gli fai un piccolo autografo e si mettono là e lo guardano e sai che lo terranno vicino al cuore. E per noi è molto importante vedere quanto apprezzano i giovani quello che stiamo facendo anche se capiscono molto poco, perché in questo anno, di 34 paesi, ce ne sono solo tre in cui si parla inglese e quindi in ogni posto dobbiamo segnalare la nostra presenza soprattutto con i gesti e in un modo gentile e quindi per noi un momento allegro e che ci tira su ogni giorno è vedere i sorrisi dei bambini che ci salutano e vogliono salire sulla moto... per noi è molto importante.

...

In poche parole quello che ci aspettiamo dall'Africa è di poter crescere e tornare a casa "uomini". Siamo partiti da Sydney "ragazzi" e solo dopo un mese e mezzo sentiamo già uno sviluppo immenso. Poca gente può vedere 21 paesi in 50 giorni e 10.000 km come li abbiamo fatti noi e quindi già questa prima parte, questa prima tappa del nostro viaggio che è minuscola, un quinto di quello che vedremo in Europa, ci sta preparando psicologicamente e fisicamente e mentalmente per quello che sarà "the real taste of Africa". Lí dovremo continuamente comunicare con il consolato australiano, le varie organizzazioni Not for Profit, con gli sponsor, con i militari australiani per coordinare la nostra rotta che cambierà a seconda della strada, le condizioni politiche, i confini, ecc. Sarà un'avventura più che divertente per noi, un test, non c'è altra parola perché ogni giorno ci dovremo svegliare e decidere il programma che, ok, per esempio è scoppiato questo o quell'altro a Khartoum e perciò dobbiamo fare una deviazione di 200 km e quindi dobbiamo partire alle 4 di mattina, o si è rotta una parte del motore e quindi dobbiamo tirare quel quad a 50 km all'ora, sempre guardandoci in giro, avvisare il consolato australiano che ritarderemo. Quindi ci stanno tanti elementi diciamo della logistica e la pianificazione che è difficile spiegare in ogni dettaglio per ragioni di sicurezza. Poi per ogni tappa abbiamo un Personal Located Beacon, un segnalatore di emergenza che portiamo con noi 24 ore su 24, che è stato programmato per l'esercito russo, l'esercito australiano e l'esercito canadese ed è coordinato con questi 3 satelliti... Poi abbiamo ognuno un GPS – light phone... e abbiamo anche altri strumenti. Quindi per l'Africa siamo preparati al massimo e però ci aspettiamo molte difficoltà. Ma que-

this image of three boys dressed a bit like the military and a bit like superheroes and so they come to you with their hands out and you have nothing to give them, the only thing that you can give them is a nice smile and to look at them and give them all your good will and best hopes and then give them a little autograph and they sit there and look at it and you know that they'll cherish it.
And for us it's very important to see how young people appreciate what we are doing, even if they understand very little, because in the 34 countries we are crossing this year, there are only three in which English is spoken and so in every place we have to show our presence above all with polite gestures and so for us a happy moment that lifts our spirits every day is to see the smiles of the children who greet us and want to sit on the motorcycle ... for us it's very important.
...
Briefly, what we expect from Africa is to be able to grow and to return home as "men".
We left Sydney as just boys and only a month and a half later we already feel we've developed immensely... Very few people can experience 21 countries in 50 days travelling 10,000 km the way we've done it and so already this first stage of our trip, which is minuscule, one fifth of what we'll see in Europe, is preparing us psychologically, physically and mentally for what will be "the real taste of Africa". There we'll have to continuously be in touch with the Australian consulate, with the various Not for Profit Organizations, with our sponsors, with the Australian military, to coordinate our route, which will change according to the state of the roads, political conditions, borders, etc. It will be a more than exciting adventure for us, it will be a test, there is no other word for it, because every day we will have to wake up and decide that day's program which, ok, for example this or that has blown up at Khartoum and so we have to make a 200 km detour, consequently having to leave at 4 in the morning, or something in the motor has broken down and so we have to tow that quad at 50 km an hour, always looking around, and having to advise the Australian consulate that we we're going to be late. So there are all these issues, let's say in terms of logistics and planning, that are hard to explain in detail for security reasons.
Then, at every stage, we have our Personal Located Beacon, an emergency beacon that we carry with us 24 hours a day, which has been programmed for the Russian military, the Australian army and the Canadian army and is coordinated with these three satellites... Then each of us has a GPS, a light phone...and we also have other instru-

sta è la nostra realtà quotidiana, come spiegavo in inglese "This is what we signed up for", cioè questo è quello che abbiamo deciso di fare. Per vedere la realtà della povertà, perché la gente deve rubare, perché la gente deve cercare altri modi di sopravvivenza, per noi questa è una esperienza molto importante. E poi attraverso il documentario e attraverso il libro, mostreremo una storia vera e attuale senza il tramite della pubblicità. Quindi per noi l'Africa è il momento come dicono i soldati "of no return", sappiamo che quando ci entriamo non ne usciremo – come abbiamo deciso – fino al Sud Africa. E poi ci siamo promessi – senza andare nell'estremo – che se succede qualcosa, se uno di noi si ammala, se uno di noi viene rapito o se uno di noi muore, gli altri 2 continueranno. Questo ce lo siamo promesso un anno fa e quindi speriamo che ce la faremo e ce la faremo senza problemi. Spero che ci seguirete un po' sul sito, il blog ci sta, anche Facebook e YouTube. Quello che vedrete è stato creato da noi 3 con le nostre capacità, con un sacco di aiutanti volontari, però insomma è un "accomplishment already". Non siamo neanche partiti come dire e abbiamo già fatto, concluso un numero di cose che abbiamo inventato, creato da zero nei 2 anni precedenti, nella fase di pianificazione e non siamo neanche partiti.

...

Sì. Abbiamo molti che ci fermano per strada. Ed è bello per questo perché ci fa capire che quello che facciamo è veramente speciale. Anche i motociclisti, i bambini, i nonni, mogli, padri, fratelli, sorelle, questo e quello ti guardano e ti dicono "Avete un coraggio tale che io vorrei lasciare il mio lavoro e venire con voi". Perduto nell'Africa, perduto nell'emozione di vivere perché, come diceva sempre Kris, la ragione per cui lui ha lasciato il suo lavoro è perché molta gente vive in modo robotico, molta gente si sveglia, fa colazione, si mette in macchina e va al lavoro e alle 5 si torna. Ed è un ciclo molto meccanico in cui purtroppo siamo tutti "slaves of our own society", schiavi della società che abbiamo creato e per questo noi tre ci siamo tolti da questa schiavitù, da questa galera sociale e ora vogliamo... e questa è la nostra offerta al mondo... di poter ispirare un po' di gente lungo il percorso. Tutto qua.

...

Senza andare troppo in dettaglio c'è una marea di regole del Guinness World record da rispettare. Per es. dobbiamo fare ogni due settimane un minimo di 20 km, ogni giorno, ogni partenza e arrivo dobbiamo far firmare il libro, dobbiamo generare media attention/ dobbiamo far firmare da un poliziotto, da questo e quell'altro, dob-

ments. So, for Africa we're prepared to the utmost, but we're still expecting lots of problems. But this is our daily experience, as I was explaining in English, "This is what we signed up for", that is this is what we've decided to do. In order to look at the reality of world poverty, to understand why people have to steal, why they have to look for other ways of surviving, for us this is a very important experience. And then, with our documentary and our book we'll show a real and true story without advertising. So for us Africa is the moment of, as they say in the army, "the point of no return", we know that once we go in we're not going to come out - as we've already decided – until we get to South Africa. And then we've promised each other – without going over the top – that if something happens, if one of us is kidnapped or if one of us dies, the other 2 will go on. We promised each other this a year ago and so we hope we're going to make it and make it without problems. I hope you'll follow us on our website, there's a blog, and also Facebook and Youtube. What you'll see has been created by us with out own abilities, with the help of a lot of helpful volunteers, which in any case is an "accomplishment already". We've hardly left, so to speak, and we've already accomplished a number of things, which we have had to invent, to create from zero, over the last two years, in the planning stage, even before we left.

...

Yes, we have lots of people stopping us along the road. And it's great because it confirms us in the belief that what we're doing is really special. Other motorcyclists, but also children, grandfathers, wives, fathers, brothers, sisters, one person and the other, they all look at you and say: "You've got such courage that I'd like to leave my Job and come with you". To be lost in Africa, lost in the excitement of living because, as Kris always says, the reason why he left his job is because many people live like robots, many people wake up, have breakfast, get into the car and go to work and come back at 5. It's a very mechanical cycle in which we are all, unfortunately, "slaves of our own society", slaves of the society we created and this is why the 3 of us have fled from this slavery, from this social prison and now we want... and this is what we're offering the world, to inspire a few people along our journey. That's all.

...

Without going into too much detail, there's a multitude of rules to be followed for the Guinness World Record. For example, we must cover a minimum of 20 km every two weeks, every day, every time we arrive and leave we have to have the book signed, we have to attract

biamo prendere la targa del veicolo ecc. ecc. Altri hanno fatto tutto un percorso in moto abbastanza simile al nostro in Africa però avevano ben 2 jeep, un medico, un cameraman, una squadra di 10 persone, professionisti con elicotteri e c'hanno messo 3 mesi più o meno da Londra a Cape Town. E noi invece ci mettiamo 6 mesi dalla Tunisia al Sud Africa, noi 3 da soli. Quindi io faccio da medico a lui e lui fa da medico a me, e così via... siamo noi la squadra. La vogliamo tenere molto ristretta per uscirne fuori con un'esperienza molto forte e vera. Ed è l'unico modo. E se succede qualcosa, come dicevo, siamo pronti a qualsiasi situazione e per questo siamo eccitati e ci svegliamo la notte con incubi o con pianto o con sorrisi perché noi sentiamo che questa è la direzione che vogliamo prendere, questa è la verità.

...

Per concludere, sapete che questi 50-60 km sono quelli ufficiali del record mondiale e quindi se li farete con noi, farete parte anche se per poco del record mondiale.

*****

[CARTOLINA] 8/10/2010

Cari Marti, Dec, Elena & Emer,

Stiamo a Roma! Fa un caldo boia.
Tutta la famiglia è eccitatissima!
Gelati, pizze, monumenti, risate; insomma ROMA!
Hope you are all well – see you in Perth guys!
Lots of love, Valexoxo

*****

[JOURNAL] 12th- 15th October 2010
Rome - ORTONA - ITALY

L'amore?; il paese; la casa; l'avventura; la libertà

*****

media attention, we have to get police signatures, this and that, we have to note down the number plate and so on.
Some other people have made a bike trip through Africa in a route a bit like ours but they had two jeeps, a doctor, a cameraman, a team of 10 people, professionals with helicopters, and they took more or less 3 months to go from London to Cape Town. We, on the other hand, will take 6 months from Tunisia to South Africa, just the 3 of us. So I'll act as doctor for him and he'll act as doctor for me and so on... we're the team. We want to restrict it so that we come out of it with a powerful and genuine experience. And it's the only way. And if something happens, as I was saying, we're prepared for anything and that's why we're excited and we wake up at night with nightmares, crying or smiling, because we feel that this is the way we want to go, and that's the truth.
...
To conclude, you know that these 50-60 km are officially part of the world record and so if you drive them with us you'll be part, even if in a small way, of the world record.

*****

[POSTCARD] 8/10/2010

Dear Marti, Dec, Elena & Emer,

We're in Roma! It's boiling hot!
The whole family is very excited!
Ice-creams, pizzas, monuments, laughter, in other words – ROME!
Spero che stiate tutti bene – ragazzi, ci vediamo a Perth.
Baci, Valexoxo

*****

[DIARIO] 12-15 ottobre 2010
Roma – ORTONA – ITALIA

Love? one's country; one's home; adventure; freedom

*****

[BLOG] 12/10/2010

Roma, Roma, Roma!

a rieccomi de novo a Roma!

For anyone who has been to an ancient city, the feeling of being somewhere truly special, truly historically special is quite overwhelming. The sense of grandeur, the sense of achievement, the sense of history. Rome, for me, represents this.

Both my parents were born here, and so arriving in Rome last Tuesday I remember screaming into the helmet radio "I cannot believe it, I cannot believe it, I cannot believe it!!!!". Every single time I have been to Rome it has been by plane from Sydney and so for the first time I had a sense of what it would have been like for the imperial troops and their deified generals returning into the walls of the citadel after foreign wars.

Riding through the city on my four-legged chariot along side the river Tiber, around Circo Massimo, and then face-to-face with the Colosseum - my steed and I were in full flight roaring all our horse power in a fully energetic experience of seeing the world's ancient capital from such a perspective.

Since arriving in Rome that day, last Tuesday, we've been rushing from lunch, to dinner, to event, to presentation, to last-minute Africa preparations and modifications. With 4 days until our overnight ferry to Tunis, Tunisia, from Palermo, Italy- I feel Africa- I feel Africa coming. The scent of it, the colours of it, the dreams, the nightmares- it's all becoming a reality.

Those of you who have woken up the morning of a big interview, have stared into the mirror before a big date, or clicked a pen violently, repeatedly before an exam will understand what I feel every single day.

Six months Africa is what stands before me. The walls of the psychological beast that is the luminous continent- Africa- gives me shivers and goose bumps every time my mind wonders off on one of the many recorded videos stuck in my head from Hollywood films.

This I feel is going to make me or break me. In many ways perhaps. Once a boy. Now... Then...

Africa in all of its beauty poses many threats to our team and our expedition. But, as Ted always says "this is what we signed up for". And, furthermore, we've past the point of no return and the next chapter of my life, and our lives as a team will be one great big adventure across landscapes, borders, deserts, jungles, rivers, emo-

[BLOG] 12/10/2010

Roma, Roma, Roma!

a riecomi de novo a Roma!

Per chiunque abbia visitato una città antica, la sensazione di essere in un posto veramente speciale, veramente speciale dal punto di vista storico, è davvero travolgente. Il senso di grandezza, il senso di realizzazione, il senso della storia. Roma, per me, rappresenta questo.

Entrambi i miei genitori sono nati qui, e allora, arrivando a Roma martedì scorso, ricordo di aver urlato alla radio del casco "Non ci posso credere, non ci posso credere, non ci posso credere!!!!". Tutte le volte che sono venuto a Roma è stato in aereo da Sydney, e quindi per la prima volta ho avuto il senso di come deve essere stato per le truppe imperiali e i loro generali divinizzati rientrare nelle mura della cittadella dopo le guerre all'estero.

Scorrazzando per la città sul mio carro a quattro zampe, lungo il fiume Tevere, intorno al Circo Massimo, e poi faccia a faccia col Colosseo, il mio destriero ed io eravamo in pieno volo ruggendo con tutta la forza dei nostri cavalli nell'esperienza totalmente dinamica del vedere l'antica capitale del mondo da una tale prospettiva.

Dall'arrivo a Roma quel giorno, martedì scorso, siamo passati freneticamente da un pranzo ad una cena, un evento, una presentazione, ai preparativi e alle modifiche dell'ultimo minuto per l'Africa. A 4 giorni dal nostro traghetto notturno per Tunisi in Tunisia, da Palermo in Italia - sento l'Africa - sento l'Africa in arrivo. Il suo odore, i suoi colori, i sogni, gli incubi – tutto si sta trasformando in realtà.

Quanti tra voi si sono svegliati la mattina di un colloquio importante, hanno fissato a lungo lo specchio prima di un appuntamento importante, o hanno fatto scattare con furia, ripetutamente, una penna prima di un esame, capiranno quali sono le mie sensazioni in ogni singola giornata.

Quello che ho di fronte sono sei mesi di Africa. Le mura della bestia psicologica che è il luminoso continente – l'Africa – mi vengono i brividi e la pelle d'oca ogni volta che la mia mente divaga ripensando ad uno dei tanti video registrati da film di Hollywood rimasti impressi nella mia mente.

Sento che questo mi trasformerà o mi farà a pezzi. In diversi modi, forse. Una volta un ragazzo. Ora... Poi...

L'Africa in tutta la sua bellezza prospetta molti pericoli alla nostra squadra e alla nostra spedizione. Ma, come dice sempre Ted, "questa è la cosa per cui ci siamo impegnati". E, oltretutto, abbiamo oltrepas-

tions, breakdowns, dreams, and many, many, many memories.
After 2 years, literally 2 years of research, preparation, and planning there are only 100 hours or so before I set foot on the tip of this, our global expedition's final frontier. And, I really "cannot believe it, cannot believe it, cannot believe it"...
Until next time in some isolated, desolate desert oasis- we all have what it takes to do what takes us- just remember that the path is the test, and the test is the path- at least, for me, it appears so...
Val.

*****

[EMAIL] 16/10/2010

From: Valerio De Simoni
To: Hodgkinson, Alex
BCC: Sylvie Narciso
Saturday, 16 October 2010 9:57 PM

Dear Alex,
Just arrived in Palermo at 0600 with all the colour and flair this city evokes.

We are currently doing our final service prep at Yamaha for the quads and all of our kit - so from here on in - we're on our own!
Tonight at 2300 we leave for Tunis. And then, the real adventure begins.
We've organised a week or so at an isolated oasis in Libya and then on to Egypt and then on to Sudan.

I will send you the revised 6-month route once in Tunisia as we are awaiting a few final logistical confirmations and then we
can start planning for the Jan visit. Sounds great!

Speak next few days

*****

sato il punto di non ritorno e il prossimo capitolo della mia vita, delle nostre vite come squadra sarà un'enorme avventura attraverso paesaggi, confini, deserti, giungle, fiumi, emozioni, crolli di nervi, sogni, e molti, molti, molti ricordi.
Dopo 2 anni, letteralmente 2 anni di ricerca, preparativi e programmazione restano solo 100 ore prima che io metta piede sulla punta di quella che è la frontiera finale della nostra spedizione globale. E davvero, "non ci posso credere, non ci posso credere, non ci posso credere"...
Alla prossima, in qualche isolata, desolata oasi del deserto – tutti noi abbiamo quello che ci vuole per fare quello che ci prende – basta ricordare che il sentiero è il test, e il test è il sentiero – almeno per quanto mi riguarda sembra che sia così...
Val.

*****

[EMAIL] 16/10/2010

Da: Valerio De Simoni
A: Hodgkinson, Alex
CC: Sylvie Narciso
Sabato, 16 ottobre 2010 - 9:57 PM

Caro Alex
Appena arrivati a Palermo alle 06.00, con tutto il colore e stile che evoca questa città.

Stiamo facendo gli ultimi controlli alla Yamaha per i quad e tutto l'equipaggiamento e da adesso in poi dobbiamo farcela da soli!
Stanotte, alle 23.00, partiamo per Tunisi. E poi comincia la vera avventura.
Abbiamo organizzato una settimanella in un'oasi isolata in Libia, e poi via verso Egitto e poi Sudan.

Ti manderò l'itinerario dei 6 mesi rivisto e corretto dalla Tunisia, perché stiamo aspettando le ultimissime conferme logistiche e poi potremo iniziare a pensare alla visita di gennaio. Grande!

Ci risentiamo fra qualche giorno.

*****

[SMS] 17/10/2010

01:27:40 (a Gino da Roma)
Ho chiamato Ale, Rob, e mamma per salutarli ma non ho trovato né te né Marti. Ci sentiamo magari dall'Egitto. Un grande abbraccio. Il Leone aspetta. L'africa appare in lontananza. L'avventura comincia.

*****

[EMAIL] 19/10/2010

From: Valerio De Simoni
To: Giulia Dante
Tuesday, 19 October 2010 4:23 AM

The thing is I know is that I love you, but I just don't know if I can love you right now.
With my head fully focused on the documentary, writing our book, and experiencing the journey that creates those two elements – I have to dedicate my full energy to it.
With you, I am very happy because you are understanding of what I am doing and so it reassures me that we have a strong connection - but, we just need to be a little patient.

Per l'Africa - guarda, onestamente venire in Kenya per te costerà veramente tanto.
Poi, per il resto come l'Australia - io non so mica cosa farò al ritorno, chi sarò al ritorno, o come sarò al ritorno.

L'importante ora è vivere ancora l'energia che abbiamo creato in quei pochi giorni in Ortona che a pensare che era solo 4 giorni fa mi spaventa moltissimo. Sembra che sono passate svariate settimane...

Da quando ti ho portato a casa quella sera alle 2:30, e mi sono tolto il casco per venirti a salutare, e tu, ferma, sul gradino, insieme sotto alla pioggia – sembrava come un film di Hollywood – classic... Sapevo che questa volta, dopo tanti anni, e dopo molto occasioni, era il momento giusto per stare insieme, per viverci la passione ed il calore che forse avremmo dovuto provare ben cinque anni fa.

[SMS] 17/10/2010

01:27:40 (to Gino from Rome)
I called Ale, Rob, and Mum to say hello but didn't find either you or Marti. Perhaps we can make contact from Egypt. The Lion awaits. Africa appears in the distance. The adventure begins.

*****

[EMAIL] 19/10/2010

Da: Valerio De Simoni
A Giulia Dante
Martedì, 19 ottobre 2010 4:23 AM

Quello che so è che ti amo ma non so se sono in grado di amarti nel modo giusto, ora.
Con la testa tutta concentrata sul documentario, scrivendo il nostro libro e vivendo l'esperienza del viaggio che dà origine a questi due elementi, devo dedicare tutta la mia energia a questo.
Con te sono molto felice perché tu capisci quello che sto facendo e così questo mi rassicura del fatto che siamo in perfetta sintonia ma dobbiamo avere un pò di pazienza.

Regarding Africa, look, honestly, to come to Kenya is really going to cost you a lot.
Then, regarding the rest, like Australia – I really don't know what I'll be doing when I return, who I'll be when I return, or how I'll be when I return.

The important thing now is to still live with the energy that we created in those few days at Ortona which, to now think that it was only 4 days ago, really frightens me. It seems like a number of weeks have already passed...

From when I took you home that evening at 2.30 am and I took off my helmet in order to come and say goodbye, and you, there, on the step, both of us together under the rain – seemed like a Hollywood film – a classic... I knew that this time, after so many years, and after so many occasions, this was the right moment to be together, to share that passion and warmth that perhaps we should have tried out five years ago.

Ora, Giulia, ti devo lasciare.
Devo mettermi nello spazio mentale giusto con la carica diretta nel senso giusto.

Ti tengo però nel cuore con me quando viaggerò. Leggerò i tuoi essay e ti darò poi i voti. Ci chiamiamo quando posso.
E, ricordiamoci di guardare alla luna e alle stelle – che il cielo rivela tutto quanto se solo uno lo guarda profondamente.

"Dream as if you'll live forever. Live as if you'll die tomorrow" – James Dean.

E con questo... Au revoir...
VDS

*****

[JOURNAL] 23/10/2010
18.05 Libyan Border with Tunisia

Desolated. Isolated. Tense. Serious. Pensive. Africa.
The fine, powdery soft Sahara sand sticks to this journal like the heat on my helmet riding through this northern stretch of the "wild continent". Ted is in the border patrol office with Yussef – our local guide and fixer. JK sits rubbing his stubble; I look around, and around looks straight back at me – the curious cat; the blue-grey sky. In Northern Africa, faces speak more than the spoken word. The straight faced, non-emotive Tunisians tell of much past history and past sorrow. The men especially leave you with little to ponder other than to respectfully utter "shakran".
The sweat boils salty dry on my scalp as this desert's white grainy air of unforgettable gusts of sand make any apparel positioning adjustment a grinding, abrasive and toughening experience – and because we ration our clothes like we do our fuels (water, petrol, food) – the experience becomes even more vividly colourful, pungent, and real.

*****

Now, Giulia, I have to leave you.
I have to put myself in the right mental space and with my charge pointing in the right direction.

But I'll hold you in my heart with me as I travel. I'll read your essays and then give you a mark. We'll be in touch when I can. And let's remember to look at the moon and the stars – because the sky reveals everything if only one looks at it deeply enough.

"Sogna come se dovessi vivere per sempre, vivi come se dovessi morire domani" (James Dean).

And with this... au revoir...
VDS

*****

[DIARIO] 23/10/2010
18.05 Alla frontiera fra la Libia e la Tunisia

Desolato. Isolato. Teso. Serio. Pensoso. Africa.
La sabbia del deserto del Sahara, fine, polverosa, soffice si appiccica a questo diario come il calore sul mio casco mentre galoppo attraverso questo tratto settentrionale del "Continente selvaggio" Ted è nell'ufficio della guardia di frontiera con Yussef – la nostra guida locale e tuttofare. JK seduto si strofina la barba ispida, io mi guardo intorno e l'intorno mi restituisce lo sguardo, diretto – il gatto curioso; il cielo blu-grigio. Nell'Africa del nord le facce dicono di più delle parole pronunciate. I tunisini seri, non emotivi raccontano di molta storia passata e dolori del passato. Gli uomini specialmente ti lasciano con poco altro su cui riflettere a parte spiccicare rispettosamente "Shukran."
Il sudore bolle e mi si secca salato sul cranio mentre questa aria desertica bianca e granulosa di folate di sabbia che non perdonano rende ogni aggiustamento dei vestiti un'esperienza temprante, abrasiva – e dato che razioniamo i nostri vestiti come i nostri combustibili (acqua, benzina, cibo) – l'esperienza diventa ancor più vividamente colorata, pungente e reale.

*****

[JOURNAL] 24/10/2010
Belhaj Troglodyte - Gharyan - Algawasem, Libya

Lizard. Moon walks horizontally along the earth walls. Sparrows. Flutter, laugh, and play with jet-like precision. Mist. Whistles around the cave opening like a child blowing air into a bottle.

—

It is still. For now it is wonderfully still. Soon it will be gone. The moment of pure stillness between the lizard, the sparrows, the mist, and me, all in this troglodyte dwelling will be lost. How fortunate I was to be ready to accept and appreciate that unique moment.

—

After a powerful slumber on sheep skin beds in these hand carved cave homes – I am ready to confront our 600km day driving south-east to a Libyan desert-lake.

*****

[JOURNAL] 26/10/2010
30km South-west of Ali's house, Sahara Desert, Libya.

After a 12-hour, 700km day of riding to get to Ali's house the day before last; yesterday (26th) was an equally full on full day of experiences, learning, and adventure.

—

After 1km out of the town, the Sahara lay directly ahead of us. Yussef brought us to see his mother who was baking fresh bread in an old blackened, smoky cauldron with the simple flour and water dough.
The smell of the hand-made bread, the colour, the texture all emphatically equalled a real Libyan desert experience. Sand. Sand. Sand.
This should be called the Great-est Sandy desert. After doing our filming and photographic work, the real off-road driving experience began. I had just clocked 14,000km on my odometer and so half-way to the GWR already after 2 and a half months.
We turned, we sped, we yelled, we rode, we enjoyed every moment. I was a child once more! Palm trees, sand dunes,

[DIARIO] 24/10/2010
Belhaj Troglodyte – Gharyan – Algawasem, Libia

Lucertola. La luna cammina orizzontale lungo le mura di terra. Passeri. Svolazzano, ridono, e giocano con la precisione di jet. Nebbia. Fischi intorno all'ingresso della grotta come un bambino che soffi dentro una bottiglia.

—

È calmo. Per ora è meravigliosamente calmo. Presto sarà passato. Il momento di pura immobilità, la lucertola, i passeri, la nebbia e io, tutti in questa grotta trogloditica, sarà perduto. Come sono stato fortunato ad essere pronto ad accettare ed apprezzare quel momento unico.

—

Dopo una bella dormita su letti di pelle di pecora in queste case-grotta scavate a mano nella roccia – sono pronto ad affrontare la nostra giornata di 600 km in direzione sud-est verso un lago nel deserto libico.

*****

[DIARIO] 26/10/2010
30km Sud-ovest della casa di Ali, Deserto del Sahara, Libia.

Dopo una giornata di 12-ore di guida, 700km per arrivare a casa di Ali l'altro ieri, anche ieri (il 26) è stata una giornata pesante e piena di esperienze, insegnamento e avventura.

—

1 km oltre la città, il Sahara si estende direttamente davanti a noi. Yussef ci ha portati a vedere sua madre che stava preparando il pane fresco in un vecchio calderone annerito dal fumo con un semplice impasto di farina e acqua.
Il profumo del pane fatto a mano, il colore, la consistenza, tutto enfatizzava una reale esperienza nel deserto libico. Sabbia. Sabbia. Sabbia.
Questo dovrebbe chiamarsi il "Più grande deserto di sabbia".
Dopo aver fatto le riprese e il lavoro fotografico, la vera esperienza di guidare fuori pista è cominciata. Avevo appena registrato 14.000 km sul mio contachilometri e così siamo già a metà del record mondiale dopo 2 mesi e mezzo.
Abbiamo volteggiato, accelerato, urlato, guidato, assaporando

rocks, desert dates, the sun, the wind, the immense openess, the soft colours – this was my real Sahara. On one particular stoppage, Ali (Yussef's dear friend who had joined us) said in Arabic "You must look over the dune when you are at the top of the dune" – meaning when you drive up a dune you must stop at the crest and look down before driving down. Well, let's say that no more than 30 minutes had passed before... I drove up a large dune, looked down, and started moving only to realize that it was too steep... so I braked with the front brakes and the front wheels dug into the sand, the rear of the quad lifted, I flew forward from a 5m sand dune, the quad tipped vertically like the Titanic, I crash landed on the bottom and in a fraction of a second turned to see my impending situation – and it seemed like I was a peasant lying under the sword of a gladiator – my instincts kept me alive and I jolted out of the way... just before the machine flung itself completely over before crashing onto the quad bar and re-flipping onto all four wheels practically unscathed. From there we continued over and over the mighty dunes of this mystical place – this intense place – this desert place. We camped under a milky sky way in the middle of nothing – of everything. Ali and I stayed up long into the star-lit night, smiling, drinking sugared desert tea and sand-roasted peanuts and just enjoying one another's company in the cool breeze and calming light of the moon.

*****

[FACEBOOK MESSAGE] 26/10/2010

9:37pm
Sylvie Narciso

In libya. all good. sahara desert today
please tag all photos that i posted in FB asap. computer wont let me do it for some reason. it would be good if we could have more than 1 news post at a time – like it used to be – but this new size and dimension is much better. speak soon! VDS

ogni momento. Ero un bambino, ancora una volta! Alberi di palma, dune di sabbia, rocce, datteri del deserto, il sole, il vento, l'immensa grandezza, i colori soffusi – questo era il mio vero Sahara. Ad una sosta, in particolare, Ali (il caro amico di Yussef che si è unito a noi) ha detto in arabo "Devi guardare oltre la duna quando arrivi in cima alla duna" – cioè quando guidi su per una duna devi fermarti sulla cresta e guardare in giù prima di proseguire verso il basso. Be', diciamo che son passati non più di 30 minuti... ho guidato su per una grande duna, in cima ho guardato in giù, e ho cominciato a muovermi ma mi son reso conto che era troppo ripida... così ho frenato con i freni anteriori e le ruote si sono piantate nella sabbia, la parte posteriore del quad si è alzata, io son volato in avanti da una duna di sabbia di 5 metri, il quad si è inclinato verticalmente come il Titanic, mi sono schiantato sul fondo e in una frazione di secondo mi sono girato per vedere la situazione incombente – e mi sentivo come un contadino sdraiato sotto la spada di un gladiatore – il mio istinto mi ha salvato la vita e sono balzato via un momento prima che il veicolo si lanciasse completamente in avanti prima di schiantarsi sulla barra del quad per poi ribaltarsi e atterrare su tutte e quattro le ruote, praticamente senza danni. Da lì abbiamo continuato, su e giù fra le possenti dune – questo posto intenso – questo deserto. Abbiamo campeggiato sotto il cielo della Via Lattea in mezzo al nulla – al tutto. Ali e io siamo stati su a lungo nella notte stellata, sorridendo, bevendo te del deserto zuccherato e arachidi tostate e godendoci semplicemente la compagnia reciproca nella fresca brezza e nella luce calma della luna.

*****

[FACEBOOK MESSAGE] 26/10/2010

21:37
Sylvie Narciso

In Libia. tutto bene. oggi deserto del sahara
per favore etichetta tutte le foto che ho caricato su FB al più presto possibile. Il computer non me lo fa fare per un qualche motivo. Sarebbe ottimo se potessimo avere più di un nuovo post per volta – come prima – ma questa nuova dimensione e questo formato sono molto meglio. a presto!
VDS

*****

[JOURNAL] 27/10/10
15.42 Gaberoun, Sahara Desert, Libya

I sit.
We sit.
Yussef, Ali, Sala, Kris, Jamie, Khaled, Muhammed, Ahoved, Hussein, and I – together in this desert oasis lake of Gaberoun. This is true Libya. I wear the true head turban that a Tuareg man dressed upon me. I carry a heart that has opened and grown through the experiences I have had with these humbling Libyan men. Positivity surrounds me. My eyes see things that until now only photographs or documentaries could show me. Am I living the dream or dreaming the life of an adventurer? Now – "Macaron" – lunch all together seated on a mat eating from the same plates.

*****

[BLOG] 30/10/2010

Saturday 30.10.2010, The Scorpion, The Bananas, and, The Breakdown!
"You awake Kenyon?"
"Yeah"
"Ok, let's go".
Yet another typical Ted-Jamie-interaction pre-dawn coordinating their usual training session. And it was yet another typical wake up for me on the other hand. Slow, steady, and full of yawns!
The sun was just coming up over the hill in front of where we camped just off the highway. Ali as always preparing the desert mint tea. Yussef fiddling around with practicalities. A scorpion approached to everyone's surprise with full attack intent. It was to be a sign of the sinister finale so to speak of the day ahead.
"You have to be joking!" said Ted after we informed him of the 660 Kms we had to achieve today. Just to give you an idea folks, 660 Kms on a quad bike travelling 65 Km per/hour is a good 12 hours of riding... So we were off by 8.30am and on the road blasting through central Libya.
We refuelled twice today off the side of the road from our auxi-

*****

[DIARIO] 27/10/2010
15.42 Gaberoun, Deserto del Sahara, Libia

Io sono seduto.
Noi siamo seduti.
Yussef, Ali, Sala, Kris, Jamie, Khaled, Muhammed, Ahoved, Hussein, e io – insieme in questa oasi del deserto sul lago di Gaberoun. Questa è la vera Libia. Io indosso un autentico turbante che un Tuareg mi ha avvoltolato sulla testa. Porto un cuore che si è aperto ed è cresciuto attraverso le esperienze fatte con questi libici così umili. La positività mi circonda. I miei occhi vedono cose che fino ad ora solo fotografie o documentari mi avevano mostrato. Sto vivendo il sogno o sognando la vita di un esploratore? Ora – pranzo a base di "maccheroni", tutti insieme seduti su una stuoia, mangiando dagli stessi piatti.

*****

[BLOG] 30/10/2010

Sabato 30.10.2010, lo scorpione, le banane, e il guasto!
"Sei sveglio Kenyon?"
"Sìì".
"Ok, muoviamoci".
Ancora un'altra tipica interazione pre alba tra Ted e Jamie che coordinano le loro consuete sessioni di training. E d'altra parte anche per me è stato un altro tipico risveglio. Lento, graduale e pieno di sbadigli!
Il sole stava appena sorgendo sulla collina di fronte a dove ci eravamo accampati subito fuori dell'autostrada. Ali come sempre preparava il tè del deserto alla menta. Yussef trafficava a sbrigare cose pratiche. Con grande sorpresa di tutti si è avvicinato uno scorpione con tutta l'intenzione di attaccare. Sarebbe stato un segno del finale sinistro, per così dire, della giornata che ci aspettava.
"Vorrete scherzare!" ha detto Ted dopo che lo abbiamo informato dei 660 Km che dovevamo riuscire a fare oggi. Solo per darvi un'idea, gente, 660 km con un quad che viaggia a 65 Km l'ora sono delle buone 12 ore di marcia... E così alle 8:30 eravamo in strada e schizzavamo attraverso la Libia centrale.
Oggi abbiamo fatto rifornimento al bordo della strada con le nostre

liary tanks, had a fast lunch of 1 banana, chocolate, and bread-and dribbles of water. It was quite a solitary day today for all of us with radios off, and music blaring. I had a seemingly never ending collection of Bob Marley songs on repeat, and of course, when driving on a Libyan highway with double-decker trucks literally driving in the MIDDLE of the road, calming music was not really ideal!
I always find it fascinating to see just how many thoughts I conjure up whilst 'driving in the zone'. I often find myself repeating aloud several different keywords to help me memorise an idea or a to-do item... "Email so and so, check Sudanese visas, send media brief" and I would repeat this almost screaming in my helmet over the immense roar of my quad's engine probably every 20 seconds for the duration of the drive – which could be about 2 hours before we stop! I will see if I can customise a small note pad mount onto the handlebar to make life easier!
550 Km later, at 8:00pm we arrived at our final fuel station before heading into Benghazi, North East Libya. 60 litres, 9 Libyan dinars, a quick laugh and rest and we were 'engine's on'. I drove about 5 metres to exit the station and hear the infamous 'click, clonk, click, clonk'. It was the CV joint again!

Now, it's midnight and I'm writing on some sand dune off the highway whilst the tour guide, his assistant, and the team are all snoring. Time for some late night snacks of tea and dates before I crash out. 7:00am wake up tomorrow to rush to town to visit one of the 'street mechanics'.
Val

*****

[BLOG] 2/11/2010

Tuesday, 02.11.2010 – Our first day off in 2 weeks! El Saloum, Egypt, Northern Africa

Country #23: EGYPT!!!
Click, click, type, type, zzzzzzzzzz........
Those are the sounds coming out of the Squad's room today. Today is our first actual day off in two weeks since arriving in Tunisia. Yesterday we were at the Egyptian border for about 6 hours in total, which in some cases is better than a 'usual' two days to get through the border apparently.

taniche di riserva, abbiamo pranzato velocemente con 1 banana, cioccolato, pane e sorsate d'acqua. Per tutti noi è stata una giornata piuttosto solitaria, a radio spente e musica ad alto volume. Io ho messo sul repeat una collezione di canzoni di Bob Marley apparentemente inesauribile, e certamente, quando si guida su un'autostrada libica con camion a due piani che guidano letteralmente NEL MEZZO della strada, una musica rilassante non era proprio l'ideale!
Trovo sempre affascinante vedere quanti pensieri riesco a farmi venire in mente nel corso della 'guida nella zona'. Mi trovo spesso a ripetere ad alta voce molte diverse parole chiave per aiutarmi a memorizzare un'idea o una cosa da fare...". Mandare una mail al tale e al talaltro, controllare i visti per il Sudan, mandare comunicati ai media", e questo lo ripetevo quasi urlando nel casco al di sopra dell'immenso frastuono del motore del mio quad, probabilmente ogni 20 secondi per tutta la durata del viaggio – che poteva durare circa 2 ore prima di una fermata! Voglio vedere se riesco a mettere un piccolo taccuino per gli appunti sul manubrio per facilitarmi la vita!
550 Km dopo, alle 20:00, siamo arrivati all'ultima stazione di servizio prima di entrare a Bengasi, nel nord-est della Libia. 60 litri, 9 dinari libici, due risate e un veloce riposo ed eravamo a 'motore acceso'. Ho percorso 5 metri per uscire dalla stazione di servizio e sento il famigerato 'click, clonk, click, clonk'. Era di nuovo il giunto CV!

Adesso è mezzanotte e sto scrivendo su una duna di sabbia fuori dell'autostrada mentre la guida, il suo assistente e la squadra se la dormono tutti alla grossa, stanno tutti russando. Il tempo di uno spuntino notturno a base di tè e datteri prima di crollare per la stanchezza. Sveglia alle 7:00 domattina per correre in città a fare visita ad uno dei 'meccanici di strada'.
Val.

*****

[BLOG] 2/11/2010

Martedì, 02.11.2010 – Il nostro primo giorno libero in 2 settimane!
El Saloum, Egitto, Nord Africa
Paese n. 23: EGITTO!!!
Click, click, type, type, zzzzzzzzzz........
Sono questi i suoni che oggi provengono dalla stanza della Squad. Oggi è il nostro primo vero e proprio giorno libero nelle due settimane dall'arrivo in Tunisia. Ieri siamo rimasti fermi alla frontiera egizia-

After finally signing the last papers and affixing our new Egyptian number plates (woo hoo!) to our quads, we rolled out of the last check point bound for El Saloum, 10 Km East. We found the first hotel we could and at about 0135 hours we all crashed out into the beds.
And so, today was a much-needed D.O.R (day of rest) as I like to call it. Jamie clicking away on his phone to his girlfriend, Ted sleeping and waking up to pee and eat freshly baked, round African bread; and me, type-typing away on the note book completing all the admin to dos for the project!
After about 2500 Km in 9 days through Libya, crossing literally some of the most challenging and dangerous sections of the world's greatest Desert, I feel incredibly physically drained and mentally exhausted. Travelling for a year is quite an undertaking. Travelling for a year with two other people is even more challenging. Travelling for a year with two other people, three vehicles, three egos, three personalities, three likes and dislikes is very difficult. And then, add the 50,000 Km, 34 countries, the immense security concerns of the logistics of our journey, and everything else we're aiming to achieve- and you'll get an idea of just how demanding this trip is. But, I wouldn't want to be anywhere else!
That's it for now- lunch time soon, a nice evening nap to rest up before our soccer game with a local team later on. Tomorrow onwards to the great city of Alexandria.
Val.

*****

[MESSAGGIO FACEBOOK] 4/11/2010
5:23pm

Francesca Pasquini
Ciao

Ciao Francy!
Scusa, il ritardo - stiamo ora a Alexandria in Egitto. Tutto bene. Molte esperienze che ci insegnano tutto cio che è la vita.
Pensavo – perche non vieni a Sydney l'anno prossimo?! Io torno ad agosto... potresti venire quando vuoi... chi sa, forse Ari ci sarà ancora!!!
Raccontami di te. Viaggiando cosi tanto sento un po la voglia di casa,

na per un totale di circa 6 ore, che in alcuni casi è meglio dei 'soliti' due giorni che a quanto pare ci vogliono per passare il confine.
Dopo aver finalmente messo la firma sulle ultime carte e aver attaccato ai quad le nostre nuove targhe egiziane (woo hoo!), abbiamo lasciato l'ultimo check-point diretti a El Saloum, 10 Km ad est. Abbiamo trovato il primo hotel possibile e verso l'1:35 di notte siamo tutti crollati a letto. E allora, oggi è stato un ben necessario G.D.R (giorno di riposo) come mi piace chiamarlo. Con Jamie che continuava a messaggiarsi al telefonino con la sua ragazza, Ted che dormiva e si svegliava per pisciare e mangiare pane rotondo africano appena sfornato; e io che continuavo a scrivere al note-book per completare tutte le pratiche amministrative per il progetto!
Dopo circa 2500 Km in 9 giorni di percorso in Libia, attraversando alcuni dei tratti più impegnativi e pericolosi del più grande deserto del mondo, mi sento incredibilmente sfinito nel fisico e spossato mentalmente. Viaggiare per un anno è già una bella impresa. Viaggiare per un anno con altre due persone è ancora più impegnativo. Viaggiare per un anno con altre due persone, tre veicoli, tre ego, tre personalità, cose diverse che piacciono o non piacciono ad ognuno dei tre, è molto difficile. E poi aggiungete i 50.000 Km, i 34 paesi, gli immensi problemi di sicurezza della logistica del nostro viaggio, e tutte le altre cose che vogliamo portare a compimento e avrete un'idea di quanto sia impegnativo questo viaggio. Ma non vorrei essere da nessun'altra parte!
Questo è quanto per ora – fra poco ora di pranzo, un bel pisolino pomeridiano per riposarci un po' prima della partita di calcio con una squadra locale più tardi. Domani avanti verso la grande città di Alessandria.
Val.

*****

[FACEBOOK MESSAGE] 4/11/2010
5:23pm

Francesca Pasquini
Hi

Hi Francy!
Sorry about the delay – we're now at Alexandria in Egypt. Everything fine. Lots of experiences teaching us about life.
I was thinking – why don't you come to Sydney next year?! I get back in August... you could come whenever you liked... who knows perhaps

di Roma, e di Sydney. Come sono andati i provini? arriva il freddo giusto? fede tutto bene? tito?
baci baci baci
Vale (quinto) xox

*****

[FACEBOOK MESSAGE] 4/11/2010
5:31pm

Dominique Merson
Dom, thanks for the kind words dude. It goes a long way in keep me motivated and inspired. Thanks.
Currently in Alexandria, Egypt having to do some mechanical work on my quad. Then on to Cairo, and then Sudan!
Tell me about you- all this travelling gives me a little home sickness every now and then and it would be great to hear about you- work? study? girls? travels?
We arrive back in Sydney August 11th, 2011 - when's your next visit?

Miss you,
VDS.

*****

[EMAIL] 4/11/2010

From: Valerio De Simoni
To: MANFREDINI Edoardo (RELEX-KHARTOUM)
BCC: Kristopher Davant, Sylvie Narciso
Thursday, 4 November 2010 10:22 PM

Hello Edoardo,
It was nice speaking with you today.

As discussed, please see below the small list of the items will be sending to your office via DHL:
- 1 x Quab Bar (roll-bar for Yamaha Quad Bike)
- 1 x Canon Digital Video Camera Charger
- 1 x Permethren Mosquito spray

Ari will still be there!!! Tell me about you. Travelling so much I feel a bit of longing for home, for Rome, for Sydney. How did the screen test go? Is the cold coming on? Fede good? Tito?
Kisses kisses kisses
Vale (fifth) xox

*****

[MESSAGGIO FACEBOOK] 4/11/2010
17:31

Dominique Merson,
Dom grazie bello per le parole gentili. Hanno una gran importanza per tenermi motivato e ispirato. Grazie.
Al momento ad Alessandria, Egitto, dovendo fare un po' di riparazioni meccaniche al mio quad. Poi al Cairo e poi il Sudan!
Raccontami di te – tutto questo viaggiare mi fa venire ogni tanto nostalgia di casa e sarebbe fantastico avere tue notizie – lavoro? studio? ragazze? viaggi?
Noi torniamo a Sydney l'undici agosto 2011 – quando sarà la tua prossima visita?
Mi manchi,
VDS

*****

[EMAIL] 4/11/2010

Da: Valerio De Simoni
A: MANFREDINI Edoardo (RELEX-KHARTOUM)
CC: Kristopher DavantSylvie Narciso
Giovedì, 4 novembre 2010 - 10:22 PM

Ciao Edoardo,
Mi ha fatto piacere parlarti oggi.

Come discusso, ecco qui di seguito la breve lista delle cose che spediremo al tuo ufficio via DHL:
- 1 x Quad-Bar (roll-bar per il Quad Bike Yamaha)
- 1x carica-batterie per video-camera digitale Canon
- 1x spray antizanzare Permethren

As discussed also, we will be aiming to get the ferry from Wadi Haifa on Monday, 15th November
and then arrive into Khartoum approximately on the 17th-20th of November or as soon as possible.

The only thing we really need for Khartoum is safe parking – maybe we can park our 3x bikes at your office? And some friendly hospitality – maybe we can all go out to dinner together or you can show us a little of Khartoum if you have any spare time.

Let me know, a presto ciao!

*****

[BLOG] 5/11/2010

Friday, 5th November 2010 "Alex-to-Cairo: What a day!"
"Clonk clonk clonk... Grrrrrrrrrrrrrrrr"
You know when you wake up dreaming about something which you wish was actually a dream, but you know it's probably reality – and so – you want to stay in bed avoiding that reality?! Well, welcome to my world today!!!
The day before we had to tow my bike basically 400 Km on two different small utes, and then found ourselves stranded in Alexandria in Egypt before conking out asleep. I woke up today with a similar feeling. Just gutted to be honest. Every now and then our emotions bubble in ways we weren't really prepared for maybe or even appreciative of in the moment.
Ted and I always say to each other when something 'bad' happens to us, the quads, or the project overall – "Is it a Test, or is it a Sign?"... Well, today I felt pretty down and battered about the test/sign equation. Jamie and I have been having some pretty serious tension over the last week and I think it's really getting to us and certainly to me. I've known him for 10 years since school and we've grown up together (some would say) as well. It's hard you know, travelling with a best friend and then realising that what you feel for them is very heated and distant.
That's what our dynamic is like every now and then and it pushes me down psychologically and really gets the team down. I feel a bit frustrated at both of us not being able to resolve these rooted relationship issues that we have had for some time now, and unfortunately it affects how we perform on all levels.

E come abbiamo detto, abbiamo in programma di prendere il traghetto da Uadi Haifa lunedì 15 novembre e di arrivare a Khartoum verso il 17-20 di novembre o il più presto possibile.

L'unica cosa di cui abbiamo veramente bisogno a Khartoum è un parcheggio sicuro – magari potremmo parcheggiare le nostre 3 moto presso il tuo ufficio? – e un'accoglienza cordiale; magari potremmo andare tutti a cena insieme e tu potresti farci visitare un pò Khartoum, se ti avanza del tempo.

Fammi sapere, a presto, ciao

*****

[BLOG] 5/11/2010

Venerdì, 5 novembre 2010 "Alex-Cairo: che giornata!"
"Clonk clonk clonk... Grrrrrrrrrrrrrrrr"
Sai quando ti svegli sognando qualcosa che desideri sia stato effettivamente un sogno, ma sai che probabilmente è realtà e allora vuoi restartene a letto evitando quella realtà?! Beh, benvenuti nel mio mondo oggi!!!
Il giorno prima abbiamo dovuto rimorchiare la mia moto sostanzialmente per 400 Km con due diversi piccoli mezzi di soccorso, e poi ci siamo ritrovati spersi dentro ad Alessandria d'Egitto prima di crollare addormentati. Oggi mi sono svegliato con una sensazione simile. Ad essere sincero proprio abbattuto. Ogni tanto le nostre emozioni traboccano in modi a cui forse non eravamo preparati, o di cui al momento non avevamo neppure la percezione.
Ted ed io ci diciamo sempre quando capita qualcosa di 'brutto' a noi, ai quad o all'insieme del progetto: "È un Test o è un Segno?"... Beh, oggi mi sento abbastanza giù e sbattuto a proposito dell'equazione test/segno. Jamie ed io abbiamo avuto tensioni abbastanza serie nell'ultima settimana e penso che cominciamo veramente a risentirne, io di certo. Lo conosco da 10 anni, dai tempi della scuola e siamo anche cresciuti insieme (direbbe qualcuno). È dura, sapete, viaggiare con un caro amico e poi rendersi conto che quello che provi per lui è una sensazione di grande veemenza e distanza.
Questa ogni tanto è la dinamica tra di noi e la cosa mi butta giù psicologicamente e mette davvero a terra la squadra. Mi sento un po' frustrato per il fatto che entrambi siamo incapaci di risolvere questi

So, back to this morning... Ted was up for towing me this time round (thanks buddy!). We wrapped the Kryptonite locks and cables to both front and back of the respective bikes, did some test runs, and then moved off bound for Cairo 200 Km away at around 1100. My bike was making a very odd sound the other day that we initially diagnosed as being a drive belt failure which is the simple chain-like part similar to a bicycle's chain that turns the wheels.
So with Ted in front, me stuck in the middle monitoring every single potential hazard from sheep running out on the road, to pot holes, to crazy Egyptian taxi drivers who read the paper more while driving then look in front of them, security check points, speed humps and everything else that occurs on these wild North African motorways- and Jamie idling behind protecting the injured vehicle (and rider – me!).
Mentally drained. Physically tired. That's how I feel at the end of each ride day. Up to about 17,000 Km already well passed the half way point of the World Record – but it does come at a price, in many, many ways.
"What the f%$& do you mean 'beep-beep' then slow down>?! I thought it was 'flash-flash brake, hand signal' then slow down?", said Ted... "Look, every time you brake too quickly I have to slam on the front discs and almost ram up your arse! So let's sort out what bloody format we're towing with!", said Val...

It's funny when I think about all of our intricate little conversations on the road. We play '20 questions' where you have to guess a Person, Object, or Place that one person thinks of. Today's winners were: Matias (Ted's best friend), a shower, and Youssef our Libyan tour guide.
Cairo:
Busy. Very busy. Metropolis-type lighting shows. Loud. Very loud. Immense road traffic confusion. I bumped into a van and clipped it's rear light straight off but don't tell anyone! Another van bumped into me and slammed my side scratching the plastics and sponsor stickers as well! Ted had a a very sneaky road-side sales man literally JUMP onto his Pelican case and throw tissue packets I think it was in his face, "Buy, buy, buy now!" and Ted was yelling "get off" haha it was seriously entertaining, yet very scary as Ted's bike was going about 20 Km an hour in traffic when this occured fully in front of a Police officer as well. It all happens so quickly as well in this busy, bustling city of Egypt!

problemi di rapporto ormai radicati che abbiamo da un po', e sfortunatamente la cosa influenza a tutti i livelli il nostro rendimento.
Allora, torniamo a stamattina... Questa volta è toccato a Ted trainarmi (grazie amico!). Abbiamo attaccato i lucchetti e i cavi Kriptonite sul di dietro e sul davanti delle rispettive moto, abbiamo fatto qualche giro di prova e poi verso le 11:00 siamo partiti per il Cairo a 200 Km di distanza. La mia moto l'altro giorno faceva un suono molto strano che inizialmente abbiamo diagnosticato come rottura della cinghia di trasmissione, che è quella semplice piccola parte simile alla catena di una bicicletta che fa girare le ruote.
Così con Ted davanti e me incastrato nel mezzo che controllavo ogni singolo potenziale rischio, dalle pecore che si immettono di corsa sulla strada, alle buche, ai folli guidatori di taxi egiziani che mentre guidano più che guardare davanti leggono il giornale, ai posti di controllo ai dossi di rallentamento e tutte le altre cose che capitano su queste desolate autostrade nordafricane e Jamie che oziava nel retro a proteggere il veicolo danneggiato (e il motociclista – io!)
Mentalmente svuotato. Fisicamente stanco. Ecco come mi sento alla fine di ogni giornata di viaggio. Siamo già a circa 17.000 Km, ben oltre la metà del World Record - ma questo comporta un prezzo da pagare, in molti, molti modi.
"Che c...o vuoi dire con 'beep-beep' poi rallenta?! Pensavo che fosse 'flash-flash frenata, segnale della mano' poi rallenta?", ha detto Ted...
"Guarda che ogni volta che freni troppo velocemente devo inchiodare sui dischi frontali e arrivare quasi a sbatterti in culo! E allora decidiamo in che cavolo di formazione stiamo andando al traino!", ha detto Val...
È buffo quando penso alle piccole conversazioni che intrecciamo sulla strada. Giochiamo a "20 domande" con le quali devi indovinare una Persona, un Oggetto o un Posto a cui pensa l'altra persona. I vincitori di oggi sono stati: Matias (miglior amico di Ted), una doccia, e Youssef, la nostra guida libica.
Il Cairo:
Affollata. Molto affollata. Spettacoli di luci stile metropoli. Rumorosa. Molto rumorosa. Immensa confusione di traffico nelle strade. Ho tamponato un furgone e gli ho portato via d'un colpo il fanalino posteriore. Un altro furgone è venuto a sbattere addosso a me e mi ha strusciato il fianco graffiando la plastica e anche gli adesivi degli sponsor! A Ted un venditore di strada molto insistente è SALTATO letteralmente sul bauletto Pelican e gli ha tirato pacchetti di fazzolettini credo in faccia. "Compra, compra, compra ora!" e Ted gridava "levati di mezzo" ah ah, è stato davvero divertente, tuttavia allarmante, perché quando è successo la moto di Ted stava andando a circa 20 Km l'ora nel traffico, e per

For now, pizza has just arrived and my eyes are popping out of my head.
Hugs, Val.

*****

[EMAIL] 5/11/2010

From: Valerio De Simoni
To: Hodgkinson, Alex
Friday, 5 November 2010 1:31 AM

Dear Alex,
Just arrived in Alexandria (funny that) after our big crossing through the Sahara, in Northern Libya. Incredible to say the least.
There was some pretty dodgy moments on the Libya-Egypt border because of the Gaza aid convoys but I don't really want to discuss it much now – anyway – we're all safe and sound!
The African adventure has REALLY begun and after 2 weeks we are

starting to see just how immense this 6-month African challenge is going to be. The footage is breathtaking and as raw as it gets- sometimes too much maybe.
Tomorrow we're heading off bound for Cairo, the pyramids, the nile, then Aswan, and next Sunday we have to be at the Sudanese border. The day after we get on the over night ferry from Wady Haifa and then we track 7 days through Sudan, but with the elections pending we're a little concerned so we're just keeping all ears open with our ground contacts – but I think that's what we signed up for – some real adventure!

I believe Sylvie got in contact with you regarding our dates for Jan, Feb? Just so we can start forward planning our route.

P.S. attached are a few images from last week

*****

giunta proprio sotto gli occhi di un poliziotto. Inoltre succede tutto così velocemente in questa affollata, movimentata città dell'Egitto!
Per adesso è appena arrivata la pizza e mi cascano gli occhi dalle orbite.
Abbracci, Val.

*****

[EMAIL] 5/11/2010

Da: Valerio De Simoni
A: Hodgkinson, Alex
Venerdì, 5 novembre 2010 - 1:31 AM

Caro Alex,
Appena arrivati ad Alessandria (buffa questa), dopo la grande traversata del Sahara, nel nord della Libia. Incredibile, a dir poco. Ci sono stati un po' di momenti di tensione al confine fra Libia ed Egitto per via dei convogli di aiuti per Gaza, ma non ho molto voglia di discuterne ora. Comunque siamo tutti sani e salvi!
L'avventura africana è DAVVERO iniziata e dopo 2 settimane cominciamo a capire che immensa sfida saranno questi sei mesi in Africa. Il materiale girato è mozzafiato e assolutamente realistico, a volte forse anche troppo.
Domani partiamo in direzione Cairo, le piramidi, il Nilo, poi Assuan e domenica prossima dobbiamo essere al confine sudanese, Il giorno dopo saliamo sul traghetto notturno da Uadi Haifa e poi 7 giorni per attraversare il Sudan. Con le elezioni imminenti siamo un po' preoccupati, quindi terremo le orecchie aperte con i nostri contatti sul terreno; ma penso che sia proprio questo che volevamo, un'autentica avventura.

Credo che Sylvie si sia messa in contatto con te per le nostre date di gennaio/febbraio? Tanto per poter cominciare a pianificare il percorso.

P.S. In allegato qualche immagine della settimana scorsa.

*****

[EMAIL] 5/11/2010

From: Valerio De Simoni
To: Gino Moliterno
BCC: Kristopher Davant
Friday, 5 November 2010 1:51 AM

Ciao G,

Just to get my head around it - I and we are very serious about writing and then publishing our book.
And I just want to say, it would be INCREDIBLE to write it with you. Really it would!

Could you give me any basic advice, suggestions, and/or guidelines to follow whilst on the road in terms of 'how' to write in our diaries or on the blog, or anything else that might assist us in writing well now, so later on we have all the 'present moment' material ready for use.

Love, V

P.S. You can read our blog here which gives you a good picture of the plethora of experiences we have every day and an insight into parts of the book perhaps: http://quadsquad.org/blog/

*****

[MESSAGGIO FACEBOOK] 6/11/2010

6:23pm
Francesca Pasquini

Grazie Francy.
Ora stiamo a Cairo. Fra una settimana andremmo nel Sudan!
Continua a seguirci e mandarmi i messagi positivi che ti assicuro che mi aiutano in momenti difficile di confusione e tensione.
Mi fa così tanta gioia di sentire quanta gente ci segue e a quanta gente diamo anche un poco di ispirazione e motivazione.
Beh, spero proprio che ce la fai a venire il prossimo anno a Sydney!
Per i provini – ricordati questo – non ci sta solamente una strada

[EMAIL] 5/11/2010

Da: Valerio De Simoni
A: Gino Moliterno
BCC: Kristopher Davant
Venersì, 5 novembre 2010 - 1:51 AM

Ciao G,

Tanto per capirci, io e tutti noi siamo seriamente intenzionati a scrivere e poi pubblicare il nostro libro.
E ti voglio dire che sarebbe INCREDIBILE scriverlo con te. Lo sarebbe davvero!

Potresti darmi qualche consiglio di base, suggerimenti e/o linee guida da seguire lungo il percorso su come scrivere nei nostri diari e nel blog, o qualunque altra cosa che ci possa aiutare a scrivere bene adesso, in modo da avere più avanti tutto il materiale "estemporaneo" pronto all'uso?

Con affetto, V.

P.S. Puoi leggere il nostro blog per farti un buon quadro della pletora di esperienze che facciamo ogni giorno e magari un'idea di alcune parti del libro. http://quadsquad.org/blog/

*****

[FACEBOOK MESSAGE] 6/11/2010

6:23pm
Francesca Pasquini

Thanks Francy.
We're now in Cairo. In a week we'll go to the Sudan!
Keep following us and send me positive messages which, I assure you, help me a lot during difficult moments of confusion and tension.
I feel so much joy when I hear about how many people are following us and for how many people we're providing a bit of inspiration and motivation.
Well, I really hope that you will manage to come to Sydney next year!

per arrivare ad una destinazione. Per tornare a Sydney potrei prendere 100,000 strade diverse. Ho scelto quella che stiamo faccendo ora. Alcune volte è difficile. Alcune volte è pericoloso. Ma sono sicuro che alla fine raggiungerò all'obiettivo di tornare sano e salvo a Sydney.
L'importante è che ti rendi conto dell'esperienza anche di aver solamente fatto i provini e di imparare da quelle situazione. La passione e la determinazione poi ti portera alla fine – se è infatti in quel campo, o in un altro. Sei giovanissima e quindi stai tranquilla, goditi tutto cio che fai e pensa quanto sei fortunata anche a poter 'fallire' a dei provini che molta gente neanche ha quella possibilità.
:)
Vorrei tanto fare un bel viaggio magari in Australia con te, mamma, Marti, forse anche Ari quando si puo! Poi, certamente dopo questo viaggio potrò andare ovunque nel mondo e sentirmi pienamente carico e pronto.
Un abbraccio forte, ti voglio bene, sorridi e goditi la vita sempre.
Teniamoci in contatto comunque ogni settimanella.
Ciao ciao ciao xo

Vale

*****

[CARTOLINA] 6/11/2010

A Martina e famiglia
Ho guardato fisso dentro gli occhi della maschera del "Re d'oro" – Tutenkahmun.
Cairo è folle. Cairo è strafatta. 20 milioni di persone mi circondano in questa modernissima anche se (per natura) egizianissima città.
Elena, lunedì andiamo a vedere le piramidi!!! Che bello!!! Poi, fra poco i leoni!! Baci a E, E, D
and M. Xoxo

*****

[EMAIL] 7/11/2010

From: Valerio De Simoni
To: Marcus Twomlow
Sunday, 7 November 2010 6:41 AM

As for the screen tests – keep this in mind – there's not just one road to get to a destination. In order to get back to Sydney I could take 100,000 different roads. I've chosen the one we're on now. Sometimes it's hard. Sometimes it's dangerous. But I'm sure that in the end I'll achieve the aim of returning safe and sound to Sydney.
What's important is being aware of the experience, perhaps even of only doing screen tests but learning from that situation. Passion and determination will eventually get you to your goal, if that's in fact what you really want to do or something else. You're very young so stay calm, enjoy everything you do and think how lucky you are even to be able to fail doing screen tests because some people don't even have that chance. :)
I would so much like to go on a big trip perhaps in Australia with you, Marti, Mum, perhaps Ari too when we can. And then after this trip I'm sure of being able to go anywhere in the world and feeling charged and ready. A big hug, I love you, smile and always enjoy life. Let's in any case stay in touch every week or so.
Bye bye bye xo
Vale

*****

[POSTCARD] 6/11/2010

To Martina and family
I've looked straight into the eyes of the mask of the Golden King – Tutenkahmun.
Cairo is insane. Cairo is over the top. 20 million people swirl around me in this very modern, even if (by nature) very Egyptian city.
Elena, Monday we're going to see the Pyramids!!! How wonderful!!! Then, soon after, the lions!! A big hug to E, E, D and M. Xoxo

*****

[EMAIL] 7/11/2010

Da: Valerio De Simoni
A: Marcus Twomlow
Domenica, 7 novembre 2010 - 6:41 AM

Hello Marcus,
Just a quick note.

Is it possible to connect the in-helmet ear phones to music e.g. iPod? And/or is it possible to affix further earphones internally with a separate cable connected to a device e.g. iPod?
Thanks

*****

[BLOG] 8/11/2010

Monday, 8th November 2010. "Our first 90 days; a bad stomach virus; and worrying news about Sudan"

Well as Stewart said from the Australian Embassy in Cairo yesterday, "No body leaves Egypt without getting sick!" and today was my turn. I woke up at 0600 hours with terrible stomach pains and a big headache and needing a few too many visits to the loo! I have spent the entire day in bed opposite the Nile, and I'm still feeling very weak and disoriented laying in bed writing this blog!

Jamie and Ted went back to the Yamaha workshop near the Cairo Citadel which is located literally in the middle of a granite quarry, covered in dust, sand and a lot of eager mechanics working on our bikes. THANKFULLY my new drive belt (the part which is like a chain on a bicycle) arrived and was installed successfully and all three bikes were fully serviced under Jamie and Ted's watchful eye as I lay dead in bed having silent conversations with my bowels about getting better asap!

At about 1400 hours I got the strength to get out of bed (not only for the toilet) and head downstairs on to the bustling street to find some simple fresh bread to fill my belly which until then was only being filled of Imodium tablets and water- so I was getting very light headed. In our St John Ambulance medical kits we have everything we need including Hydrolytes, and every other type of medical provision-unfortunately that's all stowed away neatly in my Pelican case on the front of my bike in the granite quarry!

So today was the first day in the last 3 months that I've felt sick. Jamie felt very ill in Ireland and then again in near Alexandria, and same with Ted a couple of times. My "I've never taken antibiotics in my life story" finally came through and after crossing through 24 countries, I'm happy that today was only the first day I needed a little

Ciao Marcus,
Rapidamente.

È possibile collegare dentro il casco le cuffie alla musica, per esempio all'iPod? e/o è possibile attaccare internamente altre cuffie con un cavetto separato che le colleghi a un dispositivo tipo iPod?
Grazie.

*****

[BLOG] 8/11/2010

Lunedì, 8 novembre 2010. "I nostri primi 90 giorni; un brutto virus intestinale; e notizie preoccupanti sul Sudan"
Beh, come ha detto ieri Stewart dell'ambasciata australiana al Cairo, "Nessuno se ne va dall'Egitto senza essersi sentito male!" e oggi è stato il mio turno. Mi sono svegliato alle 6 con terribili dolori di stomaco e un gran mal di testa e con la necessità di qualche visita di troppo al gabinetto! Ho passato l'intera giornata a letto con il Nilo di fronte, e mi sento ancora molto debole e disorientato steso sul letto a scrivere questo blog!
Jamie e Ted sono tornati all'officina della Yamaha vicino alla Cittadella del Cairo che si trova letteralmente all'interno di una cava di granito, ricoperta di polvere, sabbia e con un sacco di volenterosi meccanici al lavoro sulle nostre moto. FORTUNATAMENTE la mia nuova cinghia di trasmissione (la parte che è come la catena di una bicicletta), è arrivata ed è stata installata con successo e tutt'e tre le moto sono state completamente revisionate sotto lo sguardo vigile di Jamie e Ted mentre io restavo mezzo morto a letto in silenziosa conversazione con il mio intestino sull'argomento del rimettermi il prima possibile!
Verso le 2:00 del pomeriggio ho trovato la forza di alzarmi dal letto (non solamente per andare al bagno) e di scendere giù nella strada piena di gente a cercare un po' di pane fresco per riempire lo stomaco che fino a quel momento era stato nutrito solo a compresse di Imodium e acqua, e quindi cominciavo a sentirmi la testa molto leggera. Nella nostra cassetta di pronto soccorso della St John Ambulance abbiamo tutto quello che ci serve, compresi idroliti e ogni altro genere di rifornimento medico – sfortunatamente tutto è riposto in bell'ordine nel mio bauletto Pelican sul davanti della mia moto nella cava di granito!
Allora, oggi è stato il primo giorno in tre mesi che mi sono sentito male. Jamie si è sentito molto male in Irlanda e di nuovo nei pressi di Alessan-

bit of a 'sick day'. How many times back at school did we all take a couple of sick days?! I certainly had my fair share staying home with cereal, cartoons and a little extra sleep.
My fingers are struggling to type-type away with the view of the shimmering Nile River just below and to the left of our window. It has a strange atmosphere, Cairo. 20-odd million people squashed into a mega-city with so, so much ancient history. As our guide at the Egyptian Museum told me, "Cairo has so much history that like Rome is buried in many strata-levels beneath the modern city". Looking forward to getting to Gheza, the The Valley of The Kings, Luxor, and then on to Aswan to learn more.
Yesterday we received a security briefing advice from the Australian Embassy in Cairo which stressed "We strongly advise you not to travel to Sudan because of the extremely dangerous security situation, the risk of armed conflict, high level of violent crime and the high threat of terrorist attack." It continues to say "There is a risk of kidnapping in Sudan... Landmines have been laid in rural areas in many parts of the country." As always Jamie, Ted and I review all security advice and compare it with various other local

'on-the-ground' sources to ensure we are receiving up-to-date information. For this and several other important reasons, we cannot disclose our exact location at any given time throughout the next 5-months in Africa.
So, back to today. Perhaps the tummy felt a little off after reading through that 20-page document. Now I'm going to try and get some more sleep and after speaking with family the other day from Alexandria, I'm running on a little bit of home-sickness. Not to worry though, as after our first 90-days on the road, there's only another 275 days before we cross the Sydney Harbour Bridge!
Val.

*****

[JOURNAL] 9/11/2010 Tuesday, 9th November 2010
Cairo, Egypt. Looking at the Nile.

It's 10:40 hours in the capital. The sun (Amun Ra) shines its mighty red/orange rays down on my right hand casting a light, cool shadow of shade onto this papyrus of sorts.
The Nile below. The wind in front. The traffic behind. I often enjoy scribing about elements that surround me in the

dria, lo stesso è successo a Ted un paio di volte. Il mio "Non ho mai preso antibiotici in tutta la storia della mia vita" alla fine è decaduto e dopo aver attraversato 24 paesi, sono felice che solo oggi sia stato il primo giorno in cui ho avuto bisogno di un po' di 'congedo di malattia'. Quante volte ai tempi della scuola tutti noi ci siamo presi un paio di giorni di malattia?! Certamente io ho avuto la mia buona parte nel restare a casa a nutrirmi di cereali, vedere cartoni animati e dormire un po' di più.
Ho le dita che fanno un grande sforzo per continuare a scrivere al computer con la vista del fiume Nilo che scintilla proprio qui sotto e sulla sinistra della nostra finestra. Ha una strana atmosfera il Cairo. Con venti milioni e passa di persone strizzate in una megalopoli con così tanta, tanta storia antica. Come mi ha detto la nostra guida al Museo egizio "Il Cairo ha tanta di quella storia che, come Roma, è sepolta in vari strati sotto la città moderna". Non vedo l'ora di arrivare a Giza, alla Valle dei Re, a Luxor e da lì ad Assuan per saperne di più.
Ieri abbiamo ricevuto un briefing di sicurezza dall'ambasciata australiana al Cairo che sottolineava "Vi consigliamo vivamente di non andare in Sudan a causa della situazione di sicurezza estremamente pericolosa, del rischio di conflitto armato, dell'alto livello di crimini violenti e dell'elevata minaccia di attacco terroristico." Prosegue col dire "In Sudan c'è rischio di sequestri... In molte zone rurali del paese sono state disseminate mine". Come sempre Jamie, Ted ed io rivediamo tutti i consigli sulla sicurezza e li confrontiamo con altre fonti 'sul terreno' per essere sicuri che stiamo ricevendo informazioni aggiornate. Per questo e per altre importanti ragioni non possiamo rivelare la nostra esatta ubicazione in nessun momento per i nostri prossimi 5 mesi in Africa.
Allora, torniamo ad oggi. Forse c'è stato un po' di scombussolamento allo stomaco dopo la lettura delle 20 pagine del documento. Ora voglio cercare di dormire un altro po' e, dopo aver parlato con la mia famiglia l'altro giorno da Alessandria, mi sta venendo un po' di nostalgia di casa. Non c'è da preoccuparsi però, dato che dopo i nostri primi 90 giorni sulla strada mancano solo altri 275 giorni fino a quando attraverseremo l'Harbour Bridge di Sydney!
Val.

*****

[DIARIO] 9/11/2010 Martedì, 9 novembre 2010
Cairo, Egitto. Guardando il Nilo.

Sono le 10.40 nella capitale. Il sole (Amun Ra) proietta i suoi

moment. Much like a photograph – writing about the moment as a real account of that memory – as a memorable moment.

*****

[JOURNAL] 11/11/2010 Thursday, 11th November 2010
Cairo, Egypt - Horizon Hotel 21:54 hours

"You will become what you think about". Don't take life too seriously. Seriously, take life, don't fake life. Yesterday we saw the Pyramids at Giza. Today I felt confused and frustrated. Now, belly full from buffet. In bed.

*****

[BLOG] 16/11/2010

What really happened in the Sahara. Tuesday, 16th November 2010
Only now have I wanted to share with everyone about what exactly

happened on our first day riding through the Sahara a few weeks back in Libya. Now, of course the Sahara is a desert and so it is an in-land ocean of sand with no refuge other than a compass, water, and guts. Ted, Jamie and I were ready but not prepared for what was to come. As we started venturing out of the last city on the 'coast' of the desert bound for the dunes, I felt a great sense of overwhelming anguish come over me. The kind of anguish you get when you your tandem dive instructor yells at you saying "Shit mate, strap yourself in cause the plane's going up and we're jumping out that window at 14,000 feet!".
The reality sunk in that we were going in to the world's toughest desert. I was genuinely scared, excited, and just had to swallow what little fear I had and keep riding. We clocked about 40 Km in to the dunes (which took about 3 hours with deflated tires and cautious driving) before the waves of sand began to rise, and rise, and rise. Like the waves of Tamarama beach back home in Sydney, you just gotta throw yourself in there or get the hell out. Stuck in a middle ground of confused emotions I just had to keep pushing myself forward. Dune after dune after dune we would have to climb a good 10-20 metres of sand on a steep angle before arriving at the top, quickly looking down another 10-20 metres below on an equally petrifying angle and then release the brakes and slowly

potenti raggi rosso/arancio sulla mia mano destra creando un'ombra fresca luminescente su questo, per così dire, papiro. Il Nilo sotto. Il vento davanti. Il traffico dietro. Mi piace parlare spesso degli elementi atmosferici che circondano me e il momento. Proprio come una fotografia – scrivere del momento come di un resoconto preciso di quel ricordo – come di un momento memorabile.

*****

[DIARIO] 11/11/2010 Giovedì, 11 novembre 2010
Cairo, Egitto –Hotel Horizon 21.54

"Diventerai quello che pensi". Non prendere la vita troppo sul serio. Seriamente, prendi la vita, non fingere con lei. Ieri abbiamo visto le piramidi di Giza. Oggi mi sento confuso e frustrato. Ora, pancia piena dopo un buffet. A letto.

*****

[BLOG] 16/11/2010

Cos'è successo realmente nel Sahara. Martedì 16 novembre 2010
Solamente ora mi sento di voler condividere con tutti il racconto di cosa è successo esattamente nel nostro primo giorno di viaggio attraverso il Sahara qualche settimana fa in Libia. Allora, naturalmente il Sahara è un deserto e dunque un oceano continentale di sabbia da affrontare senza altre risorse che una bussola, acqua e avere del fegato. Ted, Jamie ed io eravamo pronti ma non preparati a quello che sarebbe successo. Nel momento in cui siamo partiti avventurandoci al di là dell'ultima città sulla "costa" del deserto diretti verso le dune, mi sono sentito sopraffare da un gran senso di angoscia. Il tipo di angoscia che ti viene quando l'istruttore di lancio con cui sei in tandem ti urla: "Merda, amico, imbracati perché l'aereo sta prendendo quota e noi stiamo per catapultarci da quel finestrino a 14.000 piedi!"
Si è concretizzata la consapevolezza che stavamo per entrare nel deserto più duro al mondo. Ero veramente spaventato, agitato, e dovevo solamente ingoiare quel tanto di paura che avevo e continuare a guidare. Avevamo fatto circa 40 km all'interno delle dune (per i quali ci sono volute più o meno 3 ore a gomme sgonfie e guida cauta) prima che le onde di sabbia cominciassero a crescere, crescere

slide down what felt like quick-sand each time.
The heat, the sand, the muscles all got me and I felt very fragile both physically and mentally. Even with a guide we were literally in the middle of Northern Africa in a continental ocean of golden sand. And so, one dune or two later I rose up and with a little too much throttle the quad raced up to the peak of the dune and I looked below and in a fraction of a second I felt the bike slip from under me. In the moment I panicked and grabbed both rear and front brakes and with all of the force of the weight shifting to the front brakes the quad starting to flip over at the top of the dune with 20 metres below me. I was thrown off the bike down the side of the dune flying towards the base of what felt like my graveyard, and as soon as I hit the sand face first, helmet bouncing back at me, I reacted in 0.1 seconds literally and turned to see the bike hurling all of its half a tonne of weight towards me and before I could even blink I got up, jumped out of the way and saw the bike crash down on to my shadow not even 1 metre from where I lay only seconds before.
Had I frozen in fear. I would have been crushed. There is no ifs or buts with that, I would have been crushed by a 500 Kg machine of metal. Ted had just reached the top of the dune when he saw my back wheels lift up in to the air and heard my scream. As soon as he slid down the dune I was bouncing around frantically checking my bike was okay and that I had not broken anything on my fall. Only after a good few minutes did it hit me what had just occured. And only after a few good weeks have I processed just what the truth about it was. My fight-or-flight instinct gave me the animalistic reaction to save myself without my emotions getting involved.
It's strange thinking just how capable your mind and body are even without all of the confusion we feed them.
My uncle used to remind me as a child cheerfully that, "the only certainty in life... is death" – an old Roman proverb. I have learnt that when you are thrown into the wild, you become wild once more and because of this, I feel reborn and fully alive in this wonderful maze of Africa.
The adventure continues...
Val.

*****

e crescere in altezza. Come le onde di Tamarama beach a Sydney, devi solo buttartici dentro a capofitto o ritirarti di gran corsa. Bloccato nel mezzo di emozioni confuse non potevo far altro che spingermi in avanti. Duna dopo duna dopo duna avremmo dovuto arrampicarci per dei buoni 10-20 metri di salita ripida prima di arrivare in cima, dare una rapida occhiata dall'alto di altri 10-20 metri ad un'angolazione altrettanto paralizzante, e poi mollare i freni e scivolare giù lentamente lungo quelle che ogni volta sembravano sabbie mobili.
Il caldo, la sabbia, i muscoli, tutto l'insieme mi è piombato addosso e mi sono sentito molto fragile sia fisicamente che mentalmente. Anche se accompagnati da una guida eravamo letteralmente nel mezzo del Nord Africa in un oceano continentale di sabbia dorata. E allora una o due dune dopo mi sono sollevato e con un po' troppa accelerazione il quad è arrivato di corsa fino in cima alla duna e io ho guardato verso il basso e in una frazione di secondo ho sentito il quad che mi scivolava via da sotto. In quel momento mi è venuto il panico e ho afferrato entrambi i freni, anteriore e posteriore, e con tutta la forza del peso che si spostava sui freni anteriori il quad ha iniziato a ribaltarsi in cima alla duna con 20 metri sotto di me. Sono stato catapultato dalla moto giù per il fianco della duna, in volo verso la base di quella che mi ha dato la sensazione di essere la mia tomba, e non appena ho sbattuto a faccia in avanti sulla sabbia, con il casco che mi rimbalzava addosso, ho reagito letteralmente nel tempo di 0,1 secondo e girandomi ho visto la moto slanciata verso di me con tutta la sua mezza tonnellata di peso, e prima ancora di riuscire a sbattere le palpebre mi sono rialzato, mi sono allontanato con un balzo dalla sua traiettoria e ho visto la moto che precipitava sulla mia ombra a neanche 1 metro da dove ero a terra solo pochi secondi prima.
Se fossi stato paralizzato dalla paura sarei rimasto schiacciato. Senza se e senza ma, sarei stato schiacciato da una macchina di metallo da 500 Kg. Ted era appena arrivato in cima alla duna quando ha visto le mie ruote posteriori che si sollevavano in aria e mi ha sentito gridare. Nel momento che è arrivato giù dalla duna, io stavo già saltellando affannosamente qua e là a controllare se la mia moto era ok e che nella caduta non mi fossi rotto niente. Solo dopo qualche minuto mi sono reso conto di cosa era appena successo. E solo alla bella distanza di qualche settimana ho elaborato la verità dell'accaduto. Il mio istinto del combatti-o-scappa-via mi ha dato la reazione animale di salvarmi senza che le mie emozioni fossero coinvolte.
È strano pensare quali capacità abbiano la tua mente e il tuo corpo anche senza tutta la confusione di cui li nutriamo.
Mio zio quando ero bambino era solito ricordarmi allegramente che "l'unica certezza nella vita... è la morte", un vecchio proverbio roma-

[JOURNAL] 18/11/2010 -10:00 hours
Reizeky Camp Luxor, Egypt. Day 100 of 365

I woke up hot, and frustrated. The tears of sweat dribbling down my forearm; my eyes sore from tiredness, and the camp-noises distracting.
Taha, a local guide/fixer/seller-of-anything-and-everything-you-need had taken Ted and I to a traditional Egyptian street-wedding – or rather, wedding on a street. Deep within the west bank of Luxor, and after having crossed the Nile on a suspicious boat, sailed by this questionable 25-year old local man, we arrived at the wedding. The destination was just past the El Gezira suburb. Beautiful singing. Beautiful dancing. The men all together in song and prayer. The atmosphere was very Arabic and very much what the experience of EXP was giving us. I saw amazingly glittery purple, blue dresses on the very majestic woman who would only enter the foray on the odd occasion. Smoking. Drinking. Sitting. All together in the moment.

*****

[LETTERA] 18/11/2010
From Luxor

Dear Thomas,
rileggo una lettera che il tuo amico (Giancarlo De Simoni *ndt*) ti aveva mandato nel settembre dell''86, datata il quattordicesimo giorno.
Io invece te la mando dal Nilo.
Come lui , sono seduto ad una scrivania con l'aria di "mare".

Sai, dopo questi primi 100 giorni *on the road*, quel che noto di più è la confusione emotiva
del viaggio stesso.
Certo, abbiamo già visto i primi 24 paesi, e abbiamo già conquistato ben 17.000 Km. del record mondiale, però l'emozione cambia. L'emozione si sviluppa.
È come l'amore, bisogna starci dietro o ti ritrovi perso nel web della confusione.

no. Io ho imparato che quando sei catapultato all'interno della vita allo stato brado ritorni ad essere un selvaggio anche tu e grazie a questo mi sento rinato e vivo in tutti i sensi in questa meraviglioso labirinto che è l'Africa.
L'avventura continua...
Val.

*****

[DIARIO] 18/11/2010 - 10.00 ore
Campeggio Reizeky Luxor, Egitto. Giorno 100 di 365

Mi sono svegliato accaldato e frustrato. Gocce di sudore lungo gli avambracci; gli occhi doloranti per la stanchezza e i rumori del campeggio che mi distraggono.
Taha una guida locale, un sistema-tutto, venditore di mille cose e di tutto quello che ti serve, ha portato me e Ted a un matrimonio egiziano tradizionale, un matrimonio per strada. Nel cuore della riva occidentale di Luxor, dopo aver attraversato il Nilo su una barca precaria, condotta da uno del posto, 25 anni con l'aria sospetta, siamo arrivati al matrimonio. Il posto si trova appena passato il quartiere di El Gezira. Bellissima musica. Bellissimi balli. Gli uomini tutti insieme nel canto e nella preghiera. L'atmosfera era molto araba e molto nello spirito che l'esperienza dell'EXP ci stava dando. Ho visto incredibili vestiti blu e viola luccicanti indossati da donne maestose, protagoniste solo in rare occasioni. Fumando. Bevendo. Seduti. Tutti insieme nel momento.

*****

[LETTER] 18/11/2010
From Luxor

Dear Thomas,
I re-read a letter that your friend [Giancarlo De Simoni *ndt*] sent you in September '86, dated the fourteenth day.
I instead am sending it to you from the Nile.
Like him, I'm seated at a writing table with an air of "the sea".

You know, after these first 100 days *on the road*, what I notice most of all is the emotional turmoil of the journey itself.

La ripetizione di svegliarsi, respirare, sbadigliare, sorridere, mangiare un boccone e poi "Booom". Come er sole ti senti in movimento. Questa ripetizione del viaggiatore è importante perché ti riempie i vuoti familiari. Però quel che noto è che ogni giorno incomincia con una ripetizione, ma finisce sempre con una ripetizione diversa – la ripetizione di non sapere bene come finisce.

N25'42'688', E 32' 38' 907
Mi ritrovo qua al campeggio reso famoso da simili avventurosi dell'Africa: "Reizeky Camp Luxor"; un bambino gioca e parla da solo; le mosche mi fanno compagnia (anche troppo);
il cuore tranquillo pronto per il Sudan; sono FELICE.

Noi tre.
Si litiga.
Cazzo, siamo un irlandese, un sudamericano e poi io. È normale.
Le moto.
Si rompono.
Fa parte dell'avventura.

La crescita.
Me lo dirai tu.
Ad invecchiare, almeno questo è facile.

Sentimenti cambiano.
Respiro ancora. Ragiono ancora (spero). Mi basta.

Viaggiando spesso si cercano risposte.
Qualche volta fa bene cercare domande.

E così via.
"Vorrei rivederti. Quando?
Magari una vacanza insieme..."
A volte la lontananza pesa. Ma non da un posto.
Un abbraccio ed un bacio.
With love.
"Cipolla"

*****

Of course, we have already seen the first 24 countries and already conquered 17.000 Km. of the world record, but our emotions are changing. Emotions develop.
It's like love, you need to keep at it otherwise you find yourself lost in a web of confusion.

The repetition of waking up, breathing, yawning, smiling, eating something and then "Boom". Like the sun you find yourself in motion. This repetition of travelling is important because it fills in the familiar gaps. And yet what I note is that every day begins with a repetition but always ends with a different repetition – the repetition of not quite knowing how it will end.

N25'42'688', E 32' 38' 907
I find myself here camping in a place made famous by similar adventurers to Africa: "Reizeky Camp Luxor"; a little boy is playing and talking to himself; the flies are keeping me company (more than I need); the heart is tranquil and ready for the Sudan; I am HAPPY.

We three.
We argue.
Goddam, we're an Irishman, a South-American and then me. It's normal.
The bikes.
Break down.
All part of the adventure.

Growth.
You can tell me about it.
Getting older, that at least is easy.

Feelings change.
I'm still breathing. I'm still reasoning (I hope). That's enough for me.

While travelling one often searches for answers.
Sometimes it's good to also search for questions.

And so on.
"I'd like to see you again. When?
Perhaps a holiday together..."
At times distance weighs heavily. But not from any particular place.
A big hug and kiss.

[BLOG] 19/11/2010

Malaria scare, the breakdown, and the Nile. Friday, 19th November 2010

Not only did Ted have to pee a total of 14 times during the night, but also when he woke his inner-tent floor was completely flooded with humidity and sweat. His head was spinning and he looked as pale as you can get. After speaking with Mark, an Australian who runs trans-African tours and has seen plenty of Malaria cases, we were reassured that Ted was probably just very dehydrated and over tired from the days in the sun, exercising, and the Nile crossings. Jamie and I kept him under a watchful eye regardless making sure he kept his fluids up.

After leaving Luxor at 1100, and going no more than 100km, the awful sound of "what the hell is that" came through the radio from Ted, and then his hazards came on almost immediately. I almost crashed in to him as his quad slowed right down and then stopped in the middle of the highway. I pulled up and ran over to see what the issue was. "It's the drive belt Val, it's the damn drive belt". As I had experienced no more than 2 weeks ago the drive belt basically turns the wheels and so without it functioning, you get no drive, and you so you can't move forwards.

"We need to go to Aswan... yes... Aswan today... Yalla! Yalla!" – that was the very quick, broken sentence Ted was bellowing at the bystanders to organise a tow truck to get us back on the road without wasting too much time. Some pita bread and jam later we were moving with Jamie in front navigating, the truck, Ted, and the quad plonked on top, and me in the back to make sure the driver didn't 'run off' with the precious cargo (and Ted!).

1830 and we arrived at Hathor Hotel, Luxor, Egypt. Roof top pool over looking the gorgeously colourful and atmospheric Nile below. A wedding procession is going on across the road and the cheerful screams and drums are echoing down the whole street. Tomorrow we have to go meet with the fixer coordinating the ferry boat for Wadi Halfa in Sudan on the Monday coming. If we don't make this route, we'll be stuck in Egypt for another week or two and means all of our dates get blown out, and pushes us closer to the Sudanese referendum date which really isn't good from a security point of view.

Today I felt very weak as well waking up, but now I'm enjoying the cool breeze coming from the river. Ted is asleep resting up and Jamie is out having a beer with Rob, a lovely guy we had met back in Ire-

With love.
"Cipolla" [Onion]

*****

[BLOG] 19/11/2010

Allarme malaria, il crollo di nervi e il Nilo. Venerdì, 19 novembre 2010
Non solo Ted ha dovuto pisciare per un totale di 14 volte durante la notte, ma inoltre quando si è svegliato il pavimento interno della sua tenda era completamente allagato di umidità e sudore. Gli girava forte la testa ed era tanto pallido che più di così non si può. Dopo che abbiamo parlato con Mark, un australiano che organizza tour trans-Africa e ha visto tantissimi casi di malaria, ci siamo tranquillizzati sul fatto che probabilmente Ted era molto disidratato e sovraffaticato per tutti i giorni passati al sole, per l'attività fisica e gli attraversamenti del Nilo. Jamie ed io in ogni caso l'abbiamo tenuto d'occhio e abbiamo controllato che mantenesse alto il livello di fluidi.
Dopo che eravamo partiti da Luxor alle 11:00 e avevamo fatto non più di 100 km, attraverso la radio è arrivato da parte di Ted il terribile suono "che diavolo è 'sta cosa", e poi i rischi che correva si sono manifestati quasi immediatamente. Gli sono andato quasi a sbattere addosso quando il suo quad ha rallentato di botto e poi si è fermato nel mezzo dell'autostrada. Mi sono accostato e sono corso a vedere che problema c'era. "È la cinghia di trasmissione, Val, è la dannata cinghia di trasmissione". Così come era successo a me non più di 2 settimane fa, la cinghia di trasmissione fondamentalmente fa girare le ruote e quindi, se non funziona, non c'è trasmissione e non puoi andare avanti.
"Dobbiamo andare ad Assuan... sì. Assuan oggi... Yalla! Yalla!" – era la frase rapidissima, sconnessa, che Ted urlava a quelli che si erano fermati intorno, per organizzare un carro attrezzi che ci riportasse sulla strada senza perdere troppo tempo. Dopo aver mangiato un po' di pita e marmellata ci siamo mossi con Jamie in testa che faceva da navigatore, il carro attrezzi, Ted e il quad caricati sopra ed io sul retro ad assicurarmi che l'autista non 'prendesse il volo' con il prezioso carico (e Ted!).
Le 18:30 e siamo arrivati all'Hathor Hotel, a Luxor, Egitto. Piscina sul tetto con vista sul Nilo splendidamente pittoresco e ricco di atmosfera. C'è un corteo matrimoniale che passa di là dalla strada e per tutta la via echeggiano grida di allegria e tamburi. Domani dobbiamo andare all'incontro con il faccendiere che organizza il traghetto per Wadi Halfa in Sudan per lunedì prossimo. Se non riusciamo a seguire questo itinerario resteremo bloccati in Egitto per un'altra settimana o

land some 10 weeks back who's going down the same road we are incidentally!
So our first Malaria scare, yet another mechanical breakdown, and the Nile all give us the generic title of "yet another typical day for the Quad Squad".
Val.

*****

[JOURNAL] Summary from Luxor to Aswan 20th – 22nd Nov 2010

Ted's drive belt failed. I was the sickest I had ever have been: diarrhea, extreme muscle aching, headache; couldn't bear it. I was really struggling. Hospital. Intravenous injection. Antibiotics. Ferry. On the move finally for Sudan. Onwards. I will never give up.

*****

[BLOG] 22/11/2010

Sudan: The real adventure begins today – 22nd November 2010
Two days ago I had probably the most severe fever and stomach virus I've ever experienced in my life. At 1800 local time Ted, Mathias, and Kev (two of the expanded travel family that we've linked up with for the sections through Sudan here in Southern Egypt) had to lift me up from the mattress and carry me down the stairs of the shanty hotel on the Nile here in Luxor, put me in a taxi and rush me to the hospital. One of my worst fears had just realised itself: being in an African hospital almost unconscious from viral pain and watching a nurse pull a syringe and needle out of a dark cupboard not knowing all too well if it was sterile. I was genuinely worried and my body felt like it was decomposing after a horrible case of extreme diarrhea with about 25-30 toilet visits just in that day.
I was pumped with intravenous antibiotics and told that the symptoms were exactly like those a malaria patient shows; aching muscles, extreme fever, extreme diarrhea, and extreme head ache. Ted and Kev kept a watchful eye over me during the entire medical procedure, which I'm very grateful for. I was on a wheelchair and had no idea what was being administered to me via that needle. And so, back in the taxi and back to the hotel. I don't ever remember having

due e questo significa che vanno all'aria tutte le nostre date, avvicinandoci di più alla data del referendum sudanese, il che davvero non è una buona cosa dal punto di vista della sicurezza.
Oggi al risveglio mi sono anche sentito molto debole, ma ora mi sto godendo l'arietta fresca che viene dal fiume. Ted dorme per riposarsi e Jamie è fuori a farsi una birra con Rob, un tizio molto carino che abbiamo incontrato quando eravamo in Irlanda circa 10 settimane fa e che, tra l'altro, sta facendo il nostro stesso percorso!
E quindi, il nostro primo allarme malaria, e ancora un altro guasto meccanico, e il Nilo, tutto questo ci dà il titolo generale di "ancora un'altra giornata tipica della Quad Squad".
Val.

*****

[DIARIO] Riassunto da Luxor a Aswan 20 – 22 nov 2010

La cinghia di trasmissione di Ted si è rotta. Io sono stato male come non mai: diarrea, dolori intensi ai muscoli, mal di testa; non ne potevo più. Ero proprio in difficoltà. Ospedale. Endovenose. Antibiotici. Traghetto. Finalmente per strada verso il Sudan. Avanti. Non mi arrenderò mai.

*****

[BLOG] 22/11/2010

Sudan: la vera avventura inizia oggi – 22 novembre 2010
Due giorni fa ho avuto la febbre e il virus intestinale probabilmente più forti di cui abbia avuto esperienza in tutta la mia vita. Alle 18:00 ora locale Ted, Mathias e Kev (due membri della famiglia viaggiante allargata a cui ci siamo uniti qui nell'Egitto del Sud per le parti attraverso il Sudan) hanno dovuto sollevarmi di peso dal materasso e trasportarmi giù per le scale del tugurio di hotel sul Nilo qui a Luxor, mettermi in un taxi e portarmi di corsa all'ospedale. Si era realizzata una delle mie peggiori paure: trovarmi in un ospedale africano in stato quasi d'incoscienza per i dolori virali e vedere un infermiere che tirava fuori da un armadietto buio una siringa e un ago senza saper bene se erano sterili. Ero sinceramente preoccupato e mi sentivo come se il corpo stesse andando in decomposizione dopo un orribile caso di diarrea violenta con 25-30 visite al bagno solamente quel giorno.

such a terrible sleep. I would have had no more than 5-10 minutes of shut eye every couple of hours. The antibiotics were so strong, and I was so dehydrated that I had to stay awake to ensure I drunk enough fluids and went to the toilet on time. It was a serious test. 48 hours of extreme sickness knowing that we had to leave the day after on an overnight, open-air sleep on deck ferry ride to one of the most hostile countries in Africa; The Sudan.
I'm writing this aboard the ferry bound for Wadi Halfa in northern Sudan- the port where we will be getting off to start our epic crossing of this mid-African country. I look up and the stars shine down on deck littered with sleeping adventurers and tired locals. The Islamic prayers are at 5:30am I believe here and so I must find some floor space to lay my sleeping bag down and try and get some more rest after my time in Luxor. I've eaten very little and with my beard grown I'm starting to remind myself of the character from Into the Wild. And tomorrow, we will be there – in the wild.
Val

*****

[JOURNAL] 24/11/2010
Wednesday 24th Nov 2010 15km from Wadi Halfa, Port Sudan

I think about Sydney.
Sydney thinks about me.
Busby.
My mum.
Woollahra Primary.
Cricket on the street with Seamus.
—
I had the most incredible upbringing. The most fun and active and exciting childhood. I often think that my childhood was truly the most amazing part of my life.
—
I need to stay young. Play sport. Run around on the beaches. Go up/down the coast with Ale, Fraukje, Harry, Alice, Morgan to remember the times in Turros Heads, Lilli-Pilli…
—
I will have all of that to look forward to. I cannot wait to arrive to Perth. I really can't. BUT, I must be in the moment. So, Goodbye.

Mi hanno pompato antibiotici per endovena e mi hanno detto che i sintomi erano esattamente gli stessi che presenta un paziente malarico: muscoli doloranti, febbre altissima, intensa diarrea e fortissimo mal di testa. Ted e Kev mi hanno assistito durante tutta la procedura sanitaria, e di questo sono molto riconoscente. Io ero in carrozzella e non avevo idea di che cosa mi venisse somministrato attraverso quell'ago. E poi un'altra volta sul taxi e di nuovo all'hotel. Non ricordo di aver mai passato una notte così terribile. Non avrei chiuso occhio per più di 5-10 minuti ogni paio d'ore. Gli antibiotici erano così forti e io ero così disidratato che dovevo restare sveglio per assicurarmi di bere abbastanza fluidi e andare in tempo al bagno. È stato davvero una bella prova. 48 ore di malessere fortissimo sapendo che il giorno dopo dovevamo partire e imbarcarci su un traghetto notturno, dormire sul ponte all'aperto, per arrivare in uno dei più ostili paesi dell'Africa: il Sudan.
Sto scrivendo a bordo del ferry diretto a Wadi Halfa nel nord del Sudan, il porto dal quale prenderemo il via per iniziare la nostra epica traversata di questo paese dell'Africa centrale. Guardo verso l'alto e le stelle illuminano il ponte cosparso di avventurosi viaggiatori addormentati e di gente del luogo stanca. Le preghiere islamiche qui sono alle 5:30, credo, e quindi devo trovare un po' di spazio sul pavimento per stendere il mio sacco a pelo e cercare di riposarmi un po' di più dopo il soggiorno a Luxor. Ho mangiato molto poco e con la barba lunga inizio a vedermi come uno dei personaggi di *Into the Wild*. E domani saremo lì – in mezzo alla natura selvaggia.
Val.

*****

[DIARIO] 24/11/2010
Mercoledì 24 novembre 2010, 15km dal porto di Wadi Halfa, Sudan

Penso a Sydney.
Sydney pensa a me.
Busby.
Mia mamma
La scuola elementare di Woollahra.
Cricket in strada con Seamus.

—

Sono stato allevato in modo incredibile. Un'infanzia, la più divertente, attiva e esaltante. Penso spesso che la mia infanzia sia stata veramente la parte più straordinaria della mia vita.

—

*****

[JOURNAL] 26/11/2010 - 23:28
150km north outside Khartoum, Sudan, Nth Africa

Instant coffee. Milk. Sugar. What a lovely starry calming mindful social reflective long cheerful breezy desert night in the country I most feared about our travels: Sudan. Rob & Marcella. Kev & Anna. Mathias & Angela. Pekka. The two British cyclists. An amazing day. The best so far for driving (road, conditions, scenery, speed), and the company. We are all one big united, happy and loving travel-family. Great friends for life.

*****

[BLOG] 27/11/2010

Khartoum: We made it. Saturday, 27th November 2010

The sunrise, the ants, the sand, the sun, the goats, the wilderness...
18:00 local time. Location: Khartoum, The Republic of the Sudan.
This morning was our last 'real' morning camping in the wild, off the road, in the bush- before hitting the bustling metropolis capital of this some what misunderstood North African country.
"Have some cereal Val", said Kev, the stocky, ballsy Welsh ex-para military part of our newly formed "Quad (and trucks) Squad". I had a good serving of the BEST tasting crunchy nut cereal I've probably ever had! And believe me, it was a treat to have cold (not camel) milk and non-stale, tasty cereal in the desert camp some 5km parallel to the Nile.
Kev and I did our morning breathing exercises, some yoga stretching and then I went for a brisk meditative walk barefoot along the sand tracks trying to avoid the ant, snake and scorpion holes along the way.
Back at the camp, the group was getting ready for an early departure and thus an early arrival into the big city.
Steve, a young British doctor who we met en-route the day before, had joined us for the night with his female comrade. Steve is bloody brave. He is cycling all-over-the-world which will take him the next 4-5 years he explained. "First is Africa, then on a ship to Argentina and shoot up to Alaska. From there heading over to

Devo mantenermi giovane. Fare sport. Far corsa sulle spiagge. Viaggiare su e giù per la costa con Ale, Fraukje, Harry, Alice, Morgan, per ricordare i momenti passati a Turros Heads, Lilli-Pilli…

—

Ho davanti a me la prospettiva di tutte queste cose che mi aspettano. Non vedo l'ora di arrivare a Perth. Veramente, non vedo l'ora. MA devo stare nel momento presente e allora ciao.

*****

[DIARIO] 26/11/2010 23.28
150 km nord fuori Khartoum, Sudan, Nord Africa

Caffè solubile. Latte. Zucchero. Che splendida lunga notte nel deserto, ventilata, stellata, consapevole, sociale, meditativa, allegra, nel paese di cui avevo più paura durante il nostro viaggio. Il Sudan. Rob & Marcella. Kev & Anna. Mathias & Angela. Pekka. I due ciclisti inglesi. Una giornata incredibile. Finora la migliore per guidare (strada, condizioni, paesaggio, velocità), e la compagnia. Siamo tutti una famiglia di viaggiatori che si vogliono bene, unita e felice. Grandi amici per la vita.

*****

[BLOG] 27/11/2010

Khartoum: ce l'abbiamo fatta. Sabato, 27 novembre 2010

L'alba, le formiche, la sabbia, il sole, le capre, la natura selvaggia…
Le 18:00 ora locale. Località: Khartoum, Repubblica del Sudan.
Stamani è stato l'ultimo nostro 'vero' campeggio mattiniero all'aperto, fuori della strada, nella boscaglia, prima di raggiungere la meta della movimentata metropoli capitale di questo paese abbastanza incompreso del nord Africa.
"Mangia un po' di cereali, Val", ha detto Kev, il tarchiato, grintoso ex-paramilitare del Galles che fa parte della nostra appena costituita "Quad (and trucks) Squad". Mi sono servito una bella porzione dei MIGLIORI cereali croccanti alle noci che forse abbia mai mangiato! E credetemi, è stata una goduria bere latte freddo (non di cammello) e gustosi cereali non stantii nell'accampamento nel deserto a più o meno 5km di distanza in parallelo al corso del Nilo.

mainland Asia, doing all of that and Europe before hitting Australia... in around 2014... or something". We had good laughs and shared lots of stories already had.
We had to get to Khartoum though and it was already 10:00am local time. Kev was on duty towing Ted and his disabled quad. Jamie and I were in front navigating. The two Swedish trucks were further ahead, and Rob and Mar were blasting in front to set up base camp in Khartoum. 187km after departure, we arrived just in the nick of time with drops of fuel left in the bikes, with the reserve lights almost having a short circuit of how much they were flashing!
We entered Khartoum with the sun blaring down on us, and my chest still recovering from all of the sweat and heat combination of the ride. The outer suburbs we passed were war-riddled. You could sense the turmoil and disgrace that had confronted these peoples past and present. The real, true Africans lived here. Beautiful black people with colourful turbans, wide, wide smiles, and enchanting eyes were every where and every where they were welcoming.
The mood was still very tense though. Khartoum is one of Africa's busiest and toughest cities. The streets we had to navigate through were patrolled non-stop by military guards and police convoys. Jamie and I had to not only navigate the roads, but also protect the rear as Kev was towing all of Ted's half a tonne of weight through tight turns and difficult lane ways.
"We made it", I proclaimed over the mic. We had made it to Khartoum! Our first major danger zone and we were driving through it in what seemed like a Hollywood film set in Iraq. The dust-covered machine guns hanging from the stiffened shoulders of some of the tallest Africans on the continent were slightly intimidating. What you learn very quickly here in Sudan is how a calm moment can turn in to a dangerous moment. We were the only foreigners I saw the whole day, and every where we turned the quads were sticking out in the open like an upside down ostrich.
Regardless, we made it, and we're loving the rush! "This is what we signed up for" I keep telling myself- and the experiences keep becoming stronger and more real with every day.
Good night from Khartoum, in The Sudan.
Val.

*****

Kev ed io abbiamo fatto i nostri esercizi di respirazione mattinieri, un po' di stretching yoga e poi io sono andato a fare una veloce passeggiata di meditazione a piedi nudi lungo le piste di sabbia, cercando di evitare i nidi di formiche, serpenti e scorpioni disseminati sul cammino. Di rientro al campo, il gruppo si preparava per una partenza mattiniera e per arrivare quindi di buon'ora nella grande città.
Steve, un giovane dottore inglese che avevamo incontrato nel corso del viaggio il giorno prima, si era unito a noi per la notte con la sua compagna. Steve è maledettamente coraggioso. Sta facendo il giro del mondo in bicicletta, cosa per cui, ha spiegato, gli ci vorranno i prossimi 4-5 anni. "La prima cosa è l'Africa, poi in nave in Argentina e via verso l'Alaska. Da lì in direzione Asia continentale, ci facciamo tutta quella e l'Europa prima di arrivare in Australia... verso il 2014 o giù di lì". Ci siamo fatti delle gran risate e ci siamo raccontati un sacco delle storie vissute.
Però dovevamo arrivare a Khartoum ed erano già le 10:00 ora locale. Kev era di turno a tirare a rimorchio Ted e il suo quad accidentato. Jamie ed io eravamo davanti a pilotare. I due furgoni svedesi erano ancora più avanti, e Rob e Mar in testa andavano a schizzo per allestire il campo base a Khartoum.187 km dopo la partenza siamo arrivati pelo pelo con poche gocce di carburante rimaste nelle moto, con le spie della riserva che stavano quasi andando in corto circuito da quanto lampeggiavano!
Siamo entrati a Khartoum col sole a picco addosso, e il mio torace che ancora non si era rimesso dalla combinazione di sudore e caldo della corsa. I sobborghi di periferia che abbiamo attraversato erano devastati dalla guerra. Potevi avvertire il subbuglio e le sciagure a cui queste popolazioni avevano dovuto far fronte nel passato e nel presente. I veri africani, quelli delle origini, vivevano qui. Dovunque c'e rano bellissime persone dalla pelle nera, con turbanti colorati, ampi, ampi sorrisi ed occhi incantevoli, e dovunque erano accoglienti.
Tuttavia lo stato d'animo era ancora di forte tensione. Khartoum è una delle città più animate e più dure da affrontare dell'Africa. Le strade che abbiamo dovuto attraversare erano pattugliate non-stop da militari e da convogli di polizia. Jamie ed io dovevamo non solo orientarci attraverso le strade, ma anche stare a fare da protezione in coda dato che Kev rimorchiava la mezza tonnellata di peso di Ted per svolte strette e vicoli difficili.
"Ce l'abbiamo fatta!" ho proclamato al microfono. Ce l'avevamo fatta ad arrivare a Khartoum! La nostra prima zona di grande pericolo e noi la stavamo attraversando come fossimo in un film di Hollywood ambientato in Iraq! I fucili ricoperti di polvere appesi alle spalle irrigidite di alcuni dei più alti africani del continente erano alquanto intimidatori. Quello

[DIARIO] 1/12/2010 - 19:44 local time
150km South-east of Khartoum
Ieri: Khartoum American School

Eduardo Manfredini dall'EU delegation to the Sudan ha organizzato questa nostra visita. Bella. Ispirante. Allegra. Tanti bambini. Tante domande. Prima ho parlato con due classi di kindergarten, e poi ad una classe di Yr11.

—

Poi caffè, panini, e risate con Greg (il capo della scuola). Si parlava e scherzava in "australiano" di cose iconiche del paese madre. Lui è un simpaticone proveniente da Newcastle, a nord di Sydney.

—

Poi, io sono andato a stare a casa di Edo e Lisa in Marmerata suburb. Una mansion enorme con guardie, cuochi, un bel giardino. Mi sono riposato. Ho mangiato da dio: spaghetti, carne, insalate, frutta, cioccolata.

—

Ho parlato con Gino & Ale// Marti & Dec// Mamma e Rosi. Piscina. Vasche. Skype. Doccia. Vestiti lavati. Un bellissimo riposo con una famiglia (Anna, Terese, Maya, le 3 piccole). Edo ed io poi abbiamo chiacchierato a lungo della vita accompagnati dal vino rosso.

—

Ora, in campeggio, in tenda, in qualche corn-field da qualche parte nel Sudan. Buona notte.

*****

[MESSAGGIO FACEBOOK] 1/12/2010

10:19pm
Marco De Simoni

Ciao zio, come va?
è da un po che non ci sentiamo e mi farebbe molto piacere sentirti su skype quando possiamo.
Ora partiamo per Etiopia e ci dovremmo arrivare domani.
Dovremmo stare ad Addis entro una settimana direi, quindi da là proviamo a farci una bella chiacchierata.

che impari velocemente qui in Sudan è come un momento di calma si può trasformare in un momento di pericolo. Eravamo gli unici stranieri che ho visto in tutto il giorno, e dovunque girassimo i quad risaltavano in tutta evidenza all'aperto come uno struzzo a zampe all'aria.
Nonostante tutto ce l'abbiamo fatta, e la botta di adrenalina ci sta piacendo moltissimo. "Questo è quello che ci siamo impegnati a fare" continuo a ripetermi e le esperienze continuano ad essere più forti e più reali ogni giorno che passa.
Buona notte da Khartoum, nel Sudan.
Val.

*****

[JOURNAL] 1/12/2010 - 19:44 local time
150km South-east of Khartoum
Yesterday: Khartoum American School

—

Eduardo Manfredini of the EU delegation to Sudan has organized our visit here. Beautiful. Inspiring. Happy. So many children. So many questions. First I spoke to two kindergarten classes, and then to a year 11 class.

—

Then coffee, sandwiches, and laughs with Greg (the head of the school). We were talking and joking in "Australian" about iconic things of the motherland. He's a really likable guy coming from Newcastle, north of Sydney.

—

Then I went to stay at Edo and Lisa's house in the suburb of Marmerata. An enormous mansion with guards, cooks, a lovely garden. I had a rest. I ate like a god: spaghetti, meat, salad, fruit, chocolate.

—

I talked with Gino and Ale//Marti and Dec//Mum and Rosi. Pool. Laps. Skype. Shower. Clothes washed. A wonderful rest with a family (Anna, Teresa, Maya, the three little girls). Edo and I then talked at length about life, accompanied by red wine.

—

Now, in a camping area, in a tent, in some corn field somewhere in the Sudan. Good night.

*****

Nel frattempo, raccontami un po' che mi fa piacere...
Roma? freddo immagino vero?
Flavio e Dani sempre bene?
Che fate a Natale?

*****

[BLOG] 1/12/2010

En-route for Ethiopia: Wednesday 1st December, 2010
13:07 local time and it's almost 40 degrees.
Must drink water. Must drink lots of water.
The shade seems to evaporate when ever you get close to it.
Khartoum: now we are leaving. The three wheeled horseman are rolling out for country #26; Ethiopia.
Today we'll probably ride about 200-250km pending road conditions, fuel stops, and the sunset time.
Tomorrow we should reach the border by around lunch time, deal with the typical African border-politics, and then

start heading towards the famed highland regions of Northern Ethiopia. Cannot wait!
The quads are all ready and serviced after our pit-stop the other day at one of the major Yamaha workshops here in the city.
I've had a few "wish I was home moments" today thinking about beaches in Sydney (Bronte, Tama, Red Leaf pool), some FRESH fruit, and counting down to christmas with the little chocolate calendars... Argh the memories...
Well, this is what we signed up for, I keep reminding myself, and the longing feeling for home is coupled with the self awareness that the "show must go on". Some show I'll tell you!
Sending all my love back home.
Val

*****

[FACEBOOK MESSAGE] 1/12/2010

10:19pm
Marco De Simoni

Hi uncle, how are things?
it's been a while that we haven't been in contact and I'd really like to hear you on skype when we can.
We're leaving now for Ethiopia and we should get there tomorrow.
We should be at Addis within a week, I'd say, so let's try to have a nice chat from there. In the meantime give me some news because it will make me feel good...
Rome? Cold, I imagine, true?
Flavio and Dani always well?
What are you doing at Christmas?

*****

[BLOG] 1/12/2010

Sulla strada per l'Etiopia: mercoledì, 1 dicembre 2010
13:07 ora locale e sono quasi 40 gradi.
Devo bere acqua. Devo bere un sacco d'acqua.
L'ombra sembra che evapori non appena ci si avvicina.
Khartoum: ora ce ne stiamo andando. I tre cavalieri sulle ruote si allontanano per avanzare verso il paese n. 26: l'Etiopia.
Oggi probabilmente percorreremo 200-250 km a seconda delle condizioni stradali, delle fermate per il carburante e dell'ora del tramonto.
Domani dovremmo arrivare al confine più o meno per l'ora di pranzo, affrontare le tipiche complicate procedure dei confini africani, e poi iniziare la marcia verso le celebri regioni dell'altopiano del nord Etiopia. Non vedo l'ora!
I quad sono pronti e revisionati dopo la nostra fermata di servizio dell'altro giorno ad una delle più grosse officine Yamaha qui in città.
Oggi ho avuto qualche momento di "vorrei essere a casa" pensando alle spiagge di Sydney (Bronte, Tama, Red Leaf pool), a della frutta FRESCA, e alla conta alla rovescia prima del Natale con i calendarietti di cioccolata... Ahh i ricordi...
Beh, questo è quello per cui ci siamo impegnati, continuo a ricordare a me stesso, e la sensazione di nostalgia di casa è unita all'autoconsapevolezza che "lo spettacolo deve andare avanti". Gran bello spettacolo, ve lo dico io!

[EMAIL] 3/12/2010

From: Valerio De Simoni
To: Wim van Dijk
Friday, 3 December 2010 6:06 PM

Hello Wim,

Just a quick update that the spares were received in Khartoum and we had to replace one CV joint again.
Unfortunately my quad seems to suffer greatly from it, and the other two do not.
After speaking with ATV World and the opinions of several Yamaha ATV mechanics in Slovenia, Austria, and Germany, the summary seems to be that the safest option is probably to replace the entire differential and/or all four CV joints on the rear in case it is something less obvious that is causing the recurring issue on the left outer CV joint on my quad.
Because we have another 15,000Km to do in Africa, I want to make sure the quad makes it in one piece.

I wanted to check with you guys what you would think is the best solution for this issue? Just keep replacing them when they break? It's already happened now 4 times... Which means we'll need more spares... Or, replacing more parts to cancel out any greater vehicle issue(s)?
It also seems that my front-right tire always wears out faster than any of the other 11 tires on the 3 quads. So maybe it's a misalignment issue that is causing more pressure to be put on my rear-left wheel and so the CV joint keeps breaking?

If you could ask around at YMNL to see if anyone can understand it, and I would be happy to have a call with them maybe some time today as the rear left side is already clicking again (but no grease has come out) after we replaced it only 500km ago in Khartoum- now we are in Ethiopia.

Let me know. Thanks Wim.

Mando tutto il mio affetto a casa.
Val.

*****

[EMAIL] 3/12/2010

Da: Valerio De Simoni
A: Wim van Dijk
Venerdì, 3 dicembre 2010 6:06 PM

Salve Wim,

Un rapido aggiornamento per farti sapere che i pezzi di ricambio sono stati ricevuti a Khartoum e che abbiamo di nuovo dovuto sostituite un giunto omocinetico. Sfortunatamente, sembra dare grossi problemi al mio quad, mentre agli altri due no.
Dopo aver parlato con ATV World e aver sentito l'opinione di numerosi meccanici della Yamaha ATV in Slovenia, Austria e Germania, pare che il risultato sia che l'opzione più sicura sia probabilmente quella di sostituire tutto il differenziale e/o tutti e quattro i giunti omocinetici posteriori, casomai fosse qualcosa di meno ovvio il motivo del problema ricorrente col giunto omocinetico esterno sinistro del mio quad.
Dato che abbiamo ancora 15,000 km da fare in Africa, vorrei essere sicuro che il quad ci arrivi tutto intero.

Volevo sentire da voi ragazzi quale pensate che sia la soluzione migliore per questo problema? Continuare a sostituirli quando si rompono? Ormai è già successo 4 volte... Il che significa che ci servono ancora pezzi di ricambio... Oppure sostituire più parti per risolvere un maggiore problema (problemi?) del veicolo?
Ho anche l'impressione che il mio pneumatico anteriore destro si consumi più in fretta degli altri 11 pneumatici dei 3 quad. Forse è un problema di convergenza che fa sì che ci sia più pressione sulla ruota posteriore sinistra e, quindi, il giunto omocinetico continua a rompersi?

Se tu potessi chiedere a Yamaha MNL per vedere se qualcuno ci capisce qualcosa, sarei felice di poterci parlare al telefono, magari anche oggi, perché il lato posteriore sinistro sta di nuovo facendo un rumore di click (ma non è uscito grasso) dopo che l'abbiamo sostituito solo 500 km fa a Khartoum. Adesso siamo in Etiopia.

Fammi sapere. Grazie Wim

*****

[FACEBOOK MESSAGE] 3/12/2010

6:35pm
Viviane Vaux
Ciao Vivi!!!
I was just chatting to Zoe who told me about Ted and Anita!!!! Woo-hoo!!!
And so I thought of you as well. Come stai? Big things happening everywhere I guess!
I was very sorry we couldn't see each other in Europe this time around as we were just flying all over the place too quickly.
Com'è la vita? Where are you guys exactly? How is the family? I apologise for not sending you enough congratulations back then but there was just too much going on.
We're currently in Sudan heading for Ethiopia. All is well. We get back to Perth in April, so still 5 months of Africa to go.
And Tom's still going strong I imagine?

Lots of love Viv and speak to you soon.
Baci vale

*****

[FACEBOOK MESSAGE] 3/12/2010

6:40pm
Sacha Gromeko
hey dude, just saying hello and seeing how things are going back home?
we're just about to roll into Ethiopia which is exciting!
so far so good...
so how's ACP? and your 'on-the-side' photography as well? projects? clients? very curious to see how it's all going.
When do you arrive in Kenya by the way?
speak soon dude, hope all is well.
hug vale

*****

*****

[MESSAGGIO FACEBOOK] 3/12/2010

18:35
Viviane Vaux
Ciao Vivi!!!
Stavo proprio chattando con Zoe che mi ha detto di Ted e Anita!
Wow-wow!!! E così ho pensato anche a te. How are you? Grandi cose stanno succedendo dappertutto, mi sembra!
Mi è proprio dispiaciuto che non ci siamo potuti veder in Europa questa volta, dato che siam passati in tanti posti troppo velocemente
How is life? E voi dove siete esattamente? Come sta la famiglia? Scusami per non averti mandato abbastanza congratulazioni a suo tempo, ma stavano semplicemente succedendo troppe cose.
Al momento siamo in Sudan, diretti in Etiopia. Va tutto bene. Torniamo a Perth in aprile, quindi ci sono ancora 5 mesi di Africa davanti a noi.
E Tom sta ancora andando forte immagino, no?
Tanto affetto Viv e ci parliamo presto.
Love vale

*****

[MESSAGGIO FACEBOOK] 3/12/2010

18:40
Sacha Gromcko
hey bello, giusto per dire ciao e sapere come vanno le cose a casa?
stiamo per entrare in Etiopia il che è entusiasmante!
tutto bene per ora...
come va con ACP? e quelle tue altre cose di fotografia? progetti? Clienti? Sono molto curioso di sapere come sta andando il tutto.
Fra le altre cose, quando arrivi in Kenya?
a presto, *dude*, spero vada tutto bene.
un abbraccio vale

*****

[JOURNAL] 4/12/2010 - 08:53 local time
Tim and Kim's Village, Lake Tana, near Gonder, Ethiopia

We are at approximately 1870m above sea level with a picturesque, carpet-flat, cool African lake just down from our resort. Rolling hills. Every shade of green and yellow.

—

Warm, yummy rolled oats with raisins, cinnamon and sugar. Yesterday we drove south 200km from the border at Metema. The day before that 450km.

—

I did simple breathing meditation on the rocks over the lake with the sun only just starting to rise.

—

I took my daily multi-vitamin tablet and anti-malaria = malarone. Must stay watchful for mosquitoes. An Ethiopian woman stands tall. Her neck erect proudly. An orange shirt and purple sarong. Plaited hair and firm black skin. You can feel her inner strength of independence.

—

The real Africa begins. Home feels closer. I feel happier. Now, now, I feel in Africa. Filling up petrol yesterday there were about 60 people crowded around us. Very imposing.

*****

[BLOG] 5/12/2010

The Ethiopian Highlands. Friday 3rd December 2010

After riding 560km from Khartoum to the border of Sudan and Ethiopia at Metema, we ended up having to sleep in the security compound literally in 'no man's land' as customs had closed at 6:00pm, the time we had arrived. After waking up around 7:00am on Friday, and needing to get yet another embassy endorsed approval letter filled out via telephone, re-typing an example letter from a Dutch traveler, then photographing the same letter, emailing it via my computer using a dodgy USB internet stick found at the last minute to our embassy in Addis Abeba, then having them to re-work it in 'diplomatic text', print it, stamp it, scan it, and email it back to us all before 10:00am before customs closed again! And then, the border would have been closed until Monday a full three days later! Some times,

[DIARIO] 4/12/2010 - 08.53 ora locale
Villaggio di Tim e Kim, Lago Tana, vicino a Gonder, Etiopia.

Siamo a circa 1870 m sul livello del mare, c'è un lago africano un po' più giù dal nostro resort, pittoresco, fresco e piatto. Colline ondulate. Ogni sfumatura di verde e giallo.

—

Fiocchi d'avena caldi, deliziosi con uvetta, cannella e zucchero. Ieri abbiamo guidato per 200 km verso sud dalla frontiera a Metema. Il giorno prima 450 km.

—

Ho meditato e fatto dei semplici esercizi di respirazione mentre andavo verso il lago, con il sole che stava per sorgere.

—

Ho preso la mia dose giornaliera di pillole multivitaminiche e antimalariche = malarone. Devo stare attento alle zanzare. Una donna etiope in piedi, dritta. Orgogliosamente a testa alta. Una camicia arancio e un sarong viola. Capelli con treccioline e pelle nera soda. Si può percepire la forza interiore della sua indipendenza.

La vera Africa comincia. Casa sembra più vicina. Mi sento felice. Ora, ora sento l'Africa. Facendo benzina ieri c'era una folla di circa 60 persone intorno a noi. Molto impressionante.

****

[BLOG] 5/12/2010

L'altopiano etiopico. Venerdì, 3 dicembre 2010
Dopo aver percorso 560 km da Khartoum al confine tra Sudan ed Etiopia a Metema, è finito che abbiamo dovuto dormire nel compound di sicurezza, letteralmente in 'terra di nessuno' dato che la dogana aveva chiuso alle 18:00, l'ora in cui siamo arrivati. Dopo esserci svegliati alle 7:00 di venerdì mattina, ed esserci dovuti procurare ancora un'altra lettera di autorizzazione ufficiale dell'ambasciata compilata telefonicamente, aver riscritto al computer un modello di lettera avuto da un viaggiatore olandese, aver poi fotografato la lettera stessa, averla inviata alla nostra ambasciata di Addis Abeba dal mio computer usando una dubbia chiavetta internet trovata all'ultimo momento, poi aver chiesto che la riaggiustassero in forma di 'testo diplomatico', la stam-

especially these times, I need to remind myself that "Hey, we're in Africa. Let it be. Let it be..."
After a frantic tense few hours between several fixers, security guards, customs officers (or so they seemed), and many other 'officials' at the border, we were through and had 200km to get to Tim and Kim Village, in Lake Tana. We started out and got about 120km in before we had to refuel. We found a typical Ethiopian village in the middle of the highlands off a dirt beat track leading nowhere. We pulled over and asked, "Benzine? Benzine? We need benzine quickly!" Time was running out as it had already gone 4:00pm local time and the sun was on the way down. A man ushered down a seemingly dark lane way to a petrol station. Within two minutes a crowd of no less than 80 people had formed around us. Eighty local, tribal, and beautifully African people who had never seen a quad bike in their life, let alone three in a row were standing in front of us jaws and eyes wide open. "Shit Ted. We are in Africa now", I remember saying to over the helmet microphone. "I know man, this is insane... We are in Ethiopia, this is the real thing", replied Ted.
Smiles. Hand shakes. Laughs. Real connections. Although brief, it is lovely to have so many people warm towards you. A few of the kids would be jumping around with excitement and bewilderment. We heard many accounts of children throwing stones at tourists driving passed. With us though, the people were so shocked so quickly as we zoomed passed them leaving only a trail of dust and amazement as the locals would scream and shout and wave every time we rolled passed, waving gladly back.
Seeing the highlands is truly an uplifting experience. After about 40 days in Africa already, I was looking forward to feeling the wild culture, the wild colour, and the wild-erness of this continent. Tunisia, Libya, Egypt and Northern Sudan were very much Arabic and so now being in the middle of lush green and yellow fields, baboons, foxes, eagles, vultures, clotheless villagers and other hardcore overland travelers- is really a highlight. I've been told that it takes about 3-4 days to get psychologically acclimatized to a new country in Africa. In the highlands of Ethiopia, it seems so easy.
The last 80km from the refuel in that little village was a serious off-road section. Some years ago I drove from Sydney to Uluru and back in 10 days covering 7100km and we crossed some of the most extreme overland tracks in the Northern Teritory, near Rainbow Valley and Curtain Springs - so I had a fair idea of what off-roading was about- but nothing in comparison to this looping, swerving, dipping, diving,

passero, timbrassero, scannerizzassero e ce la rimandassero via email prima che la dogana chiudesse di nuovo alle 10:00 di mattina! Poi il confine sarebbe stato chiuso di nuovo fino al lunedì, tre interi giorni dopo! Qualche volta, specialmente queste volte, devo ricordare di nuovo a me stesso che "Ehi, siamo in Africa! Let it be. Let it be...".
Dopo alcune frenetiche ore di tensione passate tra diversi faccendieri, guardie di sicurezza, ufficiali funzionari della dogana (almeno è quello che sembravano) e molti altri 'funzionari' al confine, abbiamo finito ed avevamo 200 km da fare per arrivare al *Tim and Kim Village*, sul lago Tana. Siamo partiti e abbiamo fatto circa 120 km prima di dover fare rifornimento di carburante. Abbiamo trovato un tipico villaggio etiopico al centro dell'altopiano in fondo a una polverosa stradina sterrata che non portava da nessuna parte. Ci siamo fermati e abbiamo chiesto "Benzina? Benzina? Abbiamo bisogno di benzina velocemente!". Eravamo a corto di tempo visto che erano già passate le 16:00 ora locale e il sole stava tramontando. Un uomo ci ha accompagnato giù per una stradina apparentemente buia fino a una pompa di benzina. Nel giro di due minuti intorno a noi si era creata una folla di non meno di 80 persone. Ottanta persone del luogo, tribali e splendidamente africani che non avevano mai visto un quad in vita loro - tanto meno tre in fila – erano fermi davanti a noi a bocca e occhi spalancati. "Merda, Ted, adesso siamo in Africa", ricordo di aver detto al microfono del casco. "Lo so, amico, questo è folle... Siamo in Etiopia, questa è la cosa vera" ha risposto Ted.
Sorrisi. Strette di mano. Risate. Connessioni vere. Anche se per breve tempo, è così bello avere tanta gente che prova un senso di calore nei tuoi confronti. Alcuni dei bambini saltellavano intorno eccitati e stupefatti. Abbiamo sentito molti racconti su bambini che tiravano sassi a turisti alla guida passati di lì. Con noi, però, le persone venivano colte di sorpresa in modo troppo rapido mentre passavamo oltre a razzo lasciando solo una scia di sabbia e di stupore e i locali gridavano e urlavano e salutavano con le mani, e noi ben contenti rispondevamo al saluto.
Vedere l'altopiano è davvero un'esperienza entusiasmante. Dopo circa 40 giorni in Africa non vedevo l'ora di provare la sensazione della cultura selvaggia, dei colori selvaggi e della natura selvaggia di questo continente. La Tunisia, la Libia, l'Egitto e il Sudan del nord erano prevalentemente arabi, e così ritrovarsi ora in mezzo a rigogliosi campi verdi e dorati, tra babbuini, volpi, aquile, avvoltoi, abitanti dei villaggi nudi e altri viaggiatori estremi è davvero il massimo. Mi hanno detto che ci vogliono almeno 3-4 giorni per acclimatarsi psicologicamente ad un nuovo paese in Africa. Nell'altopiano etiopico sembra così facile.

pot-holed, muddy, rocky, pebbly, sandy, cattle-strewn, children-playing section of road! Every obstacle you can imagine was on this road in the three hours it took us to ride a mere 80km. A few corners I came around didn't have potholes, but had small craters literally in the middle of the one-lane dirt road with an oncoming truck with no windscreen glass, and with a few wheels buckling under the pressure of having punctured tires, with maybe 20-30 cows walking slowly from one side to the other, with the child-herdsmen running away in fright of the possible head-on collision. I had to slow down immediately, indicate left or right, go on to the sand bank, almost with two wheels in the air, beep the horn, take a deep breath, pray, close my eyes, and then accelerate, only reopening my eyes three seconds later looking behind me at a cloud of dust and not knowing if the truck had ploughed through the entire herd of cattle. It was really gut wrenching every single time it would happen. And it happened a lot. Every corner would curl up a hill with boulders on either side so you could rarely see the true angle of the corner, let alone if there were any cows, or vehicles, or rocks on the road.

Another time I was flying down the road to catch up with Jamie and Ted and I saw a few dogs walking on the road maybe 100m further down. I looked at the GPS to check the curvature of the corner, then realized there was a bridge maybe 120m ahead of me now, and on that one-lane bridge a truck was steaming down heading straight for me. The problem with dirt roads is heavy vehicles shift the sand with their wheels and create very difficult to navigate tracks and ditches that our quad bike tires dive into uncontrollably. The dogs almost jumped in front of me so I swerved yet again off the road on to rocks almost hitting a tree, then adjusted my line, swerved back with one wheel air born on to the lane and went on the opposite side of the truck whose driver didn't seem at all affected and kept his line going flat out towards me. By this stage the bridge was bearing down on me and on either side there was a 20m-drop to a rocky stream of water. I slowed down as much as I could before having to accelerate again and blast over the ditch at the front of the bridge. The bike and I jumped in the air for a few seconds at about 60km p/hour which was insane and then landed on an angle, corrected the line, and kept going up the mountain. That's what going off road is all about. And it was three full hours of high intensity, fully concentrated, driving. It was an achievement and I was proud nothing happened to me or Jamie or Ted. We were cautious when we needed to be and ruthless when ruthlessness was needed.

Gli ultimi 80 km dopo il rifornimento in quel piccolo villaggio sono stati un vero e proprio tratto impegnativo di fuori strada. Qualche anno fa ho viaggiato in macchina da Sydney ad Uluru e ritorno in 10 giorni percorrendo 7100 km e abbiamo attraversato alcune delle piste più estreme del Northern Territory, vicino alla Rainbow Valley e a Curtain Springs, dunque avevo una certa esperienza di cosa significhi un percorso fuori strada, ma quello non era niente a confronto di questo tratto di strada pieno di curve ad anello, di scarti, avvallamenti, precipizi, di buche, fangoso, roccioso, sassoso, sabbioso, disseminato di mandrie vaganti, di bambini che giocano! Ogni ostacolo che potete immaginare era presente su questa strada nelle tre ore che abbiamo impiegato per fare solo 80 km. Alcune delle curve che ho incontrato non avevano buche, bensì piccoli crateri letteralmente nel mezzo di una stradina polverosa a corsia unica con un camion privo di parabrezza che veniva dalla parte opposta e con alcune delle ruote deformate dall'eccessiva pressione causata dai copertoni forati, con forse 20-30 mucche che attraversavano lentamente da una parte all'altra e i bambini che portavano la mandria che scappavano spaventati dalla possibilità di uno scontro frontale. Dovevo rallentare di botto, mettere la freccia a destra o sinistra, spostarmi sul margine sabbioso, quasi con due ruote all'aria, suonare il clacson, respirare profondamente, pregare, chiudere gli occhi e poi accelerare, riaprendo gli occhi tre secondi dopo vedendo dietro di me una nuvola di polvere senza sapere se il camion aveva falciato l'intera mandria. Ogni volta che succedeva era davvero una cosa che ti faceva attorcigliare le budella. Ed è successo un sacco di volte. Ogni curva si avvolgeva su una collina con dei massi ai due lati, e quindi era raro che si potesse vedere la vera angolazione della curva, per non dire di quando sulla strada c'erano mucche, veicoli o pietre.

Un'altra volta stavo scendendo a tutta velocità giù per la strada per raggiungere Ted e Jamie e ho visto dei cani che camminavano sulla strada forse 100 m più in basso. Ho guardato il GPS per controllare l'angolazione della curva e poi mi sono reso conto che in quel punto c'era un ponte forse a 120 m davanti a me e che su quel ponte ad una corsia c'era un camion che procedeva emettendo fumo proprio nella mia direzione. Il problema delle strade sterrate è che i veicoli pesanti con le loro ruote sollevano sabbia, il che rende molto difficile percorrere le piste e le buche in cui vanno a finire incontrollabilmente le nostre moto. I cani mi sono quasi balzati davanti, e allora io ho sterzato ancora una volta dalla strada verso le rocce andando quasi a sbattere contro un albero, poi ho raddrizzato la traiettoria, ho sterzato di nuovo rientrando in strada con una ruota per aria e mi sono trovato

Peter, an English traveler we met up with again at Tim and Kim's Village when we arrived as the sun had just set by 6.30pm, told us a story from this morning that he had a similar bridge experience with a truck that unfortunately was going too fast around the corner and a young boy who was herding a larger group of cattle was too far off when the truck arrived, and it drove straight through the herd at no less then 90km p/hour. "I couldn't believe it. The driver was a local as well and didn't seem to care at all that the cattle were on the road nor that the boy was screaming at him to slow down, pleading with him to slow down", Peter said. "The truck ploughed through and hit and killed 3-4 cows instantly, and probably injured another 4-5 leaving them with broken legs and all the other beasts with a horrifying experience", Peter went on. He also said that the truck kept driving and didn't stop and had also had a cow stuck under one of it's wheels as it kept speeding off... I told Peter that that could have happened to any of us and that we were shocked to hear it; and I really was. The roads here are dreadfully dangerous and so we are taking every possible precaution of finding out in advance from fellow travelers that we speak with on the satellite phone to share current intel and also speak with locals about road conditions.

So, other than that really tough day of riding and blisters appearing every where on our hands and feet from the constant vibrating of the dirt road, we are spending two days here at this isolated lake-front eco-friendly resort on Lake Tana. Founded by a Dutch couple three years ago, Tim and Kim Village is as they call it "a small piece of real paradise", and it certainly is! Pancakes, honey, and choc-banana syrup for breakfast and tonight there is a honored goat slaughtering. (All beasts killed are respected and put through the least amount of discomfort by the wonderful local staff here).

After some breathing meditation and a conversation with a lovely local teenage fisherman who explained his three "mechanisms of catching the big fish", I retired and fell into one of my classic early night slumbers under the stars with the sounds of wild animals and the soft water line lapping away like a jungle soundtrack lullaby.

I bid you dehna deru from Lake Tana.

Val.

*****

dalla parte opposta del camion, il cui guidatore non sembrava minimamente toccato dalla cosa ed ha mantenuto la sua direzione procedendo dritto dritto verso di me. A quel punto si stava avvicinando rapidamente il ponte e da una parte e dall'altra al di sotto si apriva un dirupo di 20 metri su un torrente sassoso. Ho rallentato il più possibile prima di dover accelerare di nuovo per superare a schizzo la buca davanti al ponte. Io e la moto siamo balzati in aria per qualche secondo a circa 60 km l'ora, il che è stato folle, e poi siamo atterrati ad angolo retto, abbiamo corretto la traiettoria e continuato a salire su per la montagna. Viaggiare fuori strada consiste appunto in questo. E sono state tre ore buone di guida ad alta intensità e totale concentrazione. È stata una conquista ed io ero orgoglioso che a me, Jamie e Ted non fosse successo niente. Siamo stati cauti quando dovevamo esserlo e determinati quando era necessaria determinazione.
Peter, un viaggiatore inglese che abbiamo ritrovato al Tim and Kim's Village quando siamo arrivati verso le 18:30 appena dopo il tramonto, ci ha raccontato una storia successa stamattina, cioè che lui ha avuto un'esperienza simile su un ponte con un camion che sfortunatamente andava troppo forte in curva e un ragazzino che portava una grossa mandria e che era troppo lontano quando è arrivato il camion che ha investito in pieno la mandria a non meno di 90 km l'ora. "Non ci potevo credere. L'autista era anche lui uno del luogo e non sembrava che gliene fregasse niente che c'era la mandria sulla strada, né che il ragazzo gli stava urlando di rallentare, lo stesse supplicando di rallentare", ha detto Peter. "Il camion è andato a dritto aprendosi un solco come un aratro ed ha investito e ucciso sul colpo 3-4 mucche, e ne ha ferite probabilmente altre 1-5, lasciando loro con le zampe fratturate e le altre bestie con un'esperienza terrificante", ha continuato a raccontare Peter. Ha anche detto che il camion ha proseguito la corsa senza fermarsi ed aveva pure una mucca incastrata sotto una ruota e continuava ad accelerare... Ho detto a Peter che sarebbe potuta succedere la stessa cosa ad ognuno di noi e che eravamo scioccati nel sentire questo racconto. E io lo ero davvero. Le strade qui sono tremendamente pericolose e quindi noi prendiamo tutte le precauzioni per informarci prima da altri viaggiatori come noi con cui comunichiamo al telefono satellitare per condividere informazioni aggiornate ed anche per parlare con persone del luogo della condizione delle strade.
Così, a parte quella giornata veramente tosta di guida e di vesciche comparse dappertutto su mani e piedi per le vibrazioni costanti dovute alla strada sterrata, ora stiamo passando due giorni in questo resort isolato ed ecologico sul Lago Tana. Creato tre anni fa da una coppia olan-

[BLOG] 6/12/2010

Barih Dar Mayhem, Ethiopia. Saturday 6th December 2010
We stayed at a lovely lakeside resort in Bahir Dar on our way through Ethiopia.
We rested well and met some interesting characters at the resort including a 50-something couple from northern Queensland who were on their way north through Africa in their over lander. They gave us some helpful advice about the road conditions that are in front of us in southern Ethiopia and in northern Kenya, which from all of our research seems to be the most volatile area that we will be crossing on this journey.
Today I had to 'make it happen' mechanically. I pulled my rear CV joint apart, the rear differential (which gives power to the rear wheels), then re-greased the axle boots (protecting the rotating CV joint, and then checked everything with the local hand.
We camped under a big old fig tree, which reminded me of the immense fig trees found at Nielsen Park in Sydney's harbour. I've been reading a lot, writing in my diary, and chatting with a few relatives and friends over the computer, which was nice.
We also started trying the local cuisine including tippes (meat) and injera (bread) and many different spices. The resort's restaurant was built in to the base of the fig tree, which faced the Lake Tana waterfront view. It was just breathtaking having breakfast in front of this slow moving body of water with local fisherman paddling their straw, hand-made vessels out to the middle of the lake searching and hoping for a few bites on the line.
Val

*****

[EMAIL] 6/12/2010

From: Valerio De Simoni
To: Gino Moliterno, Marco De Simoni - Personal Martina Palombi
Monday, 6 December 2010 1:53 AM

Hi family,
All is well.

dese, il Tim and Kim Village è, come lo definiscono loro, "un pezzetto di vero paradiso" e certamente lo è! Pancakes, miele e sciroppo di cioccolato e banana per colazione e stasera ci sarà un cerimoniale di uccisione della capra. (Tutte le bestie che vengono uccise qui sono rispettate e sottoposte al minimo di sofferenza dal meraviglioso staff del posto).
Dopo esercizi respiratori di meditazione e una conversazione con un delizioso giovane pescatore del luogo che ha spiegato i suoi tre "meccanismi per prendere i pesci grossi", sono andato a dormire e sono sprofondato in una delle mie classiche dormite profonde di quando vado a letto presto, sotto le stelle con i suoni degli animali selvatici e il soffice sciabordio della riva del lago come colonna sonora di suoni della giungla a fare da ninna nanna.
Via auguro dehna deru dal Lago Tana.
Val.

*****

[BLOG] 6/12/2010

Barih Dar Mayhem, Etiopia. Sabato, 6 dicembre 2010
Nel viaggio attraverso l'Etiopia abbiamo soggiornato in un grazioso resort a Bahir Dar. Al resort ci siamo riposati bene e abbiamo incontrato dei personaggi interessanti compresa una coppia di cinquantenni e passa del Queensland del nord che stavano attraversando l'Africa diretti a Nord con il loro furgone fuoristrada. Ci hanno dato alcuni consigli utili sulla condizione delle strade che ci aspettano nel sud dell'Etiopia e nel nord del Kenya, che dalle nostre ricerche sembra sia la zona più imprevedibile che attraverseremo in questo viaggio.
Oggi ho dovuto 'fare la magia' in fatto di meccanica. Ho smontato il mio giunto CV posteriore, il differenziale posteriore (che trasmette potenza alle ruote di dietro), ho dato di nuovo il grasso alle protezioni dell'assale (che proteggono il giunto rotante CV) e poi ho controllato ogni cosa con l'assistenza locale.
Ci siamo accampati sotto un grande vecchio ficus, che mi ricordava gli immensi alberi di ficus che si trovano a Nielsen Park nella baia di Sydney. Ho fatto molte letture, scritto il diario, ciattato al computer con alcune persone di famiglia e con amici, il che è stato piacevole.
Abbiamo anche iniziato ad assaggiare la cucina locale, compresi tibs (carne), injera (pane) e molte spezie varie. Il ristorante del resort è stato costruito all'interno della base dell'albero di ficus, che è di fronte alla riva del Lago Tana. Era una cosa da mozzafiato fare colazione davanti a questo corpo d'acqua oscillante, con i pescatori del luogo che spingeva-

I am sitting waterfront at the Bahir Dar Blue Nile Resort, under an enormous ficus tree sipping mango and guava frappé resting after our six-hour ride today around Lake Tana.

*****

[EMAIL] 6/12/2010

Da: Valerio De Simoni
A: Marco De Simoni
Lunedì, 6 dicembre 2010 2:24 AM

Vorrei fare uno Skype quando hai tempo, però immagino che sia difficile quindi per ora ti rispondo così.

I saw the photos ;) Vorrei farlo una volta con te il presepe o a Roma o a Sydney!?

Cibo buono è la cosa più essenziale. Più viaggio, più mi rendo conto di quanto è importante il cibo, dormire bene, l'esercizio, ed un po' di meditazione.

Sono molto contento e fiero di te di sentire che la famiglia è la cosa più importante e che ti stai dando da fare su tutte le cose che hai menzionato. Zio, però, cazzo! QUIT SMOKING!!!!!!!!!!

Facciamo un patto. Senza discussione. Il giorno che io torno sano e salvo a Sydney (agosto 2011) tu S M E TT E R A I di fumare. Okay? Bene.
Te lo dico subito che a soli 10 o 11 anni ho fatto smettere a mia madre e mia sorella di fumare allo stesso tempo. Quindi, se non vuoi un nipote rompiscatole (anche) su questo argomento...

Piscina: vai avanti. Ti fa solo bene e sono molto contento che lo fai.
Swimming and bicycle riding are two of the healthiest forms of full-body exercise ;)

Pure il presepe è una cosa molto bella e son sicuro che a Bronte mamma sta facendo una sorte di presepe pure lei. In Kenya proverò a fare qualcosa pure io se ce la faccio.

no con la pagaia i loro vascelli di paglia costruiti artigianalmente verso il centro del lago, in cerca e con la speranza che abboccasse qualcosa.
Val.

*****

[EMAIL] 6/12/2010

Da: Valerio De Simoni
A: Gino Moliterno Marco De Simoni - Personal Martina Palombi
Lunedì, 6 dicembre 2010 - 1:53 AM

Salve famiglia,
Tutto bene.

Sono seduto davanti all'acqua al Bahir Dar Blue Nile Resort, sotto un ficus enorme, sorseggiando un frullato di mango e guava, riposando dopo le nostre sei ore di moto di oggi attorno al Lago Tana.

*****

[EMAIL] 6/12/2010

From: Valerio De Simoni
To: Marco De Simoni
Monday, 6 December 2010 2:24 AM

I'd like us to skype when you have time, however I think it's going to be a bit hard so for now I was going to answer you this way.

Ho visto le foto ;) I'd like sometime to make the nativity scene with you, either in Rome or Sydney!?

Good food is the most essential thing. The more I travel the more I realise how important is food, sleeping well, exercise, and a bit of meditation.

I'm very happy and proud to hear you say that for you family is the most important thing and that you're getting on with doing all the things you talked about. But uncle, goddam! QUIT SMOKING!!!!!!!!!!!
Let's make a pact. No arguing. The day I return safe and sound to Sydney (August 2011) you WILL QUIT smoking. OK? Good.

Arghhh... er calendario de ciccolato. Bada! Beato lui. Digli che gli voglio tanto bene e che fra poco vedrò i leoni e gli elefanti e glieli saluterò.

Dany: nun se batte. Digli che è sempre più bella ogni anno. It's true.

Alitalia: detto tutto.

Noi: oggi è stato molto bello. La bellezza di questo viaggio sai qual è? Che ogni giorno è veramente un giorno nuovo. Il sole, i colori, gli odori, la gente, le strade, i cibi, i pensieri, i letti, gli uccelli, i bambini... A volte mi ricordo di quanto sono fortunato. A volte invece mi serve stare un po' per conto mio. Altre volte stiamo molto bene tutti e tre insieme. La cosa bella però, e ripeto, è che domani non so cosa porterà.
Se fosse facile caro Marco, sarebbe una storia qualsiasi. Invece, avremmo una storia unica... Credo...

Ti mando un forte abbraccio a te Flavio e Dany. Fra un po' immagino che le lettere che ti manderò sembreranno un po' come er GDS ;)

Bacio, Vale xo

*****

[FACEBOOK MESSAGE] 6/12/2010

12:57am
Zoe L B Wane

Thanks for the kind words and thoughts to the universe! It all helps believe me. :)
Sitting at the bahir dar blue nile resort north of addis abeba, ethiopia. Sipping on a guava and mango frappé under an enormous ficus tree, be the waterfront with the sun going down... It's not all like this though! It's bloody tough mostly and bloody demanding.
The group dynamics and the vehicles seem to be our #1 and #2 biggest challenges which seems strange seeing as we've gone through areas such as sudan! Thus is life huh!

I can tell you that when I was just 10 or 11 I got my mother and my sister to quit smoking at the same time. So, if you don't want a nephew who's a pain in the neck (also) about this...

Laps in the pool: keep going. It can only do you good and I'm very happy that you're doing it. Nuotare e andare in bici sono le due forme più sane di ginnastica del corpo intero ;)

Making the nativity scene is also a great thing and I'm sure that in Bronte Mum is making a nativity as well. In Kenya I'm going to try making one myself if I can manage it.
Arghhh... er calendario de ciccolato. Bada! Lucky him. Tell him that I love him lots and that soon I'm going to be seeing lions and elephants and I'll say hello to them from him.

Dany: greatest of them all. Tell her that every year she gets more beautiful. It's true.

Alitalia: enough said.

Us: today was a wonderful day. You know what's the really great thing about this trip? That every day is really a new day. The sun, the colours, the smells, the people, the roads, the foods, the thoughts, the beds, the birds, the children....
At times I remember how lucky I am. At other times I need to be a bit on my own. Other times the three of us feel good together. The great thing though, and I repeat, is that I don't know what tomorrow is going to bring.
If it were easy, dear Marco, it would be any old story. Instead our story is going to be unique... I believe....

I send a big hug to you, Flavio and Dany. I imagine that soon the letters I'll be sending you will look a bit like old GDS's ;)

Love, Vale xo

*****

[MESSAGGIO FACEBOOK] 6/12/2010

12:57
Zoe L B Wane

Your life seems also quite demanding; sipping campari in italy and france i'm sure!
Ted and Anita... I am so happy REALLY!!! cannot wait to see them and congratulate them! And it's really romantically perfect that angiolino is making the ring.
Larry: typical. Even and Kate, also, very happy for them.
Well, I would write a blog here for you answering the last two questions, but that's already in our blog ;) not to sound... like some adjective... read the blog as it's very honest and written very much in the moment so the emotions and experiences are raw and true.
Remember Zoe, dream big, but live bigger.
E tu? Boys? Dreams? Career paths? I realise I know very little about your life these days- so write me a blog!
big hug from the ethiopian highlands.
baci V

*****

[MESSAGGIO FACEBOOK] 7/12/2010

7:58pm
Francesca Pasquini

Cuginetta Francy!!
Prima di tutto, dobbiamo sentirci su SKYPE!!
Perche tutte queste belle parole, questi pensieri, e tutte le mie esperienze vengono ben perse nei email. Fra 4 giorni avrò l'internet fisso sulla costa in Kenya - quindi - sarebbe BELLISSIMO sentirvi tutti quanti magari il 24 o qualcosa?
Ora sono molto recuperato. Questi ultimi giorni ci siamo quasi uccisi dalla fatica e realmente dalle strade "off road" in mezzo al deserto Keniano.
Se puoi, leggiti il nostro blog che è 100,000,000 volte piu forte ed è pieno zeppo di tutto cio che proviamo: http://quadsquad.org/blog/ leggi il mio blog di ieri!
Sono molto contento di sentirti, di sentirti poi così fortemente cresciuta anche se mi fa ingoiare le mie parole e pensare quanto sembro grande io facendo tutto questo!
Ricordati SEMPRE questo Francy...
> Life is not short.
> People are just ungrateful.

Grazie per le parole gentili e i pensieri all'universo! Tutto aiuta, credimi. Seduto all'hotel Bahar dar Blue Nile a nord di Addis Abeba, Etiopia. Sorseggiando un frappè di guava e mango sotto un enorme ficus, sul lungolago con il sole che tramonta... Non è sempre così però! Di solito è tremendamente difficile e impegnativo.
Le dinamiche del gruppo e i veicoli sembrano essere i nostri punti deboli numero 1 e 2 il che può sembrar strano visto che abbiamo attraversato aree come il Sudan! Ma così è la vita, no?
Anche la tua vita sembra abbastanza impegnativa, di sicuro sorseggiando Campari in Italia e Francia! Ted e Anita... sono così felice, DAVVERO!!!!
Non vedo l'ora di rivederli e congratularmi con loro! Ed è veramente perfettamente romantico che Angiolino faccia l'anello.
Larry: tipico. Anche Even e Kate sono molto felici per loro.
Bè, potrei scrivere un blog per te per rispondere alle ultime due domande, ma c'è già nel nostro blog, non per sembrare... come qualche aggettivo... leggi il blog perché è molto onesto e scritto di getto sul momento quindi le emozioni e le esperienze sono sincere e vere.
Ricordati Zoe, sogna in grande ma vivi veramente alla grande.
E tu?ragazzi? Sogni? Carriera? Mi rendo conto di saper molto poco della tua vita in questo momento – quindi scrivimi un blog!
Un grande abbraccio dall'altopiano etiope.
Baci V

*****

[FACEBOOK MESSAGE] 7/12/2010

7:58pm
Francesca Pasquini

Dear little cousin Francy!!
First of all, we really must hear from each other on SKYPE!!
Because all these lovely words, these thoughts, and all my experiences tend to get lost in emails. In 4 days time I'll have a firm internet connection on the coast of Kenya – so it would be WONDERFUL to hear from all of you, perhaps on the 24th or something.
Now I've really recuperated. In the last days we've almost worked ourselves to death and quite literally on these "off roads" in the middle of the Kenyan desert. If you can read our blog which is 100,000,000 better and full of all the experiences we're having.

Sì, siamo grandi. Sì, la vita ed il tempo si muove. Ma, abbiamo ogni giorno per rallentare. Rallenta e vedrai quant'è lunga la vita.
Sono immerso, perso, e pienamente nell'Africa. Sono contento. Sono carico. Sono vivo nel momento. Dopo 128 giorni (che ancora mi viene difficile pensare che ne mancano ancora 237) sono sicuro che ora, proprio ora, ho scoperto il nostro viaggio. Ho scoperto l'energia del viaggio ed finalmente cazzo!
Francy, ci sono stati si moltissimi problemi, moltissime difficolta. Ma, ma! Ora credo di esserne uscito.
Sai, quando arrivi ad una strada dopo aver provato così tante emozioni e fatto così tante esperienze, e ti trovi che prima di piangere ti metti a ridere a causa di un problema col quale ti confronti... Allora sì che sei diventato più forte ed allora sì che hai la forza per lottare con la tua mente.
Spero di vederti e sentirti presto.
Un fortissimo abbraccio.
Il tuo cugino ringiovanito, Vale xo

*****

[FACEBOOK MESSAGE] 9/12/2010

10:47pm
Fraukje, Harrison, Ale, Alice, Morgan
When i get back - camping all together!

Little ones,
A very quick hello from Khartoum. I will get in touch with you and your families asap from Sudan or Ethiopia.
When I get back, and after a little rest, I would like to all go say for a week or so camping up or down the coast. Maybe to Shelly beach, or Lilli-Pilli, or Turros Heads. Just us kids, maybe Sue's big car, some drinks, plenty of food, camp fires, swims, and laughs...
P.S I had already told Harry and Fraukje- I'm back in Aus in April 2011, only 5 months away, and would like for you all to join us for a week or so or what ever you can maybe on the north east coast.
Similar idea, but so you can all see what our global journey was all about.
After 110 days on the road, the mind does think about home and I just wanted to let you all know that I am thinking of you and send you all my love.
Skype calls soon guys!

http://quadsquad.org/blog/ read the blog I posted yesterday!
I'm really happy to hear from you, and to hear you so grown up even if it makes me eat my own words to think how grown up I am now that I'm doing all this!
ALWAYS remember this Francy...
> Life is not short.
> People are just ungrateful.
Yes, we're big. Yes, life and time move on. But every day we can slow down. Slow down and you'll see how long life is.
I'm immersed, lost and completely into Africa. I'm happy. I'm charged. I live in the moment. After 128 days (and it's still hard to think that there are still 237 to go) I'm sure that now, right at this moment, I've discovered our journey. I've discovered the energy of our journey and finally, goddam!
Francy, there have been a huge amount of problems, a huge number of difficulties. But, but! Now I think I'm coming out of it.
You know, when you get to a road after having gone through so many feelings and had so many experiences, and you find yourself laughing before crying when you're confronted with another problem... Then, yes, you really have become stronger and yes, you really do have the strength to struggle with your own mind.
I hope to see you and talk to you soon.
A big hug.
Your rejuvenated cousin, Vale xo

*****

[MESSAGGIO FACEBOOK] 9/12/2010

10:47pm
Fraukje, Harrison, Ale, Alice, Morgan
Quando torno – tutti insieme in campeggio!

A' ragazzini,
Un saluto molto veloce da Khartoum. Mi rimetterò in contatto con voi e con le vostre famiglie al più presto possobile dal Sudan o dall'Etiopia.
Quando ritorno, e dopo una pausa di riposo, vorrei andare tutti, diciamo suppergiù per una settimana, a campeggiare sulla costa. Magari a Shelley beach o Lilli-Pilli o Turros Heads. Solo noi giovani, magari con la macchina grande di Sue, da bere, un sacco da mangiare, falò, nuotate, e risate...
P.S. l'ho già detto a Harry e Fraukje - Ritorno in Australia in aprile

*****

[BLOG] 9/12/2012

Two quads down- now what? Thursday 9th December 2010
Lalibella departure: 09:00
Km to complete: 1500 Km in three days to reach the border to join the convoy.
Okay so seeing that it's the 9th of December already, we've calculated that we need to make around 1500 Km in three days if we want to join the convoy crossing the Ethiopian-Kenyan border which seems to be the most dangerous border crossing we'll face with 5 Kenyan police men being shot dead only a few weeks ago, and several other shootings in the last few months.
We left Lalibella and said goodbye to all the friends we had made there, including a 65-year old Californian grandfather who teaches English in southern Sudan but had to leave due to the upcoming referendum on January 9th which could further escalate civil warring in the region- another key reason we need to start moving south fast, we took the off road section to get the video scenes we needed and some amazing photographs, before passing through one of the typical hillside towns littered with donkeys, horses, goats, chickens, camels, and children running all over the newly paved Chinese-built tarmac roads. It's really, really dangerous and something they don't teach you during the RTA courses back in NSW!
Half way up the road passing through this small town I saw Jamie in front pull sharply to the right and scream into the helmet radio "belt's gone, belt's gone". I had to break suddenly and almost tipped over on to him. We pulled over and made a safe viewing location to look at what the issue was with Jamie's bike, as when ever you seem to stop in Ethiopia even if it appears to be deserted, some how, some how, flocks of people appear within a matter of moments as they see these 'Martian-looking people and Martian-looking machines'.
After pulling open Jamie's bikes drive case and seeing the damages done to the V belt, which is the chain that the engine turns to drive the bike, we realized his bike was immobilsed and could not move. We had to tow it to the next town, and with the sun going down, and the roads being incredibly difficult in the day light let alone at night time with all of the animal hazards, the steep hills, navigating in general in Ethiopia, and dealing with the masses of people running after us, it couldn't get any worse!

2011, fra solo 5 mesi, e vorrei che tutti voi vi uniste a noi per una settimana più o meno o come potete, magari sulla costa nord est. Idea simile, ma così potete rendervi conto tutti di cosa sia stato il nostro viaggio globale.
Dopo 110 giorni su strada, si pensa a casa e volevo solo farvi sapere che vi penso tutti e vi mando tutto il mio affetto.
Ragazzi sentiamoci presto su Skype!

*****

[BLOG] 9/12/2012

Due quad fuori uso – E ora? Giovedì, 9 dicembre 2010
Partenza da Lalibella: ore 9:00
Km da completare: 1500 Km in tre giorni per raggiungere il confine e unirsi al convoglio.
Okay, allora visto che è già il 9 dicembre, abbiamo calcolato che dobbiamo fare circa 1500 Km in tre giorni se vogliamo raggiungere il convoglio che attraverserà il confine tra Etiopia e Kenya, che sembra sia l'attraversamento di confine più pericoloso che affronteremo, con 5 poliziotti kenioti ammazzati solo qualche settimana fa e diverse altre sparatorie negli ultimi mesi.
Siamo partiti da Lalibella e abbiamo salutato tutti gli amici che ci eravamo fatti lì, compreso un nonno californiano di 65 anni che insegna inglese nel Sudan del sud, ma è dovuto andare via a causa del referendum del prossimo 9 gennaio che potrebbe creare un'ulteriore escalation della guerra civile nella regione, altro motivo chiave per cui dobbiamo muoverci velocemente verso sud, abbiamo preso il tratto di percorso fuori strada per riprendere le scene di cui avevamo bisogno e fare delle foto incredibili prima di passare attraverso una delle tipiche città collinari disseminate di asini, cavalli, capre, galline, cammelli e bambini che corrono di qua e di là sulle strade asfaltate costruite dai cinesi e pavimentate di recente. È davvero, davvero pericoloso, qualcosa che non ti insegnano nei corsi della motorizzazione nel New South Wales!
A metà della strada che passa attraverso questa cittadina, ho visto Jamie davanti che accostava improvvisamente sulla destra e urlava nella radio del casco "la cinghia è andata, la cinghia è andata". Ho dovuto frenare di botto e mi sono quasi ribaltato su di lui. Ci siamo accostati e spostati in un punto al sicuro per vedere che problema c'era con la moto di Jamie, dato che a quanto pare ogni volta che ti fermi in Etiopia anche se il luogo sembra deserto, in un modo o nel-

I did a quick eye scan of my bike as I had heard a few stray noises. The CV joint had popped out of the differential. It's like when someone pulls really hard on your outstretched arm and it clicks out of the socket joint. That's what happened and so it was very, very dangerous riding with it on those mountainous roads. We had another bike immobilsed. In the end we had to get my bike put on top of a truck and then tow Jamie's bike by the same truck. What a joke.
On the way to Desse to fix the many problems and try and get some good news for once!
Val

*****

[BLOG] 12/12/2010

Addis to Dilla. An insight into a typical day with the Squad. Sunday, 12th December 2010
Because so many people have been asking me "what do you actually do in a day?" I thought it would be nice to give everyone a bit of a taste of exactly what goes on on a tropical day with the Quad Squad. Enjoy.

Wake up: 07:00 at Imperial Hotel, Addis Abeba Ethiopia. Quick stretching, quick meditation, and a few laughs. And so, the day begins...
Breakfast: toast, jam, coffee, fruit juice, cereal, boiled eggs, multi vitamins, anti malarial tablet, and fresh water.
Pre departure: we brush our teeth, pay the bill, pack up our kits, prep the bikes, warm the engines, plot the destination on the Garmin, verify the road conditions with local contacts, compare GPS coordinates, test radio signal, clean helmet visors, inspect tire pressure, and check any parts damage.
Team briefing: 08:30 bound for a small town called Dilla which is 390 Km south of Addis and 412 Km north of Moyale, the border town of Ethiopia and Kenya. We must make it there today to ensure that we can make it to Moyale tomorrow early enough to allow for the border crossing process which takes hours, and then we will have to push on in to the night to find camp in the lion patrolled and bandit riddled areas of northern Kenya.
The ride: Jamie is navigating and leading today. He is in front directing the squad through the traffic, warning Ted and I of any oncoming hazards such as donkeys, goats, stone-throwing children, or the typical 'sideways trucks' that actually drive on an angle straight

l'altro, in un modo o nell'altro, nel giro di qualche momento appaiono sciami di gente appena vedono queste "persone che sembrano marziani e queste macchine dall'apparenza marziana".
Dopo aver aperto il compartimento del motore della moto di Jamie e aver visto il guasto alla cinghia a V, che è la catena che il motore fa girare per azionare la moto, ci siamo resi conto che la sua moto era immobilizzata e non poteva muoversi. Dovevamo trainarla fino alla città più vicina, e tra il sole che stava tramontando e le strade che sono incredibilmente difficili di giorno, per non dire di notte, con tutti i rischi rappresentati dagli animali, dalle strade ripide, in generale dalla guida in Etiopia e dall'avere a che fare con le masse di persone che ci corrono dietro, non poteva andare peggio di così!
Ho dato una rapida occhiata di controllo alla mia moto, dato che avevo sentito alcuni rumori anomali. Il cavo CV era spuntato fuori dal differenziale. È come quando qualcuno ti tira con gran forza il braccio steso e questo viene fuori dal punto di giuntura con un click. Era successo proprio questo e dunque era molto, molto pericoloso guidare con questo problema su per quelle strade di montagna. Avevamo un'altra moto immobilizzata. Alla fine abbiamo dovuto farci caricare la mia moto su un camion e far trainare la moto di Jamie dallo stesso furgone camion. Bella storia.
Diretti a Desse per risolvere i molti problemi e cercare di avere buone notizie almeno per una volta!
Val.

*****

[BLOG] 12/12/2010

Da Addis a Dilla. Uno sguardo dall'interno in una giornata tipica con la Squad, Domenica 12 dicembre 2010

Dal momento che così tante persone mi hanno chiesto "ma cosa fate veramente in una giornata?" ho pensato che sarebbe carino dare ad ognuno un assaggio di cosa succede esattamente in una giornata tropicale della Quad Squad. Divertitevi.
<u>Sveglia:</u> ore 7:00 all'Imperial Hotel, Addis Abeba Etiopia. Uno stretching veloce, una veloce meditazione e un po' di risate. E così inizia la giornata...
<u>Colazione</u>: pane tostato, marmellata, caffè, succo di frutta, cereali, uova sode, multi vitamine, compresse antimalaria e acqua fresca.
<u>Pre partenza:</u> ci laviamo i denti, paghiamo il conto, prepariamo i nostri kit, le moto, riscaldiamo i motori, programmiamo la destinazio-

up the road because the vehicles have had bad accidents and have had their chassis bent meaning that the wheels are misaligned and so they are extremely dangerous when the road is strife with potholes, bumps, sand, pebbles, sharp turns, and worst of all because the locals have never seen a quad bike and rarely see a white person, we attract a lot of attention and often have streams of people running down from their mud-brick homes to get close to us. I am in the middle as it's my camera day, and Ted is holding the rear. We stay close, no more than 30 metres apart to allow for any necessary stiff braking and/or rapid acceleration to avoid danger. Every few minutes or so I radio in to check: "Val to Ted, Val to Ted, all good?", and he replies "Yep, yep all good". We try to keep the airways free for necessity but often find ourselves joking around, singing very badly to the music we've got in our helmets, commenting on a stone that almost hit me in the head full on, the strange noises coming from our bikes and trying to diagnose them as we alter our speed, reflecting on past experiences on the journey, reminiscing on what we miss about home, yawning a lot, and every so often looking around and breathing deeply at the absolutely stunning crisp view of the Ethiopian highlands. The comparisons between the blacks, greys, browns of Sudan's blisteringly hot arid lands, and the wild jungle greens and yellows that seem to cover this mountainous country. When you're riding a bike, you seem to feel it more, live it more, and cherish it more. The experiences are raw, the images are in your face, and the road flies by so much faster. Your bones shake with every thumping pothole and the bike rattles with simultaneously. I have written it before, but it's just like riding a horse. You feel everything, you miss out on nothing. Your nose, your eyes, your ears, your mind, and your heart get filled with stimuli. How can you drive a car through a place like this? Today I woke up bright, I started well, the bike sounded great, my Achilles heel of a CV joint ran fluidly, my face was sore with how much I was smiling to myself at just how much I was enjoying this day, this ride, this moment, this life-changing experience. We're at day 120-something and I'm loving it now. I have finally fallen in love with Africa and have finally found my stride. To all the people who've helped me in these first four months with all the troubles, thank you. I'm now in the moment fully.

<u>The 'stop, revive, survive':</u> our bikes have a range of approximately 220 Km with a full tank of 20 litres. We have a rear auxiliary Tek Tank that holds approximately 35 litres. Meaning that every 2-3

ne con il Garmin, facciamo una verifica delle condizioni delle strade con la gente del luogo, confrontiamo le coordinate GPS, proviamo il segnale radio, ripuliamo i visori dei caschi, ispezioniamo la pressione delle gomme e controlliamo eventuali danni alle parti.
Briefing della squadra: alle 8:30 partenza verso una cittadina chiamata Dilla che si trova a 390 Km a sud di Addis e a 412 Km a nord di Moyale, la città di confine tra l'Etiopia e il Kenya. Dobbiamo riuscire ad arrivarci oggi per essere sicuri di farcela ad arrivare a Moyale domattina abbastanza presto, calcolando il fatto che per tutta la procedura di attraversamento del confine ci vogliono delle ore, e poi dovremo spingerci in avanti fino a sera tardi per trovare dove accamparci nelle zone pattugliate da leoni e infestate da banditi del Kenya del nord.
Il percorso: oggi è Jamie a stare davanti a pilotare. È in testa a guidare la squadra attraverso il traffico, ed avvertire me e Ted di ogni eventuale pericolo in arrivo, come asini, capre, bambini che tirano pietre, oppure i tipici 'camion di sbieco', che di fatto procedono per la strada di traverso perché il veicolo ha avuto brutti incidenti e gli si è incurvato il telaio, il che significa che le ruote sono mal allineate e dunque sono estremamente pericolosi quando la strada è piena di buche, cunette, sabbia, sassi, curve a gomito e, cosa peggiore di tutto, poiché la gente del posto non ha mai visto un quad e raramente vede persone dalla pelle bianca, per il fatto che attiriamo un sacco d'attenzione e spesso ci sono frotte di persone che arrivano di corsa dalle loro case di mattoni di fango per vederci da vicino. Io viaggio nel mezzo, dato che è il giorno che tocca a me fare le riprese, e Ted è posizionato sul retro. Restiamo vicini, a non più di 30 metri di distanza l'uno dall'altro per tenere conto di eventuali necessarie frenate brusche e/o accelerazioni rapide per evitare pericoli. Ogni pochi minuti o giù di lì io comunico via radio per controllare: "Val a Ted, Val a Ted, tutto bene?" e lui risponde "Sìì, sìì, tutto bene". Cerchiamo di lasciare libero il canale di comunicazione radio in caso di necessità, ma spesso ci ritroviamo a scherzare tra di noi, a cantare malamente in accompagnamento alla musica che abbiamo nei caschi, a fare commenti su un sasso che quasi mi ha centrato in piena testa o sugli strani rumori che provengono dalle nostre moto e a tentare di farne una diagnosi mentre cambiamo velocità, a riflettere sulle esperienze che abbiamo avuto nel viaggio, ad abbandonarci ai ricordi su quello che ci manca di casa nostra, a sbadigliare un sacco, e molto spesso a guardarci intorno e a respirare a pieni polmoni alla visione cristallina, assolutamente fenomenale, dell'altopiano etiopico.
Il confronto tra i colori neri, grigi, marrone delle terre aride dal calore rovente del Sudan e i verdi e i gialli della giungla selvaggia che sem-

hours we need to pull over to refuel. This process can take some time if there is no petrol station, or if the petrol station has run out of fuel, which is often the case and means we have to plan well ahead contacted locals, asking the Police, and doing computer research. It's not as simple as you think. If the station is empty we need to unclip our rear Blackwolf bag which holds all of our camping equipment, open the Tek Tank, attach the fuel pump, place the filter funnel in the main tank, and then, begin hand pumping 20 litres. So for three bikes it takes about 30 minutes to refuel and because when ever we stop there is a crowd of onlookers wanting autographs, money, or just a handshake and hello, the time really does tick over as it's now 11:00 and we've clocked 214 km towards Dilla. We have a quick drink to soak up the water loss through sweating in this dreadful heat, again, check the bikes quickly, put our jackets back on, gloves, helmets, music, radios, visor clean, and then re warm the engine, and off we go.

On board experience: cruising at 70-73 Km per/hour your eyes are constantly scanning the road in front for hazards, but also checking your mirrors for your team mate and any dangerous drivers ripping up on your side without any warning. I look to my right and smell freshly cut coffee plants. I breath it all in. The caffeine going straight to my brain it's such a strong breeze. A drop of sweat rolls slowly down my forehead and slips into my eye. "Animals on the road 50 metres ahead, take the left, take the left" calls out Jamie. Sure enough cattle wander slowly in front of Ted and I and Jamie creates the gap to the left side of the road, meaning Ted needs to indicate left rapidly, head check for no rear-coming traffic, then calls out "Val go, Val go", I move into the left lane over taking the cattle and their herdsman, Jamie then replies "Ted all clear, all clear go now, go now" as he confirms the road conditions in front as the road bends sharply to the right. This all happens within 5-10 seconds at 70 km per/hour and it requires all three of us to be 100% concentrating on the road and on what needs to be done. Further down the road I see on the GPS that there is a large bend fast approaching. I am filming now and so have to manage all of the above again with one hand on the throttle, the other on the camera and steering this 500 Kg machine over every little road defect, rock, pepple, dirt patch, oil patch, or stray pothole. A truck goes past with probably 35 men hanging, literally hanging from the roof. Some are seated; some are holding onto the top bars, others are laying on top of the driver cab. The truck is driving sideways

brano ricoprire questo paese montagnoso. Quando viaggi in moto sembra che questo tu lo senta, lo viva e lo apprezzi di più. Le esperienze sono vivide, le immagini ti arrivano dritte in faccia, e la strada scorre via molto più velocemente. Le ossa ti si scuotono ad ogni sobbalzo di buca e contemporaneamente la moto sferraglia. L'ho già scritto prima, ma è proprio come andare a cavallo. Senti tutto, non ti perdi niente. Il naso, gli occhi, le orecchie, la mente e il cuore si riempono di stimoli. Come fai a viaggiare in macchina in un posto come questo? Oggi mi sono svegliato allegro, ho iniziato bene la giornata, la moto faceva un gran bel rumore, il mio tallone d'Achille di un giunto CV funzionava senza inceppi, il mio viso era indolenzito da quanto sorridevo a me stesso per quanto mi stavo proprio godendo questa giornata, questa corsa in moto, questo momento, questa esperienza che ti cambia la vita. Siamo al giorno 120 e passa e adesso mi sta piacendo un sacco. Mi sono finalmente innamorato dell'Africa e ho finalmente trovato il ritmo giusto. A tutti quelli che mi hanno aiutato in questi primi quattro mesi, grazie. Ora sono completamente immerso nel momento.
<u>Il 'fermarsi, recuperare energie, sopravvivere'</u>: le nostre moto hanno un'autonomia di approssimativamente 220 Km con un pieno di 20 litri. Abbiamo un serbatoio Tek posteriore di scorta che contiene approssimativamente 35 litri. Il che significa che ogni 2-3 ore dobbiamo fermarci per riempire il serbatoio. Per questa procedura ci può volere un po' di tempo se non c'è nessuna stazione di servizio, o se la stazione ha esaurito il carburante, il che succede spesso, e significa che dobbiamo programmare molto in anticipo il contatto con la gente del posto, chiedere alla polizia e fare ricerche al computer. Non è semplice come si pensa. Se l'area di servizio è chiusa dobbiamo smontare il bauletto posteriore Blackwell che contiene tutto il nostro equipaggiamento da campeggio, aprire il Tek Tank, attaccare la pompa per la benzina, sistemare l'imbuto con il filtro nel serbatoio principale e poi cominciare a pompare a mano 20 litri. E quindi per tre moto ci vogliono circa 30 minuti per fare il pieno di carburante, e dal momento che ogni volta che ci fermiamo c'è una folla di spettatori che vogliono autografi, soldi, o semplicemente una stretta di mano e un "ciao", il tempo veramente passa come niente, poiché ora sono le 11:00 e abbiamo fatto 214 Km verso Dilla. Beviamo velocemente qualcosa per riequilibrare la perdita d'acqua causata dal sudore in questo caldo tremendo, diamo una veloce controllata alle moto, rimettiamo su le giacche, i guanti, il casco, la musica, la radio, una pulita alla visiera e riscaldiamo il motore e via si parte.
<u>Esperienza a bordo:</u> viaggiando a 70-73 Km all'ora i tuoi occhi scannerizzano continuamente la strada per individuare rischi, ma anche per

with a flat tire, no windscreen, and the driver seems to be half asleep, half drunk. Some of the things you see on African roads are seriously unique to Africa. The next stop is not planned. Ted's bike stops on the middle of the road. We fear potential engine failure or V belt breakage. After a quick 'mechanical-doctor-diagnosis' Ted and I conclude that he simply ran out of fuel earlier than Jamie or I as he was carrying more water on board and probably due to driver style. Ted isn't the best throttle controller to say the least. In his words "I look to blast it", and so does his fuel consumption. We hail a tuk-tuk taxi and ask him to siphon a few litres of 'benzene' out of his tank. After a quick discussion of the price in bir (the local currency), he sucks and pours 1.5 L in to an old dusty water bottle. We proceed to empty that in to Ted dry fuel tank. A child comes over to me and says "what is your name?", "Va-le-ri-o" I say, "Ethiopia very good" he replies. His eyes are wide open and he stands tall, very tall for a 4-year old as I found out. He is bare foot and has more holes in his shirt than I can count. His face is looks drained. His arms are skinny. But, he smiles, he really, really smiles. That's what I always notice when I spend time with the local children that even with nothing, they have everything. And the brief encounters I do have with the children leave me with a lovely feeling and leaves the kids with a memorable moment of entertainment and laughter that they will no doubt cherish for some time to come. After this stop over we enter a town called Hawassa. We find the Police headquarters and ride there. We stop for lunch in the compound and we speak with the police officers about the road conditions and border crossing at and around Moyale. "Very good road" one officer says, "but Somalia fighters very dangerous, stay away from there quickly", he concludes before strapping his AK-47 back on to his shoulder and wanders off to the building's perimeter gate. We joke around with another officer who speak better English and ask him about having a helicopter convoy all the way down to the border. We share what lunch we had brought from the hotel including bread, scrambled and boiled eggs, cooked green beans, steamed rice, some good old vegemite (in our emergency rations kit) some chocolate, lots of water, and bananas.

<u>Arrival at destination:</u> Dilla, Ethiopia. It's now gone 18:30 and we've hit 74 Km from Huwassaw. The trip meter has also reached 392 Km and we've arrived at our intended destination. As you can see, after our initial wake up of 07:00 in Addis, we've now covered about 400 Km, passed through maybe 15 small towns, 2-3 major

controllare sugli specchietti il compagno di squadra ed eventuali guidatori pericolosi che ti sbucano di fianco senza preavviso. Guardo alla mia destra e sento l'odore di piante di caffè appena tagliate. Lo aspiro tutto. La caffeina che mi va dritta al cervello è una tale brezza fresca. Una goccia di sudore mi rotola lentamente sulla fronte e mi scivola dentro l'occhio. "Animali sulla strada a 50 metri avanti, spostatevi a sinistra, spostatevi a sinistra", avverte Jamie. E infatti la mandria si sposta lentamente davanti a Ted ed io e Jamie creiamo uno spazio sul lato sinistro della strada, il che significa che Ted deve segnalare rapidamente a sinistra, girarsi a guardare se da dietro viene traffico, e poi urla "Vai Val, vai Val", io mi sposto sulla carreggiata di sinistra superando la mandria e il mandriano, e Jamie allora risponde "Tutto libero, Ted, libero, vai ora, vai ora" quando conferma la situazione della strada davanti, dato che la strada fa una stretta curva a destra. Tutto questo avviene nel giro di 5-10 secondi a 70 km all'ora e richiede che tutti e tre restiamo concentrati al 100% sulla strada e su quello che va fatto. Vedo dal GPS che più avanti sulla strada si avvicina rapidamente una gran curva. Adesso sto facendo riprese e allora devo di nuovo tenere sotto controllo tutto quanto detto sopra, con una mano sulla manetta dell'acceleratore, l'altra sulla videocamera, manovrando questa macchina da 500 Kg su ogni piccola malformazione della strada, masso, ciottolo, mucchio di polvere, chiazza d'olio o buche sparse. Passa un camion con probabilmente 35 uomini appesi, letteralmente appesi al tetto. Alcuni sono seduti, altri si reggono alle sbarre in cima, altri sono distesi sopra alla cabina di guida. Il camion procede di traverso con una gomma sgonfia, senza parabrezza, e l'autista sembra mezzo addormentato, mezzo ubriaco. Alcune delle cose che si vedono in Africa sono davvero uniche dell'Africa. La prossima fermata non è programmata. La moto di Ted si inchioda nel mezzo della strada. Temiamo un potenziale guasto del motore o una rottura della cinghia a V. Dopo una veloce 'diagnosi da dottori della meccanica' Ted ed io concludiamo che lui ha semplicemente finito il carburante prima di me e Jamie, dato che a bordo trasportava più acqua e probabilmente a causa dello stile di guida. Ted non è il migliore controllore della manetta dell'accelleratore a dir poco. Come dice lui "Vedo di andare a tutto gas" e lo stesso vale per il suo consumo di carburante. Noleggiamo un taxi tuk-tuk e gli chiediamo di aspirare qualche litro di 'benzene' dal suo serbatoio. Dopo una rapida discussione sul prezzo in bir (la moneta locale), lui aspira e versa 1 litro e mezzo in una vecchia bottiglia polverosa. Noi procediamo a svuotarla nel serbatoio vuoto di Ted. Un ragazzino mi si avvicina e dice "what is your name?" "Va-le-rio" dico io, "Ethiopia very good", risponde lui. Ha gli occhi spalancati ed è

towns, fueled twice, dealt with hundreds of road hazards in the 8 hours of riding, met many local people, filmed and photographed, and then we had to find our sleeping spot with secure parking. A small dinner, and a very humbling conversation with a 45-year old Ethiopian business man about how proud he is of his country and his people, and we were all fast asleep by 21:00. Mind you, then every few hours one of us would have to wake up to check for mosquitoes, change the radio battery being charged, and have some water.
A typical day with the Quad Squad.
Val.

*****

[SMS] 15/12/2010

4:35:37
Mum, all good. Siamo arrivati in Kenya. Questo è il mio numero per il Kenya. Fra 4 giorni arriveremo alla costa per Natale. Voi come va? Baci

*****

[BLOG] 16/12/2010

Into the Danger Zone. Marsabit to Isiolo, Kenya. Thursday, 16th December 2010
So following on from yesterday's insane 250 Km off-road stretch from Moyale to Marsabit which is basically the border of Ethiopia and Kenya, then running SSW towards Lake Tarna; Marsabit is the famous 'cross roads of the danger zone' in Northern Kenya. There is a long history of banditary along this solitary road from Moyale to Nairobi. A road which is littered with villages and local tribes. The only problem is it is also swarming with bandits. "The type of bandits that will wait on either side of the road at a small bridge with 50 men in total all fully armed and loaded. When they see a truck go past they all jump out form the bushes and start shouting. If you do not stop they will shoot. If you do not give them everything, they will shoot. If you look at them they will shoot. That is why you need a military escort today", said the CGU Major

alto, molto alto per un bambino di 4 anni, come ho scoperto. È scalzo ed ha una camicia con più buchi di quanti io riesca a contarne. Il suo viso sembra prosciugato. Ha le braccia pelle e ossa. Ma sorride, sorride davvero, davvero. Questo è ciò che noto sempre quando passo del tempo con i bambini del luogo, che anche senza niente hanno tutto. E i brevi incontri che ho con i bambini mi lasciano con una bellissima sensazione e lasciano ai bambini un momento indimenticabile di divertimento e di risate di cui senza dubbio conserveranno il ricordo per un bel po'. Dopo questa fermata entriamo in una città che si chiama Hawassa. Troviamo dov'è la stazione di polizia e ci dirigiamo lì. Ci fermiamo a mangiare nel compound e parliamo con gli ufficiali di polizia delle condizioni delle strade e del punto di attraversamento del confine a Moyale e lì intorno. "Strada molto buona" dice un ufficiale. "ma i combattenti somali molto pericolosi, sbrigatevi ad allontanarvene", conclude prima di rimettersi in spalla il suo AK-47 e si allontana verso il cancello dell'edificio perimetrale. Ci mettiamo a scherzare con un altro ufficiale che parla un inglese migliore e gli chiediamo se c'è la possibilità di avere una scorta di elicotteri per tutto il percorso fino al confine. Ci dividiamo quello che mi sono portato dall'hotel per pranzo, compresi pane, uova strapazzate e sode, fagiolini lessi, riso cotto a vapore, un po' di vecchia buona vegemite (che è nel nostro kit di razioni di emergenza) un po' di cioccolato, un bel po' d'acqua e banane.

Arrivo a destinazione: Dilla, Ethiopia. Ora sono le 18:30 passate e abbiamo fatto 74 Km da Huwassaw. Il contachilometri del viaggio è arrivato a 392 Km e siamo arrrivati alla destinazione prefissata. Come potete vedere, dalla sveglia iniziale alle 7:00 ad Addis, ora abbiamo coperto circa 400 Km, siamo passati attraverso forse 15 paesini, 2-3 città più grandi, abbiamo fatto rifornimento 2 volte, affrontato centinaia di pericoli sulla strada nelle 8 ore di marcia, abbiamo incontrato molte persone del luogo, filmato e fotografato, e poi abbiamo dovuto trovare un posto per dormire con un parcheggio sicuro. Una cena parca, una conversazione molto modesta con un uomo d'affari etiope di 45 anni su quanto lui sia orgoglioso del suo paese e della sua gente, ed eravamo tutti a letto a dormire alla grossa per le 21:00. Si badi bene, dopo, ogni poche ore, uno di noi doveva svegliarsi per controllare la presenza di zanzare, cambiare la batteria della radio messa sotto carica, e bere un po' d'acqua.
Una giornata tipica con la Quad Squad.
Val.

*****

of the special paramilitary division of the Kenya Police.
Once I heard that, I knew we were actually in the shit.
When you hear a senior military officer tell you face to face without blinking that "at the wrong time of day, or with a breakdown you can be killed" it kind of keeps you awake at night. After a bloody stressful day on the road with our police escort yesterday from Moyale to Marsabit (which wasn't even the "danger zone" yet we still needed a full police escort in tail), today was one of the most mentally and physically challenging days of my life. One of the days you know you need to suck your stomach in, swallow your pride, crack your knuckles, bite your lip, and push, push really hard to make it happen and to be safe.
At 06:00 the alarm went off. After fast, half-asleep breakfast Jamie and I were on our way to rendevous with our escort at the Police station. At 07:30 we are greeting by the Major, his senior officers, and the Police division fully kitted and fully prepped for the mission. There's something very Hollywood about arriving at a Police station in the middle of Africa as a 24-year old guy from the beaches in Sydney discussing the details of the escort mission, road conditions, threats, driving styles, check points, and stoppages. Pulling my helmet off in the compound this morning and seeing the two-flatbed army trucks, a handful of camouflaged over Lander vehicles, and around 50 paramilitary troops all standing there with their automatic machine guns waiting for their instructions to roll out and protect myself and Jamie was something I won't forget.
To think that we are riding through a country so beautiful, so real, and so tribal as Kenya that there is so much danger was really scary. I shook hands with all of the troops and made sure it was a proper Aussie "How are you doin mate" handshake to show them I wasn't half as scared as I looked. I noticed hand grenades, automatic riffles, knives, all sorts of ammunition, machine guns, and an assortment of other items.
After clarifying our mission with the Major, we rolled out of Marsabit with the paramilitary escort. The other fascinating aspect of our visual aspect as a Squad is that we too look very 'army'. Our bikes are metal-black, we have military-grade cases on the front, full camoflauged rear covers, black and grey motorcycle clothing, and all of it is matching. So whenever we ride up to a checkpoint, or border, the security personal salute us before asking any questions, and this gives us an added level of distance with locals as we are a very imposing sight for anyone.

[SMS] 15/12/2010

Mamma, tutto bene. We've arrived in Kenya. This is my number in Kenya. In 4 days we'll be on the coast for Christmas. How are you going? Love.

*****

[BLOG] 16/12/2010

Nella zona di pericolo. Da Marsabit a Isiolo, Kenya. Giovedì, 16 dicembre 2010

E allora, riprendendo dalla folle tirata di percorso fuori strada di 250 Km di ieri da Moyale a Marsabit, che è in sostanza il confine tra Etiopia e Kenya, e poi la corsa in direzione SSO verso il lago Tarna: Marsabit è il famoso 'incrocio della zona di pericolo' nel nord del Kenya. C'è una lunga storia di banditismo lungo questa strada solitaria che va da Moyale a Nairobi. Una strada che è disseminata di villaggi e tribù locali. Il problema è che pullula anche di banditi. "Quel genere di banditi che restano in attesa ai lati della strada all'altezza di un piccolo ponte per un totale di 50 uomini tutti completamente armati e carichi di artiglieria. Quando vedono passare un camion sbucano tutti fuori dalla boscaglia e cominciano a urlare. Se non ti fermi sparano. Se non gli dai tutto quello che hai sparano. Se li guardi sparano. Ecco perché oggi avete bisogno di una scorta militare" ha detto il Capo della speciale divisione paramilitare della polizia keniota.

Sentito questo, ho capito che eravamo effettivamente nella merda.

Quando senti un alto ufficiale militare che ti dice in faccia, senza battere ciglio, che "o nel momento sbagliato della giornata o se hai un guasto al motore puoi essere ammazzato" questo ti tiene - come dire - sveglio di notte. Dopo una giornata maledettamente stressante sulla strada ieri con la nostra scorta di polizia da Moyale a Marsabit (che non era neanche "zona di pericolo" eppure abbiamo avuto lo stesso bisogno di una scorta completa di polizia in coda), oggi è stata una delle giornate più difficili mentalmente e fisicamente della mia vita. Uno dei giorni in cui sai che devi bloccare lo stomaco con un respiro profondo, ingoiare il tuo orgoglio, scrocchiare le dita, morderti il labbro e mettercela tutta, mettercela proprio tutta per far andare tutto bene ed essere al sicuro.

Alle 6:00 è suonata la sveglia. Dopo una colazione veloce, mezzi addormentati, Jamie ed io ci siamo diretti all'incontro con la nostra scorta alla stazione di polizia. Alle 7:30 veniamo ricevuti dal Maggio-

From Marsabit we started moving quite fast off road, completely off road. I have driven in central Australia with a serious 4WD at very fast (legal) speeds, but this was completely different. Every bump you go over you half pee your pants for the jump you get off the bump, the thought of a lion jumping out at the next bush, the possibility of smashing a rock and flying hcad first into the hill face snapping your spine instantly, or the casual thought of a militia waiting to slit your throat 100m down the road.

Rocks, pebbles, boulders, potholes, sand, dirt, clay. That is what you get in every kilometer of riding on this road. Jamie and I were riding next to each other and not in a line formation to ensure the escort in tow could keep up with us and would not be blinded by our 70m trail of dust clouds. After the first 10km we joined with a convoy of other civilian transport trucks. Ted, whose bike is STILL broken down, was sitting atop this enormous truck with his quad covered on board. We were chatting over the radios to cross-reference the safety concerns and go over our plans in case of emergency. Trust me, it is seriously dangerous having a separated team on a road such as this, let alone being on a road such as this all together.

Our escort zoomed in front and then Jamie and I followed closely and we kept a speed of about 50-53 Km per/hour. Constantly and regardless of the terrain. This proved to be very risky. In the blink of an eye I saw Jamie cut in front of me shouting "I'm coming left, coming left" and then POOF a puff a smoke exploded right in front of me as Jamie dumped in to a 3 metre gapping ditch flying in to the air with all four wheels off the ground completely on a right angle heading straight off the road in to the bushes and off the hill face. I had no time to react as I was 4 metres behind him and I had no idea what was coming as the smoke cloud had blinded me. I clenched my fists, gripping my bike with my legs, and stared the abyss in the face. I went through the cloud, and also went flying in to the air and as I was in the air for those 2 or 3 seconds I saw Jamie crash land sideways on the dirt, re correct the left wheels, and accelerate to stop himself from falling straight off head first. I then hit the ground hearing the bike make all sorts of noises, almost went flying off myself as well and then steered the bike back to a straight line. We survived that... just. The radio went silent, as we both knew what had just nearly happened. We laughed about it a good while after but also swallowed a huge sigh of relief as we could have ended up laying on the road in the middle of the Kenya desert with broken necks, broken spines, or flat out dead.

re, dai suoi ufficiali più anziani, e dalla divisione di polizia completamente equipaggiata e preparata per la missione. C'è qualcosa di molto hollywoodiano nell'arrivo in una stazione di polizia nel cuore dell'Africa di un ventiquattrenne che proviene dalle spiagge di Sydney e che discute i dettagli di una missione di scorta, le condizioni delle strade, i rischi, il tipo di guida, i posti di controllo e le soste. Levarmi il casco nel compound stamattina, e vedere i due autocarri militari con pianale di carico, una manciata di furgoni mimetizzati e una truppa di circa 50 paramilitari tutti in piedi lì con i loro fucili automatici in attesa di istruzioni per mettersi in movimento e proteggere me e Jamie, è stato un qualcosa che non dimenticherò.
Pensare che viaggeremo attraverso un paese così bello, così reale, e così tribale come il Kenya, e che c'è così tanto pericolo, faceva davvero paura. Ci siamo scambiati strette di mano con tutta la truppa e io mi sono assicurato che fosse un vero e proprio "Come va, amico" da Aussie per fargli vedere che non ero tanto impaurito quanto sembrava. Ho notato granate, fucili automatici, coltelli, ogni tipo di munizioni, mitragliatrici e un assortimento di altri articoli.
Dopo aver chiarito i dettagli della nostra missione con il Maggiore, siamo partiti da Marsabit con la scorta paramilitare. L'altro aspetto affascinante della nostra immagine come Squad è che anche noi sembriamo molto 'esercito'. Le nostre moto sono color nero metallico, sul davanti abbiamo bauletti di tipo militare, coperture posteriori completamente mimetizzate, abbigliamento da motociclista grigio e nero, tutto in tono. E quindi ogni volta che arriviamo a un posto di controllo o a un confine, il personale addetto alla sicurezza ci fa il saluto militare prima di fare domande, e questo aumenta il livello di distanza dalla gente del posto, dato che a chiunque facciamo una grande impressione.
Da Marsabit in poi abbiamo iniziato ad allontanarci velocemente dalla strada principale, completamente fuoristrada. Nell'Australia centrale ho viaggiato su un 4WD di quelli seri ad altissima velocità (consentita), ma questo era completamente diverso. Per ogni buca che prendi quasi te la fai addosso per lo sbalzo, il pensiero che sbuchi fuori un leone dalla vicina savana, la possibilità di andare a sbattere contro un masso e di volare a testa in giù contro la collina e spezzarti sul colpo la spina dorsale, o il pensiero occasionale che 100 m più giù nella strada ci siano dei miliziani che ti aspettano per tagliarti la gola.
Massi, ciottoli, buche, sabbia, polvere, terra argillosa. Questo è ciò che incontri per ogni kilometro di guida su questa strada. Jamie ed io procedevamo fianco a fianco e non uno dietro l'altro per essere sicuri che la scorta di vigilanza potesse mantenersi al passo con noi e non

After that experience, the riding became easier and more enjoyable. We were blasting over everything, handling the bikes perfectly and having a great time. Moments like those happen even to the best riders simply because the road disappears before your eyes in a plume of smoke and it's near impossible to prevent it. Luckily we were focused enough to pull through it all without any battle scars.

Onwards to Isiolo!

20 Km out of our destination city I spotted what looked like an elephant as I told Jamie, "Hey look left, elephants... I think?!". I was so dehydrated and delirious from the day's extreme off road riding that I could barely perceive the day could get any more extreme. "Let's pull back and check Val", said Jamie, "Yeah I think I saw something like an elephant but it could have just been a really big donkey", I joked. Sure enough, there was an elephant. We pulled off road to park and quietly walk up to the beast to see if in the flesh. As usually occurs on our journey, out of nowhere appeared 5, then 10, then 20 people. They seem to just come out of the ground or something?! A lovely young man said he would take us closer to the elephant. We had to kill the engines, make no noise what so ever and ensure we walked around them and that we were downwind and not upwind. "Elephants smell from five kilometers away", the man told us. Lucky because we smelt like we had been sweating all day, and we had. Slowly and carefully walking through the Acacia thorn bushes, stepping our way closer to this majestic African animal, we noticed a few more elephants around a large shady tree. A few more steps and I was staring at the matriarch, her offspring, and about eight other enormous elephants. I have watched so, so many BBC documentaries that seeing these elephants within a few steps was very tingling. What surprised me most was just how calm and quiet these tank-size animals are. Jamie and I were doing a little narration to the filming and we were just looking at each other saying "I still cannot believe we are here, in Kenya, and we have driven all the way from Istanbul"... And I still cannot!

After spending a few more minutes in silence admiring the scene we had in front of us, we needed to keep moving as the elephants do also become quite frustrated by intruders and we sure didn't want the father who was only 50m away charging at us. I said a meditative goodbye to my new friends and we called the experience, "Val's Kenyan Tusker" as I spotted them.

fosse accecata dai 70m della nostra scia di polvere. Dopo i primi 10 km ci siamo uniti a un convoglio di altri camion da trasporto civile. Ted, che ha la moto ANCORA rotta, era seduto in cima a questo enorme camion con a bordo il suo quad coperto. Noi chiacchieravamo alla radio per confrontarci sulle preoccupazioni relative alla sicurezza e ripassare i nostri piani in caso di emergenza. Credetemi, è un pericolo serio avere una squadra separata su una strada come questa, per non parlare dell'essere tutti insieme su una strada come questa.
La nostra scorta è schizzata sul davanti e allora Jamie ed io l'abbiamo seguita da vicino e abbiamo tenuto una velocità di circa 50-53 Km all'ora. Costante e indipendentemente dal terreno. Questo si è dimostrato molto rischioso. In un batter d'occhio ho visto Jamie che mi attraversava la strada gridando "Vengo a sinistra, vengo a sinistra" e allora PUFF, proprio davanti a me è esplosa una nube di fumo mentre Jamie cadeva dentro una buca larga 3 metri volando per aria con tutt'e quattro le ruote rialzate dal terreno completamente ad angolo retto andando dritto dritto fuori strada verso la savana e contro il versante della collina. Non ho avuto tempo di reagire visto che ero 4 metri dietro di lui e non avevo idea di cosa stava succedendo perché la nube di fumo mi aveva accecato. Ho stretto i pugni, serrando la moto tra le gambe, e ho guardato dritto nell'abisso. Ho attraversato la nube e anch'io sono volato per aria, e in quei 2 o 3 secondi che ero in aria ho visto Jamie che atterrava di lato nella polvere, raddrizzava le ruote di sinistra, e accelerava per non cadere a terra a testa in avanti. Dopo io sono riatterrato sentendo che la moto faceva rumori di ogni tipo, sono quasi volato in aria anch'io e poi ho raddrizzato la moto. Siamo sopravvissuti... appena appena. Silenzio alla radio, visto che entrambi sapevamo cosa era appena quasi successo. Dopo ci abbiamo riso sopra un bel po', ma abbiamo anche tirato un enorme sospiro di sollievo visto che avremmo potuto rimanere stesi a terra nel mezzo del deserto del Kenya con l'osso del collo rotto, la spina dorsale spezzata, o morti sfracellati.
Dopo quell'esperienza, il viaggio è diventato più facile e più piacevole. Andavamo a schizzo oltre ogni cosa, in perfetto controllo delle moto e spassandocela un mucchio. Momenti come quelli capitano ai migliori motociclisti semplicemente perché la strada ti scompare sotto gli occhi in un pennacchio di fumo ed è quasi impossibile impedirlo. Per fortuna eravamo sufficientemente concentrati da farcela senza riportare ferite in battaglia.
Avanti verso Isiolo!
20 Km prima della città di destinazione ho intravisto quello che sembrava un elefante, come ho detto a Jamie, "Ehi, guarda a sinistra, elefanti...

We checked in to the lodge in Isiolo, and found Ted already there and very energetic. It was so interesting sitting down all together and sharing our fresh and raw experiences of today. And what a day it was. Dinner, mosquito net, bed time.
Val

*****

[BLOG] 19/12/2010

Pre-Christmas celebrations and working on the bikes. Sunday, 19th December 2010

A short blog today as I am really, really, really tired.
It's been a busy mechanical effort to check all of the V belts, which are the drive chain mechanisms that turn the engine over. Yamaha sent us all of the necessary parts from Australia which is great and so Jamie, Ted, and I were busy little workers calling over our shoulders, "I need a 10 socket-wrench and graphite grease"...

I spent some time decorating my Pelican case with the (in my opinion) amazingly hand-drawn world map outlining our journey from Istanbul all the way through to Kenya, thus far. It's funny you know, that in a way our bikes and our cases are basically our homes on the road. I thought of an interesting way of describing it. We are like snails. We carry our home on our backs with us always. We need to care for our homes, we need to protect our homes, and when need be, and they also give us shelter and protection. They are strong and give us much needed safety also.
Once the bikes had gotten their beauty treatment for the day, Jamie and Ted played a fearsome game of half-court basketball. I swore I would not say who won. But it's pretty obvious isn't it?
We've been staying in this amazing homely home of a good family friend of Jamie's father who works for a large NGO in the area. We were able to spend time with the kids and sleep in a little as well. The family also had a cluster of animals including: two rabbits, four tortoises, two dogs, a cat, and who knows what else. They also had a cook who we made sure was on call 24/7 if our bellies needed it! Every now and then some pampering goes a long way at keeping your mood up and your body recharged.
The pre-Christmas dinner was at 19:00, which was preceded by several Tuskers (the local Kenyan beer), champagne, chips, and corny jokes

penso?!". Ero così disidratato e delirante per le giornate di percorso fuori strada, che riuscivo a stento a rendermi conto che la giornata poteva diventare ancora più estrema. "Dai, torniamo indietro e controlliamo, Val", ha detto Jamie, "Già, credo di aver visto qualcosa di simile a un elefante, ma potrebbe essere stato solo un asino davvero grosso", ho scherzato. Ed effettivamente era un elefante. Ci siamo allontanati dalla strada per parcheggiare e avvicinarci alle bestie senza far rumore per vedere se erano di carne e ossa. Come di solito ci capita nel nostro viaggio, dal nulla sono apparse 5, poi 10, poi 20 persone. Sembra che sbuchino dal terreno o qualcosa del genere?! Un bel ragazzo ci ha detto che ci avrebbe portato più vicino all'elefante. Dovevamo spegnere completamente i motori, non fare alcun rumore ed assicurarci di girargli intorno e di essere sottovento e non controvento. "Gli elefanti sentono l'odore a distanza di cinque kilometri", ci ha detto l'uomo. Per fortuna, perché puzzavamo come se avessimo sudato tutto il giorno, e così era stato. Procedendo lentamente e con cautela attraverso i cespugli spinosi di acacia, avvicinandoci passo passo a questo maestoso animale africano, abbiamo notato degli altri elefanti intorno a un grande albero frondoso. Qualche altro passo e mi trovavo faccia a faccia con la matriarca, i suoi piccoli e circa otto altri enormi elefanti. Ho visto così tanti, ma così tanti documentari della BBC, che vedere questi elefanti a pochi passi di distanza era una grande emozione. Quello che mi ha sorpreso di più è stato vedere quanto siano calmi e tranquilli questi animali dalle dimensioni di un carro armato. Jamie ed io stavamo inserendo un po' di commento sul filmato e ci guardavamo l'un l'altro dicendo "Ancora non riesco a credere che siamo qui, in Kenya, e abbiamo fatto tutto il percorso in moto da Istanbul"... E io ancora non riesco a crederci!

Dopo aver passato degli altri minuti in silenzio ad ammirare la scena che avevamo di fronte, bisognava che continuassimo a muoverci, perché gli elefanti tra l'altro diventano molto frustrati in presenza di intrusi e noi sicuramente non volevamo che il padre, che era a soli 50 m più in là ci caricasse. Ho salutato con un pensoso arrivederci i miei nuovi amici ed abbiamo definito l'esperienza "Gli zannuti kenioti di Val", dato che li ho individuati io.

Ci siamo fermati per la notte alla lodge di Isiolo, ed abbiamo trovato già lì un Ted carico di energia. È stato così interessante starcene seduti lì tutti insieme a condividere le vivide esperienze appena vissute oggi. E che giornata è stata. Cena, zanzariera, ora di andare a letto.
Val.

*****

from every one. Dinner was served and it was pork and turkey. There was every kind of side dish from potatoes, to asparagus, to creamy cauliflower, to salads, to breads and dips, to sweet pumpkin. The meal was incredible- thanks to John the cook!
After we showed the crowd a short slideshow of images from the last weeks in Ethiopia and Kenya, everyone began to fall asleep. We all retired and crashed out.
Val.

*****

[DIARIO] 22/12/2010 11:00 hours
Wednesday Mombasa, Kenya. Tamarind Village Resort

Scrivo con la penna (Parker) di mio padre da un paese, uno dei paesi dove l'Alitalia l'aveva mandato. Sai, è bello ritrovarmi qua sulla costa Kenyana a godermi l'atmosfera africana.
—
Fiume. Isola di Mombasa. I dhow che galleggiano. Le palme che ballano assieme al vento. L'umidità appiccicosa. Pieno di inglesi. La vecchia colonia. Si nota l'influenza.
—
Umore: contento, calmo, soddisfatto di esserci arrivato.
Energia: quasi ricaricata, albergo, tetto, cibo, alcool -> aiutano
Moto: sti cazzi, basta che si muove
Crescita: beh, si vedrà.
—
Dall'altro lato del fiume vedo dei locali che giocano a pallone. Vorrei andarci. Ora però mi riposo.
Pare Bangkok con il dhow che mi passa di fronte.
L'Asia – mi ispira, mi chiama. Dopo l'Africa, godere un bel riposo e pace in Australia direi.
—
Ieri: lunghe chiacchierate con Roberto e Marco e le families.

*****

[BLOG] 19/12/2010

Celebrazioni pre-natalizie e lavoro alle moto. Domenica, 19 dicembre 2010

Oggi un blog breve perché sono proprio, proprio, proprio stanco.
È stato uno sforzo meccanico intensivo controllare le cinghie a V, che sono i meccanismi a catena di trasmissione che fanno girare il motore. La Yamaha ci ha mandato tutte le parti necessarie dall'Australia, il che è fantastico, e così Jamie, Ted ed io siamo stati piccoli operai occupati a passarci richieste da sopra le spalle, "Ho bisogno di una chiave fissa a tubo 10 e grasso di grafite"...

Ho passato un po' di tempo a decorare il mio bauletto Pelican con la mappa del mondo sorprendentemente (secondo me) disegnata a mano che traccia il nostro lungo percorso da Istanbul via via fino al Kenya, per ora. È buffo sapete che in un certo senso le nostre moto e le nostre valigie siano in fondo le nostre case itineranti. Ho pensato a un modo interessante di descriverlo. Noi siamo come delle lumache. Ci portiamo la casa sulla schiena sempre con noi. Dobbiamo prenderci cura delle nostre case, dobbiamo proteggere le nostre case e, al bisogno, anche loro ci danno riparo e protezione. Sono forti e ci danno indispensabile sicurezza.
Completato il trattamento di bellezza alle moto per la giornata, Jamie e Ted hanno fatto un'accanita partita a basket a mezzo campo. Ho giurato di non dire chi ha vinto. Ma è lampante, no?
Abbiamo alloggiato in questa meravigliosa casa accogliente di un buon amico di famiglia del padre di Jamie che lavora per una grande ONG della zona. Abbiamo avuto modo di passare del tempo con i bambini come pure di dormire un po' più a lungo. La famiglia aveva anche un insieme di animali tra cui: due conigli, quattro tartarughe, due cani, un gatto, e chissà che altro. Avevano anche un cuoco che ci siamo accertati fosse disponibile 24 ore su 24 se le nostre pance ne avevano bisogno! Ogni tanto un po' di coccole fanno miracoli nel tenerti su di morale e nel ricaricarti il corpo.
La cena pre-natalizia era alle 19:00, preceduta da varie Tusker (la birra keniota locale), champagne, patatine, e battute melense da parte di tutti.
La cena è stata servita ed era maiale e tacchino. C'era ogni genere di contorno, patate, asparagi, cavolfiore cremoso, insalate, pane e salsine varie, zucca dolce. Il cibo è stato incredibile – grazie a John il cuoco!
Dopo che abbiamo mostrato ai presenti una breve serie di diapositive con le immagini delle nostre ultime settimane in Etiopia e Kenya, tutti hanno cominciato ad addormentarsi. Siamo andati tutti a letto e piombati nel sonno.

Val.

[BLOG] 22/12/2010

Fort Jesus, the Mombasa River, and Christmas shopping. Wednesday, 22nd December 2010

As an old British colony, Kenya became independent in 1963. There was an enormous slave trade that came out of Kenya and in particular from Mombasa. Fort Jesus, which is a daunting, and gloomy militaristic outpost facing the Indian Ocean just from the Island of Mombasa, was the breeding ground of the atrocities of the olden slave trade days. Africans from regions in and around the Kenya area were rounded up and shipped off from Fort Jesus across the oceans to places such as India. There were massacres of every kind conducted in and around this dreadful fort. We were on a small riverboat being ferried around the waterfront to see the full view of what the fort must have been. Dhows (the ancient merchant boats) still operate these waters and many could be seen loading up cargo to ship out up or down the African coastline. There was even a vessel bound for Pakistan.

We pulled up to a pier and got off, walking around the 'Old Town' as it's called. It is one of the oldest suburbs of Mombasa and Kenya. Many people still live in these weathered dwellings that line the streets with souvenir shops suffocating any possible remnants of antique architectural beauty. Ted and I shopped around a bit for some Christmas presents. The heat was quite sticky and very humid. There were kids and adults as well jumping from the eroded shoreline into the harbour waters. Apparently crawling with bull sharks.

It was a beautiful site being back aboard the little putt-putting riverboat slowly steaming down stream back to our resort. Metana, the driver was saying how "we go diving for lobsters about 35 or 40 metres below the surface right here in the river", and when we asked him about the sharks he just replied, "they will eat you if you're not watching". They must be damn good lobsters!

Back at the resort, sprawled out on the couches with nothing more than a sarong I faded in to the tropical evening atmosphere of coastal Kenya. With the call to prayers and the pink/red sunset glistening over this famous stretch of water, with a Tusker in-hand... It doesn't get much better than this. We put some great French chill out music on and just lulled in to the night. Bats were zooming past our terrace; malaria mosquitoes were being repelled by our odor more than our repellant; and I could feel the real holiday mode kicking in!

*****

[JOURNAL] 22/12/2010 11.00 hours
Wednesday Mombasa, Kenya Tamarind Village Resort

I'm writing with my father's (Parker) pen from a country, one of the countries to which he was sent by Alitalia. You know, it's great to find myself here on the Kenyan coast enjoying the African atmosphere.

—

River. Mombasa Island. The dhows floating along. The palms that dance with the wind. The sticky humidity. Full of English people. The old colony. One can feel the influence.

——

Feeling: content, calm, satisfied at having arrived here.
Energy: almost recharged, hotel, roof, food, alcohol -> they help
Bike: Damn thing, as long as it moves
Growth: well, we'll see.

—

On the other side of the river I see some of the locals playing football. I'd like to go over. Right now, however, I'm resting.
It seems like Bangkok with the dhow going past in front of me.
Asia – inspires me, calls me. After Africa enjoy a nice rest and some peace in Australia, I'd say.
Yesterday: long chats with Roberto and Marco and the families.

*****

[BLOG] 22/12/2010

Fort Jesus, il fiume Mombasa, e lo shopping natalizio. Mercoledì, 22 dicembre 2010

Vecchia colonia britannica, Il Kenya è diventato indipendente nel 1963. C'è stata un'enorme tratta degli schiavi proveniente dal Kenya e in particolare da Mombasa. Fort Jesus, minaccioso e fosco avamposto militare affacciato sull'Oceano Indiano proprio di fronte all'isola di Mombasa, è stato il vivaio delle atrocità dei tempi andati della tratta degli schiavi. Gli africani delle regioni del Kenya e circostanti venivano radunati e spediti via mare da Fort Jesus attraverso gli oceani in posti come l'India. Ci furono massacri di ogni genere perpetrati dentro e intorno a questo terribile forte.
Eravamo su un piccolo battello fluviale che ci trasportava lungo il

After 133 days on the road, crossing 27 countries, and riding for a total of 457 hours, equaling 23,000 Km of the Guinness World Record – it's about time we got some holiday fever! Tomorrow we're leaving for the coast, about 110 Km north of here in a breathtaking tropical nature reserve right on the beach. I think we've earned it for now.
Wishing everyone happy holidays.
Love, Val

*****

[LETTERA] 22/12/2010
a Vittoria, Mombasa, Kenya, Tamarind Village

Mamma,

un bambino mi passa davanti.
Forse in un'altra dimensione sarei potuto essere io con te e Gianky.

L'isola di Mombasa ed il suo fiume si dispiegano davanti a me.
Durante il giorno con una calma orientale, di notte tropicali ed esotici. Palme, frutti di mare dell'oceano Indiano, preghiere dalle moschee, Africani neri e bellissimi.

Mi sento bene, benissimo anzi. Lo stress e le sfide che ci aspettano sembrano far parte del viaggio senza troppi traumi. Le date e le distanze sono più flessibili adesso e mi sembra di aver digerito tutto i pericoli e di poter adesso assaggiare tutte le delizie.

AFRICA.
Kenya. Non ci posso credere che sono in Kenya. Adesso sembra così naturale e facile per me che non avevo più l'incombenza dei "pericoli" e dell'Africa stessa.

Mango, papaya, panama, passionfruit, birra Tusker, gamberoni, uova di pesce... sì, stiamo in un hotel. Qualche settimana di lusso per rilassare anima e corpo.
L'arrivo in Kenya è stato bellissimo. L'energia, l'atmosfera, il paesaggio, gli animali ed il fatto di essere arrivato ad una destinazione per fermarci, non solo per continuare... è molto bello questo.

fronte del porto per avere la visione completa di quello che il forte doveva essere stato. I sambuchi (le vecchie barche mercantili) sono ancora operativi su queste acque e se ne potevano vedere molti caricare mercanzie da trasportare su o giù lungo la costa africana. C'era perfino un vascello diretto in Pakistan.
Ci siamo accostati a un molo e siamo sbarcati, girando a piedi per la 'Città Vecchia' come viene chiamata. È uno dei sobborghi più vecchi di Mombasa e del Kenya. Molta gente vive ancora in queste abitazioni deteriorate dal tempo allineate lungo le strade con negozi di souvenir che soffocano ogni possibile residuo dell'antica bellezza architettonica. Ted ed io siamo andati un po' in giro per negozi in cerca di regali di Natale. Il caldo era parecchio appiccicoso e molto umido. C'erano bambini come pure adulti che saltavano dal bordo della costa erosa nell'acqua del porto. A quanto pare brulicante di squali toro.
Era bellissimo essere di nuovo a bordo del piccolo battello fluviale a vapore che avanzava lentamente scoppiettando nel verso della corrente di ritorno al nostro resort. Metana, il pilota raccontava che "andiamo a pesca di aragoste a circa 35 o 40 metri di profondità proprio qui nel fiume", e quando gli abbiamo chiesto degli squali ha semplicemente risposto, "ti mangiano se non stai attento". Devono essere aragoste dannatamente buone!
Rientrati al resort, spaparanzati sui divani con indosso solo un sarong mi sono immerso nell'atmosfera tropicale della sera del Kenya costiero. Con la chiamata alle preghiere e il tramonto rosa-rosso scintillante su questa famosa distesa d'acqua, con una Tusker in mano... Non ci può essere niente di meglio. Abbiamo messo su dell'ottima musica francese rilassante e ci siamo lasciati cullare verso la notte. I pipistrelli sfrecciavano davanti alla nostra terrazza; le zanzare della malaria venivano respinte più dal nostro odore che dal repellente; ed io sentivo entrare in funzione la modalità 'vera vacanza'!
Dopo 133 giorni sulla strada, attraverso 27 Paesi, a cavallo delle moto per un totale di 457 ore, totalizzando 23,000 km del Guinness World Record – era ora che ci venisse un po' di smania di vacanza! Domani partiamo per la costa, circa a 110 km a nord di qui in una riserva naturale tropicale mozzafiato proprio sulla spiaggia. Penso che ce la siamo meritata a questo punto.
Felici vacanze a tutti.
Baci, Val.

*****

Ancora non so cosa fare al rientro. Di certo vorrei mettermi con qualche ONG. So che il mio tempo là non è finito. Adverto: voglio continuarlo *on-the-side* con Marco perché è bello farlo con lui e so quanto è importante per lui avere qualcosa oltre l'Alitalia. Vorrei pure fare un'esperienza in una grossa azienda perché non l'ho ancora fatta, e anche perché si impara molto. Voglio passare più tempo con le mie nipotine e mia sorella. Voglio tornare giovane e fare sport (forse calcio?), uscire la sera e portare in porto tutto il progetto EXP.

Sono molto contento che ci sta tuo fratello con la famiglia là. Speriamo che mò i Pasquini ci visitino più spesso. Quello che conta di più quando viaggi così tanto è la famiglia. Solamente quando non hai più quello che ti è essenziale, allora si che senti la mancanza.
The mind wants what it can't have. Roberto, Gino, Marti, Emily, Sue e tutti quanti li considero proprio la nostra famiglia lì.
Sono contentissimo di avere così tanta bella gente attorno a noi.

Mamma, grazie infinite per tutto il tuo aiuto.

Senza di te non ce l'avrei fatta fino a qua.
Ci mancano 3 mesi qua in Africa. Saranno pieni e belli.
E poi 4 mesi attorno all'Australia, pure quelli fantastici.

Baci e abbracci a Meski, Marilisa, Alice, Ari, Sere, Mardi, Coco, e te.
BUON NATALE 2010

XOXOXO VALERIO

*****

[LETTER] 22/12/2010
To Vittoria, Mombasa, Kenya, Tamarind Village

Mum,

A young boy crosses in front of me.
In another dimension it could have been me with you and Gianky.

The island of Mombasa and its river unfold in front of me.
During the day with an oriental tranquillity, at night, tropical and exotic. Palm tress, sea food from the Indian Ocean, prayers from the mosques, beautiful and black Africans.

I feel well, very well, in fact. The stress and the challenges that that are waiting for us seem to form part of the journey but without too much terror. The dates and the distances are more flexible now and I feel that I've been able to digest all the dangers and to now be able to taste all the delights.

AFRICA.
Kenya. I can't believe I'm in Kenya. Now it seems so natural and so easy for me that I no longer feel any pressure from the "dangers" and from Africa itself.

Mango, papaya, panama, passionfruit, Tusker beer, prawns, roe... yes, we're staying in a hotel. A week or so of luxury to relax the soul and the body.
Our arrival in Kenya has been wonderful. The energy, the atmosphere, the landscape, the animals and the fact of having arrived at a destination where we are stopping, not just to go on... all of this is just wonderful.

I'm still not sure what I should do when I return. For certain I'd like to join an NGO. I know that my time there isn't over yet. Adverto: I'd like to keep it going *on –the –side* with Marco because it's great doing it with him and I know how important it is for him to have something apart from Alitalia. I'd also like to experience working in a big company because it's something I haven't done yet and because I'd learn a lot. I'd like to spend more time with my little nieces and my sister. I'd like to be young again and do a lot of sport (perhaps football?), go out in the evening and bring the EXP project to fruition.

[LETTER] 23/12/2010
From Tamarind Village Resort, Mombasa, Kenya

Cari Marti e Declan,

Kenya. We made it.
From paramilitary police escort, to lion infested parks, to death defying road riding – I have made it to Kenya.
This place for me has always been special. Although this is my first visit, the many parental stories I've heard over the years have created a very nice, very warm feeling towards this very most Africa of places.

134 days have elapsed since Istanbul. That's a long time. What have I learnt since then? Well, we'll see when I get back to Sydney.

I am writing to you both relaxed on a tree-high terrace over looking the great Mombasa river and island. A kilometre or so downstream is the opening to the Indian Ocean.

Fort Jesus, the dominating seaport building just further along from our hotel was the horrific location of much of the Kenyan slave trade. Africans from in and around those areas were rounded up and shipped off to places such as India. Kenya then gained its independence from Britain in 1963. The colonial (date?) history is still very visible.

Today we are leaving Mombasa for Watamu 110km. NE towards Lamu. A fabulously luxurious beach resort area flowing with parties, feasts, cocktails, palm trees, white sand, turquoise water and lots of relaxation.

I would love to go on a holiday all together. With mum as well as one big "happy family".
Maybe this time next year we can do something.

Finally I feel in Africa. The other day we spotted a zebra just on the side of the road. There are monkeys and baboons everywhere. I even spotted a herd of elephants which was truly magical.

The people here are welcoming, warm, light-.... and beautifully black. The true Africa.

I'm very happy that your brother and his family are there with you. Let's hope that now the Pasquini are going to visit us more often. What counts most when one is travelling like this is the family. It's only when you don't have what's essential for you that you come to feel its absence.
The mind wants what it can't have. Roberto, Gino, Marti, Emily, Sue and all of them I consider our family there.
I'm so happy to have such nice people around us.

Mum, thanks a million for all your support.
Without you I would not have made it to here.
We've got 3 more months here in Africa. They going to be eventfull and splendid.
And then 4 months around Australia, those too are going to be fantastic.

Kisses and hugs to Meski, Marilisa, Alice, Ari, Sere, Mardi, Coco, and you. HAPPY CHRISTMAS 2010

XOXOXO VALERIO

******

[LETTERA] 23/12/2010
Tamarind Village Resort, Mombasa, Kenya

Cari Marti e Declan,

il Kenya. Ce l'abbiamo fatta.
Dalla scorta di polizia paramilitare ai parchi infestati da leoni, alla guida su strade che ti fanno sfidare sempre la morte, ce l'ho fatta ad arrivare in Kenya.
Questo posto per me è sempre stato speciale. Sebbene questa sia la mia prima visita, le tante storie familiari che ho sentito negli anni hanno suscitato in me un sentimento di calore nei confronti di questo posto che è Africa Africa.

134 giorni sono passati da Istanbul. Un sacco di tempo. Cosa ho imparato da allora? Bè, lo vedremo quando sarò di ritorno a Sydney.

Vi sto scrivendo mentre mi rilasso su un terrazzo alto come un albero che si affaccia sul grande fiume Mombasa e l'isola omonima. Circa un chilometro più in giù la foce del fiume si apre sull'oceano indiano.

There are only three months to go to in Africa and then the Australia journey begins.

Looking forwards to seeing you all on Skype.
Lots of love, Vale xoxox

*****

[DIARIO] 27/12/2010

Lunedì 27 dicembre 2010, Watamu Beach, Kenya.
Krebella Residence. 13:00 hours - "n'artra giornata"...

Mi gratto il mento...
Cosa pensare? Cosa scrivere?
Fa caldo. Sulla costa Keniana fa caldo.
—
Leggevo due libri stamattina: "What Obama Means" – Jabari Asim, 2009 – e poi "Long Way Down" Ewan e Charley.

Quando si legge, ho notato, l'immagine che ti si presenta alla mente è costruita differentemente da ogni persona. Per esempio, se io leggendo il libro su Obama, ricordo la notte vittoriosa, allora alcune immagini di quel ricordo mi entrano nella mente. Invece, se una persona leggendo lo stesso libro non avesse visto le scene in televisione, avrebbe delle immagini mentali differenti.
E così, ogni esperienza che proviamo nella vita ci fa riflettere differentemente l'uno dall'altro.
—
Guardavo le parole sulla pagina, caratteri neri piccoli e statici. In qualche modo guardandole come unico lettore, le parole diventavano piccole scene con personaggi, colori; e così ho capito il potere dell'arte scritta. Se ci pensi, la mente ha un potere enorme che ti permette di trasformare dei caratteri dell'alfabeto in una favola filmica molto simile ad un sogno.
—
In qualche modo credo di voler scrivere nello stesso stile di mio padre. "Just to break the ice."
—

Fort Jesus, l'imponente costruzione sul mare un pò più in là del nostro hotel, è stato l'orripilante luogo della tratta degli schiavi. Gli africani di questa zona e dintorni venivano radunati e imbarcati su navi che li portavano in posti tipo l'India. Il Kenya si è poi reso indipendente dalla Gran Bretagna nel 1963. La storia coloniale è ancora molto visibile.

Oggi partiamo da Mombasa per Watamu, 110 km. nord-est verso Lamu. Un resort sul mare lussureggiante e completo di parties, feste, cocktails, palme, sabbia bianca, acque turchesi e un sacco di relax.

Mi piacerebbe molto andare a fare una vacanza tutti insieme. Anche con mamma come una grande "famiglia felice".
Forse il prossimo anno possiamo fare qualcosa.

Finalmente mi sento in Africa. L'altro giorno abbiamo avvistato una zebra proprio sul lato della strada. Ci sono scimmie e babbuini dappertutto. Ho persino visto un branco di elefanti che era veramente magico.

Le persone sono amichevoli, calde, leggere.... e stupendamente nere.
La vera Africa.

Ancora 3 mesi in Africa e poi comincia il viaggio in Australia.

Non vedo l'ora di vedervi su Skype.
Bacissimi, Valerio

*****

[JOURNAL] 27/12/2010

Monday 27th December 2010, Watamu Beach, Kenya.
Krebella Residence. Le 13 - 'nother day...

I rub my chin...
What should I think? What should I write?
It's hot. On the Kenyan coast it's hot.
—
I was reading two books this morning: "What Obama Means" – Jabari Asim, 2009 – and then "Long Way Down" by Ewan and Charley.
—

Una donna si piega, gentilmente lavando i panni con acqua, sapone ed un sorriso. Mi ricorda nonna Diana. Le generazioni passate erano molto più semplici nelle loro vite quotidiane. Un po' "stile-Africa" -> procurarsi cibo, pulire casa, guadagnare soldi, e voler bene alla famiglia. Certo – esiste ancora questo – ma fa solo parte della vita più ampia, più frenetica, più tecnologica.

—

Ieri sera mi sono messo a dibattere il tema dello sviluppo economico in Africa e quel che significa, con una cantante, bella, grossa, giovane, e due uomini qua nel cortile. Dicevo che secondo me l'Africa sopravviveva perfettamente senza e prima della colonizzazione. Malattie, povertà, guerre, malnutrizione, cambiamento del clima ed altro, sono stati importati dall'estero. Le tribù indigene vivevano assieme alla natura come gli aborigeni dell'Australia, gli indiani dell'America, e vari altri popoli nativi.

—

Vedere lo sviluppo delle infrastrutture in Africa mi fa pensare: a chi serve? Le highways – servono ai Samburu, guerrieri che vivono ancora della terra?
Gli alberghi? I supermercati? Le telecomunicazioni? Tutto ciò serve per costruire velocemente un mercato continentale di agricoltura, tecnologie, energia, turismo ed altro. Gli investimenti purtroppo sono necessari ora per le seconde e terze generazioni che come diceva un signore ieri "non riescono più a ritrovare la cultura tradizionale anche se volessero."
Le popolazioni del terzo mondo crescono.
I governi si comportano come aziende.
Il clima si trasforma.
Il mondo che abbiamo ora? Girerà sempre nella stessa direzione questo mondo?

*****

When one reads, I've noted, the mental image that comes into the mind is constructed differently by each person. For example, if I, reading the book on Obama, remember the night of his victory then some images of that memory come into my mind. Instead, if a person reading the same book had not seen those scenes on television, they would have different mental images.
And so, each experience that we have in life makes us reflect differently from each other.

—

I was looking at the words on the page, black, small, static characters. In some ways looking at them as the only reader, the words became little scenes with characters, colours; and so I've understood the power of the art of writing. If you think about it, the mind has an enormous power that allows you to transform the characters of the alphabet into a filmic fable very much like a dream.

—

In some way I believe I'd like to write in the same style as my father. "Just to break the ice."

—

A woman is bending over, gently washing clothes with water, soap, and a smile. She reminds me of nonna Diana. The past generations were much simpler in their daily lives. A bit "Africa-style" -> getting food, cleaning house, earning money, and loving the family. Certainly this still exists, but it's now only part of a more extended life, more frenetic, more technologized.

—

Yesterday evening I began to debate the issue of economic development in Africa and what it means with a female singer, beautiful, big, young, and two men here in the yard. I was saying that, in my opinion, Africa was surviving perfectly well without and before colonisation. Disease, poverty, wars, malnourishment, climate change, and other things, have been imported from overseas. The indigenous tribes lived with nature, like the Aborigines of Australia, the Indians of America, and various other native peoples.

—

Looking at the development of infrastructure in Africa makes me think who does it serve? The highways – do they serve the Samburu, warriors who still live from the earth? The hotels? The supermarkets? The telecommunications? All this serves to

[EMAIL] 29/12/2010

Da: Valerio De Simoni
A: Angelo Pasquini
Mercoledì, 29 dicembre 2010 4:48 PM

Ciao zio,
Grazie e anche a voi un buon Natale e scusa per il ritardo.
Spero che abbiate festeggiato con le solite mangiate.

Qua sulla costa tutto benone. Caldo boia, mare stupendo, cocktail, palme, bagni, pesce fresco, e parecchio riposo per la prossima tappa.

Noi stiamo qua sulla costa fino all'8 gennaio quindi se si può organizzare in tempo, si potrebbe pure fare un Skype tutti assieme.
Fammi sapere quando vi fa comodo.
Mando anche a voi un grosso abbraccio.

*****

[EMAIL] 29/12/2010

From: Valerio De Simoni
To: Sylvie Narciso
CC: Jamie Kenyon
Wednesday, 29 December 2010 4:57 PM

Hey Sylv, please see below.

These are the details that Mardi (my mum's neighbour) has found for us.
I think they are very interesting and very noble projects.

Out of six months in Africa it would seem absurd to only 'stop off' and visit two Oxfam projects in an entire 6-month period.
Now that we have a lot more time to freely enjoy Africa, I think we could try and include one or more of these locations as we are visiting all three of these countries.

I think the aim of visiting these projects would be purely just to be there and learn about what they are doing and would be a great

quickly construct a continental agricultural market, technologies, energy, tourism and other things. Unfortunately investment is now needed for the second and third generations which, as one gentleman was saying yesterday "couldn't rediscover traditional culture even if they wanted to".
The populations of the Third World are increasing.
The climate is changing.
The world we have now? Will it turn always in the same direction, this world?

******

[EMAIL] 29/12/2010

From: Valerio De Simoni
To: Angelo Pasquini
Wednesday, 29 December 2010 4:48 PM

Hi uncle,
Many thanks and a Happy Christmas to you too – and forgive me for the lateness. I hope you've celebrated with the usual huge meals.

Here on the coast everything is absolutely fine. Hot as hell, a stunning sea, cocktails, palm trees, swimming, fresh fish, and lots of rest to prepare for our next leg.

We'll be here on the coast until 8 January so if we can manage to organise it in time, we could even skype all together.
Let me know when it would suit you.
I send you a big hug.

*****

[EMAIL] 29/12/2010

Da: Valerio De Simoni
A: Sylvie Narciso
CC: Jamie Kenyon
Mercoledì, 29 dicembre 2010 - 4:57 PM

Ciao Sylvie, per piacere guarda qui di seguito.

experience for us all to see how much inspiring work is being done throughout Africa.

Please Jamie and Sylv have a read through it all (so we're all on the same page), and then maybe JK and I can contact them.
VDS

*****

[FACEBOOK MESSAGE] 30/12/2010

11:55am
Matias Jel
Ciao mate, hope you got my sms the other day from my African number...
Hey listen, do you know anyone in the talent agent/management business in Sydney regarding sponsorship, media, events, PR etc?
We get back to Aus in April 2011, and from then on will need a rep. to look after our affairs from then on so have a think and get back to me- I just thought of you as you're in the 'industry' so to speak.
Happy birthday, Christmas, NYE!!
P.S wish I was there chasing women with you and doing our 100x sit ups at 5.30am on your sister's roof top

*****

[SMS] 1/1/2011

08:45:54
Buon anno mamma! Lots of love! Baci baci baci vale

*****

Questi sono i dettagli che Mardi (la vicina di mia madre) ha trovato per noi... Io credo che siano progetti validi e interessanti.

In ben 6 mesi in Africa sarebbe assurdo fare tappa e visitare soltanto due iniziative Oxfam.
Adesso che abbiamo un sacco di tempo per goderci l'Africa in libertà penso che potremmo provare a inserire uno o più di questi posti, dato che visiteremo tutti e tre i Paesi.

Credo che l'obiettivo di andare a vedere questi progetti potrebbe essere semplicemente quello di capire quello che stanno facendo; e che sarebbe una grande esperienza per tutti noi vedere tutto il meraviglioso lavoro che viene fatto in Africa.

Per piacere, Jamie e Sylvie, date una letta a tutto (così andiamo di pari passo) e poi magari JK ed io possiamo contattarli.
VDS

*****

[MESSAGGIO FACEBOOK] 30/12/2010

11:55
Matias Jel
Ciao mate, spero tu abbia ricevuto il mio messaggio l'altro giorno dal mio numero africano...
Ehi ascolta, conosci dei talent agent/management business a Sydney per occuparsi di sponsorizzazioni, media, eventi, PR ecc?
Ritorniamo in Australia in aprile 2011, e da allora in poi abbiamo bisogno di un rappresentante che si prenda cura dei nostri affari (da quel momento in poi) allora pensaci e fammi sapere – ho pensato a te visto che tu sei in un certo senso nel 'settore'.
Buon compleanno, Natale, anno!!
P.S. vorrei essere lì con te e andare a caccia di ragazze e fare i nostri 100x addominali alle 5.30 della mattina sul tetto di casa di tua sorella

*****

[SMS] 1/1/2011

08:45:54
Happy New Year Mum! Ti voglio bene! Lots of kisses. Vale

[JOURNAL] 7/1/2011 23.45 Hemingways Resort, Watamu
Holiday reflection

We arrived at Watamu on the 23rd of December and are now leaving on the 8th of January. This is a journey of arrivals and departures, hellos and goodbyes, loves and emotions – all of which must be fast and passionate.

—

From the 3rd of Jan we have been staying at Hemingways. Before that we had an incredible build up of partying from the 27th to the 29th, to NYE, to the 2nd – and so it became every night from then on.

—

The importance of this short yet hugely fulsome holiday of fresh foods, buffets, down cocktails, swims, sleeps, laughs, partying…

—

Jamie and I sorted out our differences finally. I approached him on NYE just before dinner. Ted and I became close friends once more. We needed it.

Sacha and I were drinking heavily, Ted also. We all went to the "Os" (Ovensparty), the adjacent beach hotel that had the real partying going on. Fucking awesome music! On the 27th or the 29th I went nuts on the dance floor.

So various great nights, and lots of little moments. Yesterday woke up at 14:30 in Room #57 after I went to sleep at 05:00 after a HUGE night of card games, including "Ring of Fire" (P.S fucking brilliant); and having a good fun time and dance at OS with JK, KD, Emma, Lidia, Ed Prior, and Guy – two absolute legends. Ed is a chilled, quiet guy who's 100% genuine and warm. A person who makes me feel good. After everyone ate dinner at the restaurant we migrated over to the main bar and kept going. 1 dawa, 2 dawa, 3, 4, 5 ->

TUSKERS…. Loose!

P.S. another great guy is Tom, the Gaelic.

—

Anyway – once we were on the sand walking back to Hemingways we all sat down on the wall. Then we went down to the beach with puffs, beers, and great laughs. After an hour or so Sacha, Lidia, Ed and I were back in the TV room watching Aus get smashed by Eng in the Ashes.

—

*****

[DIARIO] 7/1/2011 - 23.45 Hemingways Resort Watamu
Riflessione sulla vacanza.

Siamo arrivati a Watamu il 23 dicembre e stiamo per partire ora, l'otto gennaio. Questo è un viaggio di arrivi e partenze, hellos and goodbyes, ciao e arrivederci, amori ed emozioni – tutto deve essere veloce ed appassionato.

—

Dal 3 gennaio stiamo stati all'Hemingways. Prima abbiamo fatto una serie incredibile di feste dal 27 al 29, dalla vigilia di Capodanno al 2 – ed è continuata così ogni notte da allora in poi.

—

L'importanza di queste vacanze, brevi ma eccessive, fatte di cibo fresco, buffet, cocktail buttati giù, nuotate, sonni, risate, feste...

—

Finalmente io e Jamie abbiamo risolto le nostre divergenze. L'ho avvicinato la vigilia del primo dell'anno proprio prima di cena. Io e Ted siamo diventati di nuovo grandi amici. Ne avevamo bisogno.
Io e Sacha stavamo bevendo molto, anche Ted. Eravamo andati tutti all "Os" (Ovensparty), l'hotel adiacente sulla spiaggia dove si teneva la vera festa. Musica da sballo! Il 27 o il 29 sono uscito di testa sulla pista da ballo.
Così molte notti fantastiche e molti brevi incontri. Ieri mi sono svegliato alle 14:30 nella stanza #57 dopo esser andato a dormire alle 05:00 dopo una notte interminabile di giochi di carte, incluso "Ring of Fire" (P.S una figata); mi sono divertito molto a ballare al OS con JK, KD, Emma, Lidia, Ed Prior, e Guy – due leggende in assoluto. Ed è un gran tipo cool, tranquillo, genuino al 100% e caloroso. Una persona che mi fa sentire bene. Dopo aver cenato tutti al ristorante ci siamo trasferiti al bar principale e continuato. 1 dawa, 2 dawa, 3, 4, 5 -> Birra TUSKERS... Da sballo!
P.S un altro gran tipo è Tom, il Gaelico.

—

Comunque – una volta sulla spiaggia ritornando verso l'Hemingway ci siamo seduti tutti su un muretto. Poi siamo andati in spiaggia con degli spini, birre, e grandi risate. Dopo circa un'ora io, Sacha, Lidia, Ed siamo tornati nella sala della TV a guardare

Really FUCKING AMAZING PLACE HERE!
So – that's why I woke up at 14:30 yesterday. Struggled pretty badly actually through the day. Played soccer, went to the gym, played volleyball, played cricket, swam, rugby -> great fucking tunes at Sacha's room! Awesome.

—

Then in the evening, as I had been relegated to sit away from the main table because of the owner and our "quads on the beach incident" – Ted and I spent an actually lovely dinner together chilling at the main bar outside. He bought the rounds: double Caesar salads, tortilla etc. Then the usuals started coming over…

*****

[BLOG] 8/1/2011

After two weeks of holidays, we're back on the road. Saturday, 8th January 2011

After waking up at 04:40am and after having slept for only 210 minutes, I REALLY wasn't looking forward to getting on the bike. Add the fact that we had just been on our first holiday/break since Greece (back in August), and it was a 16-day mammoth holiday/break of recovering from the previous 23,000 Km leg from Istanbul-to-Nairobi; and I was just not up for it.
Some people ask me "how hard is it to wake up in the morning and just get on the bike?", and I can tell all of you that it's not always easy. Today I woke up with a sore neck, very, very tired eyes, a bit of a cough, cramped calf muscles, and just generally fatigued. Yes, we were on holiday at Watamu Beach (on the east coast of Kenya, which is Marine Park Reserve) but it felt as if the previous 135 days had caught up with me all in one hit and it took those two weeks off to really understand and appreciate what we had achieved. I had ridden my quad bike from Istanbul, all the way up the Adriatic coast line, up to Germany, West to the UK and Ireland, then South through France, Spain, into Italy, and then crossing Northern Africa from Tunisia, to Egypt, to Ethiopia, and now into Kenya.
A few people we speak with on the road bring up the similar African expedition example of the "Long Way Down" documentary with Ewan Mcgregor and Charlie Boorman. I simply tell them that "we are the Longer Way Down". So, at 04:30am Ted woke me up with the

l'Australia farsi polverizzare dall'Inghilterra nel torneo Ashes.

—

Veramente UN POSTO STRAFICO QUA!
Così – ecco perché mi sono svegliato alle 14.30 ieri. Ho faticato moltissimo a trascinarmi durante la giornata. Giocato a calcio, andato in palestra, giocato a pallavolo, giocato a cricket, nuotato, rugby, -> musica strafica nella stanza di Sacha! Fantastico.

—

Poi ieri sera, dato che ero stato relegato a sedere lontano dal tavolo principale a causa dello stronzo di proprietario e il nostro "episodio dei quad sulla spiaggia" – io e Ted ci siamo comunque fatti una bella cena insieme, rilassandoci al bar principale fuori. Ha offerto lui: Caesar salad doppia, tortilla ecc. Poi è ricominciato tutto come al solito...

*****

[BLOG] 8/1/2011

Dopo due settimane di vacanza, siamo di nuovo sulla strada. Sabato, 8 gennaio 2011

Dopo essermi svegliato alle 4:40 ed aver dormito solo 210 minuti, non ero PROPRIO ansioso di risalire in moto. Aggiungi il fatto che avevamo appena fatto la nostra prima vacanza/interruzione dalla Grecia (agosto passato), ed era stata una mega vacanza/interruzione di 16 giorni per riprenderci dalla precedente tratta di 23,000 km da Istanbul a Nairobi; e semplicemente io non ero ancora pronto
Alcuni mi chiedono "quanto è difficile svegliarsi al mattino e subito dopo risalire in moto?", ed io posso dire a tutti voi che non è sempre facile. Oggi mi sono svegliato con male al collo, occhi stanchissimi, un po' di tosse, crampi ai muscoli del polpaccio, e nell'insieme proprio affaticato. Sì, siamo stati in vacanza a Watamu Beach (sulla costa Est del Kenya, che è una Riserva Naturale Marina) ma era come se i 135 giorni precedenti mi fossero piombati addosso tutti in un colpo e ci sono volute quelle due settimane di riposo per capire e apprezzare fino in fondo quello che avevamo realizzato. Ero stato in sella al mio quad da Istanbul, risalendo via via la costa adriatica, su fino alla Germania, ad Ovest al Regno Unito e all'Irlanda, poi a Sud attraverso la Francia, la Spagna fino in Italia e poi, attraversando il Nord Africa dalla Tunisia, all'Egitto, all'Etiopia, ed ora in Kenya.
Alcune persone con cui parliamo lungo il percorso menzionano l'esem-

usual "get up before I flip you over" attitude and under the darkness of night we ate breakfast, said our prayers, and swallowed a BIG sigh of sadness as we were leaving the turquoise coloured beach of Watamu where we had ate like kings, slept like lions, partied like monkeys, and generally had enough time to mend all wounds between Jamie, Ted, and I.
Origin: Watamu Beach, Kenya
Destination: Nairobi, Kenya
Distance: 601 km
Departure time: 05:15 am
Estimated arrival time: 6:20 pm
As you can see, it was a seriously big day for our first day back as a Squad, on the bikes, and in to the New Year of 2011. Kenya certainly feels like the half-way mark of the journey even though we have exactly 214 days left before we roll into Sydney. So out of the gates of the resort, and back on the road bound for the capital. We were all in good spirits, chatting away about the good times we were already missing, the little niggling issues with the machines, how tired we were etc etc.

At around 02:00 pm we pulled off under a big acacia tree and had a quick lunch of left-over croissant, water, and raisins (because on the road, you gotta eat what you can some times!). The problem with eating like this is we became very quickly lethargic. I even had a 20-minute 'power nap' and was woken up by the pair of idiots (Jamie and Ted of course) who had rolled a bike right up close to me, got the camera out, made a David Attenborough-type introduction to the scene, and then BLASTED the truck horn which woke me up in a state of absolute trance. I was so, so, so out of it that it took about 2 seconds for me to realise what had just happened.
After another 4-5 hours of hard slog, sweating in the African heat, dodging lots of terrible oncoming traffic, and we were back in Nairobi. After a 13-hour day with only 3 hours of sleep, I was seriously wrecked. I had to cook dinner as well, and then at 08:45 pm we were all fast, fast asleep. I woke up at 08:45 am the next morning.
2011 has begun, and I wouldn't want to be anywhere else!
P.S. a big hello to all of the lovely friends I made at Watamu Beach. We're all thinking of you back home in the cold!
Val.

pio dell'analoga spedizione africana del documentario "Long Way Down" [Lunga discesa] con Ewan Mcgregor e Charlie Boorman. Io gli dico semplicemente che "noi siamo il Longer Way Down" [Discesa più lunga]. Così, alle 4:30 del mattino Ted mi ha svegliato nel suo solito modo "alzati prima che ti butti giù" e nell'oscurità della notte abbiamo fatto colazione, detto le preghiere, e ingoiato un GRANDE sospiro di tristezza nel lasciare la spiaggia turchese di Watamu dove avevamo mangiato da re, dormito da leoni, fatto festa come scimmie, e avuto nell'insieme abbastanza tempo per ricucire tutte le ferite tra Jamie, Ted e me.
Provenienza: Watamu Beach, Kenya
Destinazione: Nairobi, Kenya
Distanza: 601 km
Ora di partenza: 05:15
Ora di arrivo prevista: 18:20
Come potete vedere, non è stato davvero uno scherzo il nostro primo giorno di ripresa come Squad, sulle moto, e nell'Anno Nuovo 2011. Il Kenya certamente ci sembra il punto intermedio del viaggio anche se ci rimangono esattamente 214 giorni prima di arrivare a Sydney. Perciò fuori dai cancelli del resort e di nuovo sulla strada diretti alla capitale. Eravamo tutti su di morale, chiacchierando allegramente dei bei giorni trascorsi di cui già sentivamo la mancanza, dei piccoli problemi assillanti relativi ai nostri mezzi di trasporto, di quanto eravamo stanchi, ecc., ecc.
Verso le 2 del pomeriggio abbiamo fatto una sosta sotto un grande albero di acacia per un pranzo veloce a base di croissant avanzati, acqua e uvetta (perché, in viaggio, a volte si deve mangiare quello che si può!). Il problema del mangiare in questo modo è che ci siamo sentiti molto presto letargici. Io ho perfino fatto un 'pisolino rigenerante' di 20 minuti e sono stato svegliato dai due idioti (Jamie e Ted ovviamente) che avevano spinto una moto fino accanto a me, tirato fuori la videocamera, fatto un'introduzione alla scena alla David Attenborough, e poi hanno SUONATO IL CLACKSON A PIÙ NON POSSO, cosa che mi ha fatto svegliare in uno stato di totale trance. Ero talmente perso che mi ci sono voluti circa 2 secondi per rendermi conto di cosa fosse appena successo.
Dopo altre 4-5 ore di sgobbata, sudando nel caldo africano, schivando un mucchio di traffico bestiale proveniente dalla direzione opposta, eravamo di nuovo a Nairobi. Dopo una giornata di 13 ore con solo 3 ore di sonno, ero veramente distrutto. Ho dovuto anche preparare la cena, e poi alle 20:45 eravamo tutti profondamente addormentati. Mi sono svegliato alle 8:45 la mattina dopo.
Il 2011 è cominciato, e io non vorrei essere da nessun'altra parte!

*****

[FACEBOOK MESSAGE] 11/1/2011

9:47pm
Sylvie Narciso

FB App order

Sylv, I would like to change the order of the "Apps" on our tab on the EXP FB page. I tried to look into it but failed.
Can you investigate how to do it? I want to put the "Photos" tab in the main view so you don't have to click on the '>>' button to select it. The photos are very important in exciting fans about the adventure.
If we cannot change the app order, then please delete the Twitter button so Photos scales up.
Twitter is less important then the Photos.
Let me know, ciao.
V

*****

[EMAIL] 12/1/2011

From: Valerio De Simoni <valerio@expedition.org.au>
To: globalresourcealliance@gmail.com
Cc: Jamie Kenyon <jamie@expedition.org.au>; Mardi Kendall <koragirl@hotmail.com>; Sylvie Narciso <sylvie@expedition.org.au>
Sent: Wed, 12 January, 2011 12:22:21 PM
Subject: Visiting Global Resource Alliance (Tanzania)

Dear GRA-TZ,

I am a good friend of Mardi Kendall who passed on the details of "Global Resource Alliance - Tanzania" for me to contact you and the program.

We will be passing through Tanzania soon on our global adventure-challenge breaking a Guinness World Record on Quad Bikes driving from Istanbul-to-Sydney through Europe, Africa, and Australia.

P.S. un grande ciao a tutti i begli amici fatti a Watamu Beach. Noi tutti vi pensiamo ormai rientrati a casa al freddo!

*****

[MESSAGGIO FACEBOOK] 11/1/2011

21:47
Sylvie Narciso

ordine App per FB

Sylv, vorrei cambiare l'ordine per le "App" sulla nostra schermata sulla pagina FB della EXP. Ho provato ma non ci sono riuscito.
Puoi informarti su come fare? Voglio mettere la barra "foto" nella parte principale così non devi cliccare sul tasto '>>' per selezionarla.
Le foto sono molto importanti per entusiasmare chi ci segue nella nostra avventura.
Se non possiamo cambiare l'ordine delle app, allora per favore elimina il tasto Twitter così le Foto si spostano più in alto.
Twitter è meno importante delle Foto.
Fammi sapere, ciao.
V

*****

[EMAIL] 12/1/2011

Da: Valerio De Simoni <valerio@expedition.org.au>
A: globalresourcealliance@gmail.com
Cc: Jamie Kenyon <jamie@expedition.org.au>; Mardi Kendall <koragirl@hotmail.com>; Sylvie Narciso <sylvie@expedition.org.au>
Spedito: mercoledì, 12 gennaio, 2011 12:22:21 PM
Soggetto: Visiting Global Resource Alliance (Tanzania)

Cari GRA-TZ,

Sono un amico di Mardi Kendall, che mi ha fornito i riferimenti di Global Resource Alliance Tanzania per potervi contattare e il programma.

Nel corso della nostra avventura/sfida a infrangere il record del Guinnes

We are supporting Oxfam Australia and also several other smaller projects. I have read through your program and would like to discuss a potential visit for our team so we can share some of the stories of our journey so far and what we are also trying to achieve.

We have given presentations at schools, press conferences, and several fundraising events and I feel that your program is on the same wave length as ours.

Looking forward to hearing from you.

Please view our website to understand fully what we are doing: www.quadsquad.org

*****

[BLOG] 14/1/2011

My greatest challenge. Enter the mind of Valerio. Friday, 14th January 2011

Leaving an incredible game ranch high up on a plateau surrounded by Samburu tribes, giraffe, elephant, zebra, leopards, and lions; I felt again, very down. An overland journey is not easy. I find myself always settling down into a campsite and then 2 or 3 days later I've got to pack my bags and move on just like a snail. I was really happy staying with Jamie's family friends in their ranch and today we had to say our 1,000,000th goodbye. Every time we stop we meet people and make endearing friends. Every time we depart we are saying goodbye to people and to our new friends. So it's very hard for me to settle down so to speak. It's a bit like watching a trailer for a new film and then realizing you have to get back to the feature film you're waiting to see. Well, for me, our feature film is in the making and sometimes it's hard to feel 'at home'.

People everywhere are so, so welcoming to us and are always going out of their way to make us feel at home, 'Karibu Kenya' (welcome to Kenya in Swahili) they always shout at us. Slowly, slowly I am rowing down the river of understanding. About who I am, the world around me, the cultures, the peoples, the lives that surround me. Luck is a word I never associate with, but for once, I feel lucky to be on such an incredibly dynamic and diverse global journey. It's not the physical side of this journey that I often con-

dei primati per la traversata in Quad da Istambul a Sydney attraversando l'Europa, l'Africa e l'Australia, presto passeremo per la Tanzania.

Stiamo sostenendo Oxfam Australia e diversi altri progetti più piccoli. Ho letto il vostro programma e vorrei discutere di una eventuale visita della nostra squadra, in modo da condividere alcuni degli episodi capitati fino ad oggi durante il nostro viaggio e quello che anche noi stiamo cercando di realizzare.

Abbiamo organizzato presentazioni nelle scuole, conferenze stampa, parecchie giornate di raccolta fondi e mi sembra che il vostro programma sia sulla stessa lunghezza d'onda del nostro.

Attendo una vostra risposta.

Per cortesia, andate sul nostro sito per capire esattamente cosa stiamo facendo: www.quadsquad.org

*****

[BLOG] 14/1/2011

La mia più grande sfida. Dentro la mente di Valerio. Venerdì, 14 gennaio 2011

Lasciando un'incredibile riserva naturale elevata su un altopiano circondato da tribù Samburu, giraffe, elefanti, zebre, leopardi e leoni, mi sono sentito di nuovo molto giù. Un viaggio via terra non è facile. Mi ritrovo sempre a sistemarmi in un campeggio e poi 2 o 3 giorni dopo devo rifare i bagagli e rimettermi in moto proprio come una lumaca. Ero davvero felice di stare con gli amici di famiglia di Jamie nel loro ranch e oggi abbiamo dovuto dire il nostro milionesimo addio. Ogni volta che ci fermiamo incontriamo gente e facciamo toccanti amicizie. Ogni volta che partiamo diciamo addio alla gente e ai nostri nuovi amici. Perciò mi è molto difficile stabilizzarmi per così dire. È un po' come guardare un trailer di un nuovo film e poi renderti conto di dover ritornare al film che stai aspettando di vedere. Be', per me, il nostro film è in corso di produzione e a volte è difficile sentirsi 'a casa'. La gente dovunque è così accogliente con noi e si dà sempre talmente da fare per farci sentire a casa, 'Karibu Kenya' (benvenuto in Kenya in Swahili) ci gridano sempre. Lentamente, lentamente sto remando lungo il fiume della conoscenza. Di chi sono, del mondo intorno a me,

template so much as the emotional journey I am on. "What is your greatest challenge?" is a common question fans and reporters often ask me.

Myself. Yes, I am the greatest challenge I have. Coping with my emotional waves from day to day is a full time occupation. When you are living the 'normal life' in comparison to when you are 'in the wild', emotions seem to vary greatly and play a much more important role in how you view an experience. I challenge you all to try and understand the differences between how you feel today, and how you feel tomorrow. Why? Because if you cannot understand the difference – there might not be any. And without any differences from day to day, you're just getting by and not challenging yourself to feel different, to see different, to smell and taste different, to love different, and to live, to live very different. I am a challenge to my team just as much as they challenge me. I am like a continental news reporter reporting on changes in weather patterns. And just like climate change, my weather changes a lot. I can feel the climate changing over time, and notice all the highs and lows of pressure systems moving through my insides. I get floods (of emotions), droughts (of happiness), storms (of anger), swells (of sadness), earthquakes (of pain), and all of them, all of them, make who I am and what I am.

Without your own weather patterns it's hard to understand where you are going in life. I had to start with where I had come from to get to where I was going. And still now, I am learning every day more and more about where I am – but that's the easy part – what's most challenging is how I react to what surrounds me in any given moment. And believe me, if you can live with yourself and with others on a long haul journey, there isn't much that you wont be able to accomplish.

A wise man once told me that to learn about yourself, you must tear yourself apart.

To be a mechanic you must fix a broken engine, not polish a new one.

To be a chef, you must go and kill a goat in the bush, not purchase it wrapped in plastic.

To fight for poverty, you must be poor before you can preach about it.

To claim victory, first you must taste defeat.

Life is not short; people are just slow and ungrateful.

Children look at me as if I am someone special. All I am is another boy growing up. And as long as you can retain a sense of continued growth, continued interest and learning, life will be long for you.

delle culture, dei popoli, delle vite che mi circondano. La fortuna è una parola che non associo mai a me, ma una volta tanto, mi sento fortunato di trovarmi a fare un viaggio globale così incredibilmente dinamico e vario. Non è tanto sull'aspetto concreto di questo viaggio che mi capita spesso di riflettere, quanto sul viaggio emotivo che mi trovo a percorrere. "Qual è la tua più grande sfida?" è una domanda comune che fan e reporter mi pongono spesso.

Me stesso. Sì, sono io la mia più grande sfida. Far fronte alle mie ondate emotive giorno per giorno è un'occupazione a tempo pieno. Quando vivi la 'vita normale' in confronto a quando sei 'allo stato brado', le emozioni sembrano variare grandemente e hanno un ruolo molto più importante nella tua visione di un'esperienza. Vi sfido tutti a cercare di capire le differenze tra come vi sentite oggi e come vi sentite domani. Perché? Perché se non riuscite a capire la differenza – potrebbe non essercene alcuna. E senza differenze giorno per giorno, semplicemente tiri avanti e non ti metti alla prova per sentire in modo diverso, vedere in modo diverso, percepire odori e sapori in modo diverso, amare in modo diverso, e vivere, vivere in modo molto diverso.

Io sono una sfida per la mia squadra proprio quanto loro lo sono per me. Sono come un reporter di notizie dal continente che fa un reportage sui cambiamenti metereologici. E proprio come i cambiamenti climatici, la mia meteorologia varia moltissimo. Sento il clima che cambia nel tempo e noto tutti gli alti e i bassi dei sistemi di pressione che mi attraversano le viscere. Percepisco straripamenti (di emozioni), siccità (di felicità), tempeste (di rabbia), ondate (di tristezza), terremoti (di dolore) e tutti insieme, tutti insieme, costituiscono chi e cosa sono.

Senza il tuo andamento meteorologico è difficile capire dove stai andando nella vita. Io ho dovuto cominciare da dove ero venuto per arrivare a dove stavo andando. E ancora adesso ogni giorno imparo sempre di più su dove sono – ma questo è facile – quello che è più arduo è come reagisco a quello che mi sta intorno in ogni dato momento. E credetemi, se riesci a vivere con te stesso e con gli altri in un viaggio a lungo percorso, non c'è molto altro che non sarai in grado di conseguire.

Un saggio una volta mi ha detto che per conoscerti devi ridurti a pezzi.

Per essere un meccanico devi aggiustare un motore rotto, non lucidarne uno nuovo.

Per essere uno chef devi andare ad ammazzare una capra nel bush/nella boscaglia, non comprarla avvolta nella plastica.

Per combattere per la povertà devi essere povero prima di poterne propugnare la causa.

Never settle, yet don't look for perfection. Balance is the key.
I am not here to leave a legacy, because I have none. I am here as you are here. And that is all that matters. Remember that the only reality that I, you, and we have is now. Take it and make something of it.

P.S. A special hello to my Gestalt Therapist John back in Sydney who taught me "to always honor my inner child". I am glad to report that the little boy lives strong. He is growing once more. Life is beautiful.
A tired Val.

*****

[BLOG] 17/1/2011

The most dangerous roads we've faced yet. 17th of January 2011
"I have to say goodbye now because my brother-in-law was bitten by a black scorpion and we need to take him to the doctor right now... Thank you friends... Thank you friends for all you have done". These were the last words we heard from Julius. Lake Turkana is a special place in the upper west region of Kenya. Julius approached us like many, many other people do offering their services; be it, as a guide, to show you to a camp site, to bring you cold drinks, or simply because they have never, ever seen a 'piki-piki', or motorcycle such as ours.

We had rolled into Lalengelali two days ago and had spent an incredible time in and around this small township. As I have seen time and time again, the more time I spend with local people the more local I feel. Julius (as is his 'trading name') is a 33-year old Rendile tribesman who is very proud of his village, his people, and his work. Because his township has a rare situation of hosting four different Kenyan tribes, Julius explained to me that many 'mizungo' (or white people) choose to come through and stop over. Funnily enough though, we were the first four-wheeled piki-pikis to have ever crossed the entire region, so he said.
We had woken up at 06:00 am local time because the temperatures up here are seriously devastating. I had clocked 33.2 degrees Celsius on my Casio at 22:30 pm last night when I was struggling to get to sleep in my tent. After ritually packing up the Blackwolf kit in order: roll mat, roll pillow, sleeping bag, and then the tent, I took my anti-malarial tablet, multivitamin tablet, glugged a good 750mL of purified water with a mixture of orange Hydrolite in it.

Per cantare vittoria, devi prima assaporare la sconfitta.
La vita non è breve; la gente è semplicemente lenta e ingrata.
I bambini mi guardano come se fossi qualcosa di speciale. Sono solo un altro ragazzo che cresce. E fintanto che manterrai un senso di continua crescita, di continuo interesse e apprendimento, la vita sarà lunga per te. Non adagiarti mai, tuttavia non cercare la perfezione. Il segreto è l'equilibrio.
Io non sono qui per lasciare un retaggio, perché non ne ho. Sono qui come voi siete qui. Ed è solo questo che conta. Ricordatevi che l'unica realtà che io, voi e noi abbiamo è adesso. Prendetela e fatene buon uso.

P.S. Un saluto speciale a John, il mio Terapista della Gestalt a Sydney, che mi ha insegnato a "onorare sempre il bambino dentro di me". Sono lieto di riferire che il piccolo è vivo e vegeto. È tornato a crescere. La vita è bella.
Un Vale stanco.

*****

[BLOG] 17/1/2011

Le strade più pericolose che abbiamo affrontato finora. 17 gennaio 2011
"Adesso vi devo salutare perché mio cognato è stato morso da uno scorpione nero e dobbiamo portarlo dal dottore immediatamente.... Grazie amici... Grazie amici per tutto quello che avete fatto". Queste sono state le ultime parole che abbiamo sentito da parte di Julius. Il Lago Turkana è un luogo speciale nella regione nord-occidentale del Kenya. Julius ci ha avvicinato come fanno molte molte altre persone che ci offrono i loro servizi; come guida, per portarci a un luogo dove accamparci, o per portarci delle bevande fredde, o semplicemente perché non hanno mai e poi mai visto un 'piki-piki', o una motocicletta come le nostre.
Eravamo arrivati a Lalengelali due giorni fa ed eravamo stati benissimo in questa piccola cittadina e nei dintorni. Come ho visto tante e tante volte, più tempo passo con la gente del luogo più mi sento uno del luogo. Julius (questa è la sua 'denominazione commerciale') è un membro della tribù Rendile di 33 anni, molto fiero del suo villaggio, della sua gente e del suo lavoro. Siccome la sua cittadina ha la rarità di ospitare quattro tribù keniote diverse, Julius mi ha spiegato che molti 'mizungo' (i bianchi) scelgono di passarci e fare una sosta. Stranamente però, noi eravamo i primi piki-pikis a quattro ruote ad avere mai attraversato l'intera regione, così ha detto.
Ci eravamo svegliati alle 06:00 ora locale perché le temperature

Julius left in a plume of smoke and tears, as he was very saddened to see us leave. As in Libya, our tour-guide had become a close friend. I would also like to briefly mention that Julius has a 6-year old son who has a speech impediment, and it was very touching to see how much Jamie was looking after him over the last few days; keeping him smiling, playing games, taking him for a ride on the bike. For Tanka-Tanka, it will be a life-long memory I am sure.
Rolling out of El Molo Lodge at 07:25 am bound for Marallal a good 238 Km of pure, rotten, and rutted off road. I knew this was going to be a tough day but bloody hell I didn't think it would turn out like it did...
"I CAME OFF, F%^KING HELL I CAME OFF... I DON'T KNOW IF I BROKE MY LEG" was all I heard through the dusty crackling radio. I was 3rd and so notified Jamie to race back as I raced forward to see what happened. I'm telling you, in those moments, when you are in the MIDDLE OF NOWHERE in lion-infested bush country with bandits around, and 1000s of kilometers from any hospital, with fuel running low... You really do hold your breath and hope there's nothing serious. I was absolutely gunning it along the most difficult road we've faced to catch up to Ted fearing the worst (as we were trained to do), which is a spinal injury.

Kris (AKA Ted) was riding 2nd and took a bad line over a bad pothole section and flew off the bike. As I pulled up in a cloud of dust, Jamie had just arrived and we jumped off to check Ted who was in a lot of shock and pain. He was grasping his right leg. Ted began demonstrating to us both the line he took on the road and describing how his wheel had dug into a rut and then flung the whole 450 Kg machine into the air whilst he had to kick it forwards in mid air so it wouldn't land on him and crush him to death instantly.
I still couldn't believe he was 'Okay'. Coming off at those speeds with a machine like that, on a moon surface-type bush road is seriously, seriously dangerous. After going over our St Johns Ambulance acronyms (TOTAPS and few others) we were able to diagnose Ted as luckily only suffering from a really hard bruise and hopefully nothing else. We had no other option but to push on. Ted was in real pain as he was screaming and swearing over the radio mic. after every following pothole.
It had just gone about 14:30 pm local time before our radios had died. When we ride in formation (which is always), we make sure that we are in constant communication for all road hazards. "Rut ahead, rut ahead" or "tough section, slow down, slow down" were

quassù sono davvero devastanti. Avevo registrato 33.2 gradi Celsius sul mio Casio alle 22:30 ieri sera quando facevo fatica ad addormentarmi nella mia tenda. Dopo aver preparato il mio kit Blackwolf secondo il solito ordine rituale, arrotolato materassino, cuscino, sacco a pelo, e poi la tenda, ho preso la mia compressa antimalarica, la compressa multivitaminica, ingurgitato un buon 750 ml di acqua purificata con dentro una miscela di Hydrolite all'arancia.
Julius se n'è andato in una nuvola di fumo e di lacrime, perché era molto rattristato dal vederci partire. Come in Libia, la nostra guida era diventato un amico stretto. Vorrei anche brevemente menzionare che Julius ha un bambino di 6 anni con un disturbo del linguaggio, ed era molto commovente vedere quanto Jamie si fosse occupato di lui negli ultimi giorni; facendolo sorridere, giocando, portandolo in giro sulla moto. Sono sicuro che per Tanka-Tanka, sarà un ricordo a vita.
Partendo da El Molo Lodge alle 07:25 diretti a Marallal un buon 238 km di strada pura, infame, e piena di solchi. Sapevo che sarebbe stata una giornata dura ma maledizione non pensavo che sarebbe andata così...
"SONO CADUTO, CA..O SONO CADUTO... NON SO SE MI SON ROTTO UNA GAMBA" è tutto quello che ho sentito dal crepitio della radio polverosa. Io ero terzo e così ho avvertito Jamie di tornare indietro di corsa mentre io mi precipitavo in avanti per vedere cosa era successo. Vi dico, in questi momenti, quando sei in MEZZO AL NULLA in aperta savana infestata da leoni con banditi in giro, e a migliaia di chilometri da qualsiasi ospedale, a corto di benzina... Trattieni davvero il respiro e speri che non sia niente di serio. Andavo assolutamente come un razzo lungo la strada più difficile che abbiamo affrontato per raggiungere Ted temendo il peggio (come eravamo addestrati a fare), cioè una lesione alla spina dorsale.
Kris (detto anche Ted) stava viaggiando in seconda posizione e ha preso una brutta traiettoria sopra una sezione piena di brutte buche ed è volato dalla moto. Mentre mi fermavo in una nuvola di polvere, Jamie era appena arrivato e ci siamo precipitati a controllare Ted che era in uno stato di grande shock e dolore. Si teneva stretta la gamba destra. Ted ha cominciato a indicarci a tutti e due la traiettoria seguita sulla strada e a descriverci come la sua ruota si fosse piantata in un solco scaraventando in aria l'intera macchina di 450 kg mentre lui aveva dovuto darle un calcio a mezz'aria affinché non gli atterrasse addosso e lo facesse morire schiacciato all'istante.
Ancora non mi capacitavo che fosse 'Okay'. Cadere a quelle velocità con una macchina come quella, su una strada sterrata dalla superficie simile a quella della luna è davvero, davvero pericoloso. Dopo aver ripassato gli acronimi (TOTAPS: Touch, Observe, Talk, Active Movement,

two of the most common shouted phrases over our radio frequency today before the radios died from over-use; because that's literally how difficult the road was. Every damn 10-metre strech was either lop-sided, had goats roaming on it, had bathtub-size potholes through it, had boulder-sized stones protruding out the soil, or had an oncoming lorry steaming straight for us on this two way bush tracks. It was ridiculous.

"Oh shit, oh shit, Ted can you hear me over?" was what I was screaming into my radio hoping that the signal was still on his side. 500 metres away I saw what I was dreading to see... His quad bike completely on its side in the middle of a ditch with no sign of Ted. I again held my breath and tried desperately to contact Jamie but he was clearly out of range. As I raced up again from behind I could see the damage, as I got closer. Ted was barely moving, on his feet though, in serious, serious shock – and hopefully no pain. Flicking my kill switch Ted was yelling in to the sky clearly frustrated at himself and/or the road.

"I don't know what happened man, it just flipped over again because of this f$%%king road... I CANNOT STAND THIS DAMN ROAD", Ted

was telling me whilst he paced up and down the accident zone. A small crowd of local tribes people surrounded us in minutes and sure enough with the immense heat, dehydration, shock, pain, and pure raw anger, Ted let loose a few colourful verses. I was just damn glad that AGAIN he hadn't injured himself seriously. Bruises are one thing, but the way the bike had flipped over in a ditch as well, could have left him squashed dead underneath.

When journalists ask me "just how serious is this journey for you?" I can only reply with "It doesn't get much more real or serious than this when you think you are about to jump off your bike at 65 Km per/hour to pull your friend out from under a 450 Kg machine, rip open your Frst Aid kit, pull his emergency helmet straps off, apply a neck brace, set off a military PLB (Personal Locator Beacon) to notify the Australian authorities that we are in a life-threatening situation and need a medivac helicopter rescue asap". Thankfully though, we didn't need to implement this. And, I pray we never will.

After this incident, I instructed Ted to ride on my wing at constant speeds until we reached Marallal. We did get there, and Jamie knew nothing. He could only wait for us at the GPS rendezvous because if he had turned around to look for us he also could have re-endangered himself. We got to the lodge and immediately got Ted on with an

Passive Movement, Skill Test) della nostra St Johns Ambulance siamo stati in grado di diagnosticare che Ted fortunatamente soffriva solo di una bruttissima contusione e speriamo nient'altro. Non avevamo altra scelta che proseguire. Ted era molto dolorante e urlava e imprecava al radiomicrofono dopo ogni buca successiva.
Erano appena passate circa le 14:30 ora locale prima che le nostre radio smettessero di funzionare. Quando viaggiamo in formazione (cioè sempre), ci accertiamo di essere in comunicazione costante per tutti i pericoli della strada. "Solco avvistato davanti a noi, solco avvistato davanti a noi" oppure "tratto difficile, rallentare, rallentare" erano due delle frasi più comuni urlate oggi attraverso la nostra frequenza radio prima che le radio smettessero di funzionare per uso eccessivo; la dimostrazione letterale di quanto difficile era la strada. Ogni maledetto tratto di 10 metri era o pendente da una parte, aveva capre che ci gironzolavano su, era cosparso di buche grandi come vasche da bagno, aveva sassi che sporgevano dal terreno grandi come dei massi, oppure aveva un camion proveniente dalla direzione opposta che ci veniva direttamente incontro a tutto vapore su questa pista sterrata a doppio senso di marcia. Era assurdo.
"Oh merda, merda, Ted mi senti?" era il mio grido alla radio sperando che lui avesse ancora il segnale. 500 metri dopo ho visto ciò che temevo di vedere... Il suo quad completamente su un fianco in mezzo a un fosso senza ombra di Ted. Di nuovo ho trattenuto il respiro e ho cercato disperatamente di contattare Jamie ma lui era chiaramente fuori portata. Mentre ancora una volta mi precipitavo da dietro ho potuto vedere il danno, man mano che mi avvicinavo. Ted si muoveva a stento, in piedi però, in stato di gravissimo shock – e si sperava senza dolore. Attivando spasmodicamente il mio interruttore di emergenza Ted stava urlando verso il cielo chiaramente frustrato nei confronti di se stesso e/o della strada.

"Non so cos'è successo, si è semplicemente ribaltato di nuovo a causa di questo ca..o di strada... NON SOPPORTO QUESTA MALEDETTA STRADA", Ted mi diceva mentre misurava a grandi passi la zona dell'incidente. In pochi minuti una piccola folla di gente delle tribù locali ci ha circondato e senza ombra di dubbio a causa dell'immensa calura, disidratazione, shock, dolore, e bruta rabbia allo stato puro, Ted si è lasciato scappare alcune espressioni colorite. Io ero solo maledettamente contento che DI NUOVO non si fosse fatto male seriamente. Contusioni a parte, il modo in cui anche la moto si era ribaltata nel fosso avrebbe potuto lasciarlo morto schiacciato sotto.
Quando i giornalisti mi chiedono "davvero quanto è serio questo viaggio per te?" posso solo rispondere con "Non può diventare più

ice pack and bruising creams. After one of the longest and most stressful days so far, I got into bed and shut my eyes hoping that the next day wouldn't be as intense as this one was.

P.S. To Ted's mum; I promised you I would get him home, and I will – we will all make it home safe and sound.
P.P.S. A big hello to a few fans back home and abroad that I know are following our story religiously; Patrick, Gino, Youssef, Giulia, Dominique, Attila, Desmond, Chad, Martina, Bedri, Marion, Robert 'Mostro', and to everyone else, thank you for your continued support! It keeps us positive after days like these!
Love, Val.

*****

[SMS] 18/1/2010
(message sent from Valerio to Roberto and his family)

Hey family. All is good here. Two days away from Nairobi now. The most difficult off roading we've EVER faced as well. Hope all is well with you all. Baci Vale

*****

reale o serio di così quando pensi che stai per saltar giù dalla moto a 65 km all'ora per tirar fuori il tuo amico da sotto una macchina di 450 kg, aprire freneticamente il tuo kit di Pronto Soccorso, slacciare le cinghie del suo casco di emergenza, applicare un collare ortopedico, lanciare un segnale militare PLB (Segnale di Localizzazione Personale) per notificare alle autorità australiane che siamo in una situazione di emergenza e abbiamo bisogno di un elicottero di soccorso medivac il prima possibile. Grazie al cielo, tuttavia, non abbiamo avuto bisogno di farvi ricorso. E prego che ciò non avvenga mai.
Dopo questo episodio ho dato istruzioni a Ted di guidare standomi affiancato a velocità costante fino a Marallal. Ci siamo arrivati, e Jamie non sapeva niente. Ci poteva solo aspettare all'appuntamento GPS perché se fosse tornato indietro a cercarci anche lui si sarebbe rimesso in pericolo. Siamo arrivati al nostro alloggio e immediatamente ci siamo dedicati a Ted con un impacco di ghiaccio e pomate per contusioni. Dopo una delle giornate più lunghe e stressanti finora, mi sono infilato a letto e ho chiuso gli occhi sperando che il giorno dopo non sarebbe stato altrettanto intenso.

P.S. Alla mamma di Ted; ti ho promesso che lo avrei riportato a casa, e lo farò – ce la faremo tutti a tornare a casa sani e salvi.
P.P.S. Un grande saluto ad alcuni fan a casa e all'estero che so che stanno seguendo la nostra storia religiosamente; Patrick, Gino, Youssef, Giulia, Dominique, Attila, Desmond, Chad, Martina, Bedri, Marion, Robert 'Mostro', e a tutti gli altri, grazie per il vostro continuo sostegno! Ci mantiene positivi dopo giorni come questi!
Baci, Val.

*****

[SMS] 18/1/2010
(messaggio di Valerio a Roberto Pettini e famiglia)

Famiglia Pettini ciao. Tutto bene qui. Stiamo a 2 giorni da Nairobi adesso. Abbiamo superato la strada piu' pericolosa tra tutte quelle che abbiamo fatto finora. Spero che stiate tutti bene. Baci Vale

*****

[BLOG] 20/1/2011

Another day: hippos, wasps, potholes, near-death accident & a riot. Thursday, 20th January 2011

Rarely do so many challenges confront me in one day. Not even; half a day. And, I could only fit in a handful of them in the blog title!

We left Lake Boringo at 08:20 am, fifty minutes behind schedule as I had to finish my 'video diary'. There were hippos grazing all over the campsite and I had to look around the grounds more than I looked into the camera lens. This was our first taste of tarmac in over two weeks which was very, very, very, very, very, very, very welcome to us all. Since Ted almost killed himself the other day tipping his bike over on two separate occasions whilst off-road, and me slamming into a sand bank after coming off a large pothole section. Again, the tarmac was welcome!

It was a lovely, hot day in the Rift Valley of Kenya riding south from the Lake towards another Laka; Niavasha. After about 50 Km from Robert's Camp at Boringo, I felt something pelt me on my neck just under the Arai helmet strap. I immediately put my hand there to see what it was, whilst maintaining our 73 Km/h constant average. As I pulled my fingers away I had a dying golden wasp in the glove and realised the stinger was still lodged in my neck. After all of our St John Ambulance training, I couldn't remember if I was allergic or not. I radioed Jamie and Ted to pull over and check if my neck was swelling which is very serious if you're riding with a skin-tight motorcycle jacket and helmet. I killed the engine, ripped my helmet off and pulled my Leatherman out. Using the pliers Jamie carefully removed the 1cm stinger from my neck, which was very close to a large vein.

With no time to lament, onwards we went.

A further 60-odd Km down the road (a very dangerous, narrow, potholed typical African road), I was overtaking a slow-moving "matatu" (Swahili for bus) started to swerve from left-to-right and right-to-left with its hazards on, and no brake lights working as I noticed the vehicle was slowing down even more trying to dodge potholes in front. Unfortunately I had already committed to the overtake and was halfway passed the matatu before I heard Ted on the radio "VAL STOP!!! VAL STOP!!!!" and I looked up in a fraction of a second to see an oncoming matatu screaming down the middle of the road heading straight for me and with literally only 2-3 seconds to react I swerved my quad heavily braking and almost tipping the

[BLOG] 20/1/2011

Un altro giorno: ippopotami, vespe, buche, incidente quasi mortale & una sommossa. Giovedì, 20 gennaio 2011

Raramente mi trovo a dover affrontare così tante sfide in una sola giornata. Nemmeno, mezza giornata. E ne ho potute inserire solo una manciata nel titolo del blog!

Abbiamo lasciato Lake Boringo alle 08:20, con cinquanta minuti di ritardo rispetto alla tabella di marcia perché io dovevo finire il 'diario video'. C'erano ippopotami che pascolavano in lungo e in largo nell'area del campeggio e dovevo guardare il terreno circostante piuttosto che dentro la lente della telecamera. Questo era il nostro primo assaggio di asfalto da oltre due settimane, da tutti noi molto, molto, molto, molto, molto, molto, molto gradito. Dal momento che Ted si è quasi ucciso l'altro giorno ribaltando la sua moto in due diverse occasioni nel corso del fuori-strada, ed io sono andato a sbattere contro un banco di sabbia dopo essere uscito da un lungo tratto pieno di buche. Ripeto, l'asfalto era gradito!

Era una bella giornata calda nella Rift Valley del Kenya, viaggiavamo verso sud dal Lago in direzione di un altro Laka, il Niavasha. Dopo aver percorso circa 50 km dal campeggio di Robert a Boringo, ho sentito qualcosa colpirmi sul collo subito sotto alla cinghia del casco Arai. Mi sono immediatamente toccato con la mano per vedere che cos'era, mantenendo nel frattempo la nostra media costante di 73 km all'ora. Tirando via le dita ho visto una vespa dorata morente sul guanto e mi sono reso conto che il pungiglione era ancora piantato nel mio collo. Con tutto il nostro addestramento della St John Ambulance, non potevo ricordarmi se io ero allergico o no. Ho chiesto via radio a Jamie e Ted di fermarsi e controllare se mi si stava gonfiando il collo, cosa molto grave se stai guidando con una giacca da motocicletta molto attillata e il casco. Ho spento il motore, mi sono strappato il casco di dosso e ho tirato fuori il mio attrezzo multiuso Leatherman. Con le pinze Jamie mi ha estratto con cautela dal collo il pungiglione di 1 cm, che era vicinissimo a una grande vena.

Senza tempo per lamentarci, abbiamo proseguito.

Dopo circa 60 km lungo la stessa strada (una strada molto pericolosa, stretta, piena di buche tipicamente africana), io stavo sorpassando un 'matatu' (autobus in Swahili) che procedeva lentamente e che ha cominciato a sbandare da sinistra a destra e da destra a sinistra con le luci di emergenza accese e le luci dei freni che non funzionavano. Ho notato che il veicolo stava rallentando ancora di più cercando di evitare le buche davanti. Sfortunatamente io ero già impegnato nel sor-

rear over completely and slammed into the vehicle I was overtaking whilst the oncoming vehicle scrapped along my right-side. Everything came to a stand still immediately and I was in serious shock. I jumped off my bike and was fuming and walked straight over to the drivers and was going to start swinging before Ted ran over and calmed me down. The buses were also full of passengers, upwards of 15+ people in 7-seater vehicles which made them really dangerously heavy and much harder to control in a fast braking situation such as this.
In simple english: I almost got killed. No ifs or buts.
If the oncoming (idiot) of a driver had steered just 10cm more towards me, he would have hit my front head on and at my 70-odd Km and his 90-odd Km per hour, I would have crashed and gone flying straight through his windscreen snapping my spinal cord instantly. I would have died on the spot. It was seriously scary and I learned a lot about driving on African roads out of this accident. Luckily no one was injured including myself.
What ensued was even more unbelievable and really frightening.
As I was almost at fists with one of the drivers and screaming my head off, dehydrated, and in immense shock, Jamie waiting on the opposite side of the road not getting involved keeping a broader eye on the situation, whilst Ted was filming the whole scene. I don't think either of them realised the gravity of what was about to happen. The main driver and a few passengers then came up to me very violently waving their arms and starring straight at me. I left my bike running and helmet on in case anything was going to happen- and it was. "Okay guys, they're really getting heated and we need to get the f%^k out of here" I said repeatedly over the radio. "Yep, yep, get on the bikes and follow me. We'll head straight down the road and don't stop!" Jamie said. By the time I got back on my bike these 5 or 6 men had surrounded my bike (and this was all in the middle of the road with tens of people watching and obviously thinking we were the cause of it all), and the men started grabbing at my keys, and Garmin, before I put the bike in gear and was revving the engine whilst 2 men stood dead in front of my bike and weren't moving and I was screaming at them to get out of the way. As a note, we had learned from many sources that in a similar situation the ONLY action you can take is to calm everyone down and get the hell out of there quickly. I tried and the men became more aggravated demanding money as they always do, before I got an opening, shook hands with another man, cal-

passo ed ero quasi oltre la metà del matatu quando ho sentito Ted alla radio "VAL STOP!!! VAL STOP!!!!" e in una frazione di secondo ho alzato lo sguardo per vedere un matatu proveniente dalla direzione opposta a tutta velocità in mezzo alla strada che si dirigeva dritto verso di me. Con letteralmente solo 2-3 secondi per reagire ho sterzato bruscamente frenando di brutto e facendo quasi impennare la parte posteriore e sono andato a sbattere contro il veicolo che stavo sorpassando mentre il veicolo proveniente dalla direzione opposta passava a un pelo alla mia destra. Tutto si è fermato di botto ed io ero in stato di grave shock. Sono balzato giù dalla moto furibondo e sono andato dritto verso gli autisti e stavo per venire alle mani prima che Ted mi raggiungesse di corsa e mi calmasse. Gli autobus erano anche pieni di passeggeri, oltre 15 e passa persone in veicoli da 7 posti, il che li rendeva davvero pericolosamente pesanti e molto più difficili da controllare in una situazione di brusca frenata come quella.
In poche parole: per poco non sono rimasto ucciso. Senza se e senza ma. Se quell'idiota alla guida del camion proveniente dalla direzione opposta avesse sterzato anche solo di altri 10 cm verso di me avrebbe colpito in pieno la mia parte anteriore calcolando i miei 70 km circa e i suoi 90 km circa all'ora, mi sarei schiantato contro di lui e sarei stato catapultato dritto come un siluro attraverso il suo parabrezza spezzandomi la spina dorsale all'istante. Sarei morto sul colpo. È stato davvero pauroso e ho imparato molto da questo incidente sulla guida sulle strade africane. Per fortuna nessuno è rimasto ferito compreso me stesso.
Il seguito è stato ancora più incredibile e veramente pauroso.
Ero sul punto di fare a pugni con uno degli autisti urlando come un pazzo, disidratato, e sotto immenso shock, con Jamie che aspettava sull'altro lato della strada senza immischiarsi tenendo un occhio più distaccato sulla situazione, mentre Ted filmava l'intera scena. Non credo che nessuno dei due si rendesse conto della gravità di quello che stava per accadere. L'autista principale e alcuni passeggeri si sono poi diretti verso di me con grande violenza agitando le braccia e fissandomi dritto negli occhi. Ho lasciato la moto di corsa e con il casco in testa in caso stesse per succedere qualcosa – e così è stato. "Okay ragazzi, si stanno davvero scaldando e dobbiamo toglierci dai piedi ca..o", ho ripetuto più volte alla radio. "Sì, sì, montate in moto e seguitemi. Diretti verso la strada e non fermatevi!" ha detto Jamie. Ora che io ero risalito in moto questi 5 o 6 uomini avevano circondato la moto (tutto questo in mezzo alla strada con decine di persone che guardavano e che ovviamente pensavano che noi fossimo i responsabili di tutto ciò), e gli uomini hanno cominciato ad afferrare le mie chiavi e il Garmin, prima

med another one down (I think) and then told them I would drive around the other to check on their vehicle (which had a scratch on it like my bike), and then I turned around again facing Jamie and Ted and blasted it through the crowd.
We picked up speed and before long we were out of sight. As we were riding off I noticed a whole bunch of herdsmen rushing to the scene yielding panga-machettes... And that's when I knew we were in the shit for real. Luckily, luckily, we were long gone before anything could happen. Jamie, Ted, and I handled the situation not perfectly, but at the best we could. I had to be extremely firm with the men because otherwise the 30+ locals would have looked at me like a dog looks at a person who looks back at it with fear.
With 205 days to go before we reach Sydney, I know there's still a lot, and a lot to get through yet. For now, *Die Another Day*.
A humbled Val.

*****

[FACEBOOK MESSAGE] 21/1/2011

9:41pm
Dom Dzakula

Hey matey
I hope you are well?
Not sure if you know already, but our Sydney team is holding an event on Wednesday, the 9th of Feb at 6pm at Bronte SLSC. There will be heaps of good old friends (other than me, I'm in Africa obviously) and all the usuals, drinks, food, music etc etc.
We'll be coming on a Live Skype call later on in the evening as well. The event's to make a buzz for our project before we return in a few months and for everyone to have a good time anyway.
Let me know if you're free then and I'll send you the invite.
Big hug, VDS

che io ingranassi la marcia e accelerassi a pieni giri mentre 2 uomini se ne stavano impalati davanti alla moto e non si spostavano ed io gli urlavo di farsi da parte. Tanto per chiarire, avevamo saputo da molte fonti che in una situazione del genere l'UNICA cosa da fare è quella di calmare tutti e darsela a gambe. Ho provato - e gli uomini si sono irritati ancora di più esigendo soldi come fanno sempre - prima di trovare un varco, stringere la mano a un altro uomo, calmarne un altro (penso) e poi dir loro che avrei guidato intorno all'altro per controllare il loro veicolo (che aveva una strisciata come la mia moto), per poi girarmi di nuovo verso Jamie e Ted e partire a razzo attraverso la folla.
Abbiamo accelerato e dopo non molto eravamo fuori vista. Mentre ci allontanavamo ho notato tutto un gruppo di mandriani precipitarsi verso la scena brandendo dei machete panga... E a quel punto ho capito che eravamo nella merda per davvero. Per fortuna, per fortuna, eravamo ormai lontani prima che potesse succedere alcunché. Jamie, Ted ed io abbiamo gestito la situazione non perfettamente, ma al meglio delle nostre possibilità. Ho dovuto essere estremamente deciso con gli uomini perché altrimenti i 30 e passa locali mi avrebbero guardato come un cane guarda una persona che lo guarda a sua volta con paura. Con altri 205 giorni prima di raggiungere Sydney, so che c'è ancora molto, molto, da affrontare. Intanto, *Die Another Day*.
Un più umile Val.

*****

[MESSAGGIO FACEBOOK] 21/1/2011

21:41
Dom Dzakula

ciao mate
spero tu stia bene.
Non sono sicuro se lo sai già, ma il nostro team di Sydney ha organizzato un evento mercoledì, 9 febbbraio alle ore 18 al Bronte SLSC. Ci saranno un sacco di vecchi amici (eccetto me, ovviamente dato che sono in Africa) e come al solito, da bere, mangiare, musica ecc. ecc.
Noi faremo anche un collegamento Skype in diretta più tardi in serata. L'evento servirà per creare entusiasmo per il progetto prima del nostro ritorno fra qualche mese e sarà comunque un'occasione per tutti per divertirsi.
Fammi sapere se sei libero così ti mando l'invito.
Un grande abbraccio, VDS

*****

[BLOG] 23/1/2011

Facing my childhood symbol. My father and I in a dreamy Masai Mara Safari. Sunday, 23rd January 2011

My father died when I was two and a half. He was 35.

He worked for a major international airline and was stationed all around the world during his career including: Sao Paolo, New York, Algiers, Nairobi, and then finally in Sydney. During the 1970s he, my mum, and my sister spent time in Africa, in particular in Kenya.

When I was a child and old enough to understand that my father was missing, my mum would tell me a lovely story about "how my father was very sick and had to go to 'that' star up in the sky" (which was always the brightest visible star). Since then I had always been a very proud boy, growing up and learning the traits of manhood slowly but surely on my own and with the guidance of my mother (who had the incredible responsibility of acting as two parents to two children), and several other important people in my life including: Gino (my best friend's father) and Roberto, another of my parent's best friends.

Moving through Africa I notice just how many children have lost a parent if not both parents. Death is very natural here. Death is very much accepted here. In the western world, death is seen as a horrific misfortune. When I spend time with indigenous locals, and animals, particularly animals, I remember almost genetically that we are all bound for death. And knowing this and understanding this can take some thought and time. My father struggled from what I'm told to accept his faith. When his doctor told him quite bluntly that he had 6 months to live (at age 35) it was very difficult for him to digest. A short while later my parents were told that his life expectancy was even shorter. And sure enough he died a few weeks after that in a Sydney hospital.

I spent 5 years of my childhood living in Canberra (Australia's capital city) as my mum had a very important job there. My best friend Alessandro and his parents (Gino and Patricia) also lived there. During these years I became one of the world's biggest fans of "The Lion King" film. When we saw the film at the cinema at age 6 or so, I remember it being extremely traumatic for me as I felt very similar to the young Lion, Simba who's father died early on as well. And, my star sign is Leo, and I was born in the year of the Tiger, and my ascendant star is Aires.

*****

[BLOG] 23/1/2011

Faccia a faccia con il simbolo della mia infanzia. Mio padre ed io in un sognante Safari nel Masai Mara. Domenica, 23 gennaio 2011
Mio padre è morto quando io avevo due anni e mezzo. Lui ne aveva 35. Lavorava per un'importante compagnia aerea internazionale e durante la sua carriera è stato assegnato a varie sedi dovunque nel mondo: San Paolo, New York, Algeri, Nairobi, e poi alla fine Sydney. Nel corso degli anni Settanta lui, mia madre e mia sorella hanno passato del tempo in Africa, specialmente in Kenya.
Quando ero bambino e già in grado di capire che mio padre non c'era, la mamma mi raccontava una bellissima storia sul "come mio padre fosse molto malato e fosse dovuto andare da 'quella' stella lassù in cielo" (che era sempre la stella visibile più brillante). Fin da allora ero sempre stato un bambino molto orgoglioso, che cresceva e imparava lentamente ma con sicurezza a diventare un giovane uomo, da solo e con la guida di mia madre (che aveva l'incredibile responsabilità di svolgere entrambi i ruoli dei genitori per i suoi due figli), e di parecchie altre persone importanti nella mia vita, compresi Gino (il padre del mio migliore amico) e Roberto, un altro dei migliori amici dei miei genitori.
Viaggiando attraverso l'Africa noto semplicemente quanti bambini hanno perso un genitore se non tutti e due i genitori. La morte è molto naturale qui. La morte è molto benaccetta qui. Nel mondo occidentale, la morte è vista come una terribile disgrazia. Quando passo il tempo con la gente del luogo e gli animali, specialmente gli animali, mi ricordo quasi geneticamente che siamo tutti destinati a morire. E il saperlo e il capirlo può richiedere tempo e riflessione. Da quello che mi è stato detto mio padre ha fatto fatica ad accettare il suo destino. Quando il suo medico gli ha detto senza mezzi termini che aveva 6 mesi da vivere (a 35 anni) gli è stato difficile digerirlo. Poco dopo i miei genitori hanno saputo che la sua aspettativa di vita era ancora più breve. E infatti è morto alcune settimane dopo in un ospedale di Sydney.
Ho passato 5 anni della mia infanzia vivendo a Canberra (la capitale dell'Australia) perché la mamma aveva un lavoro molto importante lì. Anche il mio migliore amico Alessandro e i suoi genitori (Gino e Patricia) vivevano lì. Durante quegli anni sono diventato uno dei maggiori fan al mondo del film "The Lion King". Quando abbiamo visto il film al cinema, avevo circa 6 anni e ricordo che è stato profondamente traumatico per me poiché mi sentivo molto simile al giovane Leone, Simba, il cui padre

So understandably I have a strong affinity to the cat family. Ever since then I had always related Lions and my father together.
Today I finally came face to face with my childhood symbol. Lions. Three prides of Lions in fact. And, in Kenya, and in the Masai Mara where both my parent and both my grandmothers had been in the 1970s. So all in all today has had a very special impact on me, and I am sure a day to reflect upon in years to come.
Waking up with the crack of dawn, Jamie, Ted and I were all still alive! Our guide Lonje had warned us that our campsite (in the middle of the Mara in front of a river swarming with crocs and hippos – no further than 20m away) was in a prime predator location. We were instructed to set up our tents in formation, with the fire close by, with the Askari (local Masai Warrior as our guard) to sleep in between our tents, and then place large tree branches and logs as fences alongside our sleeping area. Pretty serious stuff considering that we are sleeping in one of the world's most famous wildlife game reserves boasting every African animal including: Lion, Leopard, Cheetah, Rino, Hippo, Elephant, Buffalo, Croc, Wildebeast and many, many more.

Not far from camp we found a few young female Lions slowly walking through the short grasses of the plains. Soon our vehicle was surrounded by a pride seven-strong; females and males. I quickly realized that they were moving towards the open field in front as there was a small group of Gazelle grazing about 150m away, uphill. I was in utter disbelief that in front of me, no more than 5m I was starring into the eyes of the 'King of the Jungle'. I felt a great sense of contentment and excitement overwhelm me. The satisfaction of finally seeing this incredibly wild and incredibly powerful animal was just breathtaking. Growing up without a father, I relied heavily on my pride as a strong young boy and have always, always been a very 'courageous little lion' as my mum would say.
"Okay they're moving, they're moving!" I yelled to Ted who was filming, Jamie had the binoculars, and I was snapping photos. My adrenaline started picking up as I noticed one Lioness move Westward, another two Lions moving Eastward and the remaining three Lions were slowly creaking forward down the middle. It was like watching a nature-documentary as I began commentating freely to camera "as you can see the lead-Lioness is taking position on the flank, keeping her head and back perfectly in line as to not be seen by the prey"... So they moved closer and closer up the banks whilst the three of us were standing upright in the vehicle looking on

anche era morto presto. E il mio segno zodiacale è il Leone e sono nato nell'anno della Tigre e ho l'ascendente in Ariete. Non c'è da stupirsi perciò che io abbia una forte affinità con i felini. Da quel momento in poi ho sempre associato i Leoni a mio padre. Oggi mi sono finalmente trovato faccia a faccia con il simbolo della mia infanzia. I Leoni. Tre branchi di Leoni in realtà. Per di più in Kenya e nel Masai Mara dove entrambi i miei genitori e entrambe le mie nonne erano stati negli anni Settanta. Perciò nel complesso la giornata di oggi ha avuto un impatto molto particolare su di me, su cui riflettere senza dubbio negli anni a venire.

Svegliandoci alle prime luci dell'alba, Jamie, Ted ed io eravamo tutti ancora vivi! La nostra guida Lonje ci aveva avvertito che il nostro campeggio (nel bel mezzo del Mara davanti a un fiume brulicante di coccodrilli e ippopotami – a meno di 20m di distanza) era in un'ubicazione eccellente per gli animali da preda. Avevamo ricevuto istruzioni di piantare le tende in formazione, vicino al fuoco, e con l'Askari (Guerriero Masai del luogo a nostra guardia) piazzato a dormire tra le nostre tende, e poi di piazzare grandi rami e ceppi d'albero come recinzione lungo la nostra zona notte. Certo da non scherzare se si considera che dormiamo in una delle riserve naturali più famose al mondo che vanta ogni animale africano, compresi: il Leone, il Leopardo, il Ghepardo, il Rinoceronte, l'Ippopotamo, l'Elefante, il Bufalo, il Coccodrillo, lo Gnu e molti, molti altri.

Non lontano dall'accampamento abbiamo trovato alcune leonesse che attraversavano lentamente l'erba bassa della pianura. Presto il nostro veicolo è stato circondato da un branco di sette leoni, femmine e maschi. Mi sono subito reso conto che si stavano muovendo verso la radura davanti poiché c'era un piccolo gruppo di Gazzelle che pascolavano a circa 150m di distanza a monte. Non mi capacitavo del fatto che davanti a me, a non più di 5 m, stessi fissando negli occhi il 'Re della Giungla'. Ho sentito un gran senso di appagamento e di eccitazione sopraffarmi. La soddisfazione di vedere finalmente questo animale incredibilmente feroce e incredibilmente potente è stata proprio da mozzare il fiato. Crescendo senza padre, ho fatto molto affidamento sul mio orgoglio di ragazzo forte e sono sempre, sempre stato un 'leoncino molto coraggioso' come diceva la mia mamma.

"Okay si muovono, si muovono!" ho urlato a Ted che stava filmando, Jamie aveva il binocolo e io scattavo foto. L'adrenalina mi è cominciata a salire mentre notavo una Leonessa muoversi verso Ovest, altri due Leoni muoversi verso Est e gli altri tre Leoni avanzare quatti quatti al centro. Era come osservare un documentario sulla natura mentre ho iniziato a commentare liberamente alla videocamera: "come potete vedere la Leonessa in testa sta prendendo posizione a

through the open-roof. We were all wetting our pants. We were about to witness one of the rarest sights in all game reserves; a pride of Lion killing in broad daylight.
A stand-off between the prey and the predator ensued which lasted almost an hour. The prey had seen the Lion and so because they were well positioned uphill, the predator stood no chance and backed down. I was just so happy to have been privileged to see these animals up close and personal in their own habitat doing what they do to survive.
This day brought me back immediately to my childhood in that Canberra cinema crying my eyes out with my best friend Ale. I came out of the theatre a stronger 6-year old understanding more about my dad's sacrifice and life he had left within me. As so many people tell me who knew my father – I am just like him in so, so many ways. He is a strong role model for me even from his star up in the sky. I am proud to have been able to travel around the world for 25,000 Km and 160-odd days and arrive in a place that I can get in touch with my childhood once more. Sometimes I think that the older I get the more I want to become younger again. Does anyone else suffer or enjoy the 'Peter Pan story'? I think everyone now and then it's great for the soul to find your long-lost childhood story. For me, the Lion, for you, go and find out...
Con amore e affetto a mia madre e mio padre.
Thank you for the life force you have given me.
VDS

*****

[DIARIO] 24/1/2011 Lunedì, 24th January 2011 - 07:42
Masai Mara, Kenya

Parto avendo visto il personaggio della mia vita: il leone. Panthera Leo (detto in latino). Un colore solare. Zampe "alla Cosmo" – enormi e potenti. Occhi lucidi, aperti, all'erta. Un animale predatore anche mentre dorme. Padrone del suo regno senza doverlo mostrare.

—

A sei anni ho visto "Il Re Leone" a Canberra con mamma, Ale, Patricia e Gino ed è stata un'emozione enorme vedere la storia di un giovane leone che aveva perso suo padre, come me. Avevo trovato molte somiglianze tra me e lui. D'allora il leone

fianco, tenendo testa e schiena perfettamente allineate per non essere vista dalla preda"... Così si sono avvicinati sempre di più alla collinetta mentre noi tre eravamo dritti in piedi nel veicolo attenti spettatori dal tetto aperto. Tutti ce la facevamo sotto. Stavamo per essere testimoni di uno degli spettacoli più rari in tutte le riserve naturali: un branco di leoni che uccideva in pieno giorno.
È seguito uno stallo tra prede e predatore durato quasi un'ora. Le prede avevano visto il Leone e, dal momento che quelle erano posizionate ben in alto, il predatore non aveva la minima possibilità di successo e così ha battuto in ritirata. Ero proprio così felice di avere avuto il privilegio di vedere quegli animali da vicino nel loro habitat fare quello che fanno per sopravvivere.
Questo giorno mi ha riportato immediatamente alla mia infanzia in quel cinema di Canberra, quando piangevo a dirotto con il mio migliore amico Ale. Uscendo dalla sala, bambino di 6 anni, mi sentivo più forte con una migliore comprensione del sacrificio di mio padre e della vita che mi aveva lasciato dentro. Come tanti che hanno conosciuto mio padre mi dicono – io sono proprio come lui per tantissimi aspetti. Lui è un esempio forte per me perfino dalla sua stella lassù in cielo. Sono fiero di essere stato capace di viaggiare intorno al mondo per 25,000 km e160 giorni circa e di essere arrivato in un luogo dove posso entrare in contatto di nuovo con la mia infanzia. A volte penso che più invecchio più desidero ringiovanire. C'è qualcun altro che si commuove o a cui piace la 'storia di Peter Pan'? Penso che per chiunque il ritrovare ogni tanto nel corso della vita la storia della propria infanzia persa da tempo sia un'esperienza fantastica per l'anima. Per me, per il Leone, per voi, mettetevi alla ricerca
Con amore e con affetto a mia madre e a mio padre.
Grazie per la forza vitale che mi avete dato.
VDS.

*****

[JOURNAL] 24/1/2011 Monday, 24th January 2011 - 07:42
Masai Mara, Kenya

I leave having seen the key figure of my entire life: the lion. Panthera Leo (to say it in Latin). A solar colour. Paws "à la Cosmo" – enormous and powerful. Eyes lucid, open, alert. A predatory animal even when it sleeps. Master of his dominion even without having to show it.
—

è sempre stato un simbolo importantissimo per me.

—

A ventiquattro anni vedo leoni nel Masai Mara in Kenya dove negli anni '70 i miei genitori e nonne erano stati anche.

—

Un traguardo bellissimo per la mia anima.

—

Grazie mamma e papà per la mia vita e per avermi dato un'energia vitale così forte.

*****

[FACEBOOK MESSAGE] 25/1/2011

6:20pm
Jamie, Teddy

February 10th 'plug date' items to be deployed or decided on:
- 60 Minutes
- Agent (pending 60 Minutes)
- Sponsorship Phase 2 (pending 60 Minutes & Agent)
- Event dates + venues (Ride Days, Press Conferences etc)
- Road Authorities
- YMAus service locations (Perth, Darwin, Brisbane etc) + Carlisle tire change locations
- oOh! media billboard locations
- EXP website rebuild and several marketing upgrades for the Blog and Facebook or hold off till further funding
- Durban ship confirmation
- GWR location confirmation
- AUS route confirmation

>> There's exactly 2 weeks till the 10th, so let's get cracking and MIH. Make it happen. After the 10th there's only 50+ days left in Africa!!! So MINIMAL time to organise these MAJOR parts of our project.

*****

When I was six years old I saw "The Lion King" in Canberra with Mum, Ale, Patricia and Gino and it was a powerful feeling seeing the story of a young lion who had lost his father, like me. I had found a lot of similarities between him and me. Since then the lion has always been a very important symbol for me.

—

At twenty four I'm seeing lions in the Masai Mara in Kenya where in the 1970s my parents and grandparents had also been.

—

A wonderful achievement uplifting to my soul.

—

Thanks Mum and Dad for my life and for having given me such a strong vital energy.

*****

[MESSAGGIO FACEBOOK] 25/1/2011

18:20
Jamie, Teddy

10 febbraio scadenza di cose da implementare o da decidere:
- 60 Minutes
- Agente (dipende da 60 Minutes)
- Sponsorizzazione Fase 2 (dipende da 60 Minutes & Agente)
- date eventi + località (giornate per i giri in moto, Conferenze stampa ecc)
- Polizie Stradali
- centri per la revisione (Perth, Darwin, Brisbane ecc) + punti cambio pneumatici Carlisle
- oOh! Località cartelloni pubblicitari
- ricostruzione del sito web EXP e vari upgrade di marketing per il Blog e Facebook o temporeggiare in attesa di ulteriori fondi
- conferma nave Durban
- conferma località GWR
- conferma itinerario AUS

>> mancano esattamente 2 settimane al 10, quindi diamoci dentro e che sia tutto fatto. Dopo il 10 ci sono solo più 50 giorni in Africa!!! Quindi tempo LIMITATO per organizzare queste parti IMPORTANTI del nostro progetto.

*****

[BLOG] 1/2/2011

11-hours at Yamaha's Nairobi Workshop. Tuesday 1st of February 2011

We arrived at the Yamaha facility in the middle of Nairobi in the early morning thinking confidently that with the full team working around the clock and the professional mechanics from Yamaha, we could power through the servicing and be out the doors in the one day so we could push off tomorrow (the 2nd) for Tanzania.

How very, very wrong we were. The whole project itself is quite a unique expedition purely because of the quad bikes we are riding. They are not built for long journeys and certainly not built for the extreme conditions we push them through constantly to keep up with our tight schedules.

A little bit of background for all the curious fans out there about our quad bikes. We are riding the 2010-model Yamaha Grizzly 700cc EPS Quad-Bike ATV. It is the largest in its category, and most ideal for our necessities of: engine torque, engine speed, wheel base, ground clearance, fuel economy, and weight capacity for carrying 40kg on the front racks (in our Pelicans), and 75kg on the rear racks (in our Tek Tanks, Blackwolf Bags, and water cans).

So, today, this was our servicing list:

- change spark plugs
- change oil
- change oil filters
- change air filters
- top-up engine coolant
- check differential oil
- bash-out damaged wheel rims
- check Quad Bars
- check Brake Pads
- check Brake Fluid
- clean the bikes professionally
- replace 4x rear CV joints
- replace 1x rear Drive Shaft

After 11-hours of going in and out of the workshop, checking the service and owner's manuals, discussing with the many mechanics and technicians on the floor about all-things regarding our servicing, we were finally leaving at around 7:00 pm in a taxi on our way back to the house we are staying at. We will need to head back there tomorrow to finish off everything which will make sure the bikes are ready

[BLOG] 1/2/2011

11 ore nell'officina della Yamaha a Nairobi. Martedì, primo febbraio 2011

Siamo arrivati al complesso della Yamaha nel bel mezzo di Nairobi di mattina presto, fiduciosi che con il lavoro ininterrotto di tutta la squadra e i meccanici professionisti della Yamaha avremmo potuto accelerare la manutenzione e cavarcela in un giorno solo in modo da poter proseguire domani (il 2) per la Tanzania.

Come ci sbagliavamo alla grande. L'intero progetto in se stesso è quello di una spedizione davvero unica, precisamente per le moto quad su cui viaggiamo. Non sono fatte per viaggi lunghi e certamente non per le condizioni estreme a cui noi costantemente le obblighiamo per rispettare le nostre strette tabelle di marcia.

Un po' di informazioni generali sulle nostre moto quad per tutti i nostri curiosi fan ovunque. Viaggiamo sul modello del 2010 Yamaha Grizzly 700cc EPS Quad-Bike ATV. È il più grande della propria categoria e il più idoneo per le nostre necessità di: numero di giri del motore, velocità del motore, interasse, altezza dal suolo, economia di carburante, e portata di peso per trasportare 40 kg sui portabagagli anteriori (nei nostri Pelican), e 75 kg su quelli posteriori (nei nostri Tek Tanks [serbatoi], Blackwolf Bags [borsoni], e taniche per l'acqua).

Così oggi, ecco il nostro programma per la manutenzione di controllo:

- cambiare candele
- cambiare olio
- cambiare filtri olio
- cambiare filtri aria
- aggiungere fluido refrigerante motore
- controllare olio differenziale
- aggiustare cerchioni ruote danneggiati
- controllare Quad Bars
- controllare pastiglie freni
- controllare liquido freni
- pulire le moto professionalmente
- sostituire 4 giunti CV posteriori
- sostituire 1 albero di trasmissione posteriore

Dopo 11 ore di andirivieni dall'officina, a controllare la manutenzione e i manuali di istruzioni, a discutere con i molti meccanici e tecnici presenti su qualsiasi aspetto riguardante la nostra manutenzione, finalmente ce ne andavamo verso le 7:00 di sera in taxi per rientrare nella casa dove stiamo. Dovremo tornare lì domani per completare il

for the next 10,000 km leg to Cape Town, which will take us through the Guinness World Record as well!
A big thank you to everyone at Yamaha Motor Australia for providing all of the spare parts (and there were many!).

P.S. A big thank you to all of the team from all Yamaha centres we have visited along the way from Slovenia, Austria, the UK, Italy, Egypt, Sudan, and now Kenya.

*****

[DIARIO] 4/2/2011 Sabato 4 febbraio 2010
Ngorogoro Crater, Tanzania

Seduto sotto un albero con un Masai.
Mi chiedo perché questo popolo pare dipendente dal turismo?
Perché noi turisti li guardiamo e trattiamo come oggetti da souvenir? Ti portano braccialetti, collane, coltelli – ed è come se aspettassero l'arrivo quotidiano dell'uomo bianco e ricco.

—
Dov'è finita la cultura, bellezza, e tradizione di queste tribù? Un "Masai Warrior" che parla di aver ucciso leoni con un cellulare sulla cinta... What is the world becoming?
—
Capita che mentre si viaggia si pensa pure a casa.
Capita che mentre si vive a casa si pensa a viaggiare.
Mi manca la famiglia. Soli 190 giorni finché si torna a Sydney.
—
Seduto nudo sul letto blindato con rete anti-zanzare.
"Fa caldo" (accento romanaccio). Un'altra giornata mi passa di fronte. Zuppa di zucca, pasta asciutta, acqua clorinata, doccia calda (ma breve); ora a ninna leggendo "The Motorcycle Diaries" del Che prima del Che. Penso a mamma, Gino, Ale, babbo, Marco, Diana, Francy, Marti e tutti quanti. Pure Cosmo – bellissimo mio gattone.

*****

lavoro in modo da garantire che le moto siano messe a punto per la prossima tratta di 10,000 km fino a Cape Town, quella che ci farà anche conseguire il Guinness World Record!
Un grosso grazie a tutti quelli della Yamaha Motor Australia per averci fornito tutti i pezzi di ricambio (e ce n'erano molti!).

P.S. Un grosso grazie a tutti i componenti della squadra di tutti i centri Yamaha visitati lungo il percorso dalla Slovenia, Austria, Regno Unito, Italia, Egitto, Sudan, ed ora Kenya.

*****

[JOURNAL] 4/2/2011 Saturday 4th February 2010
Ngorogoro Crater, Tanzania

Seated under a tree with a Masai.
I ask myself why do these people seem to depend on tourism? Why do we tourists look at them and treat them like souvenir objects? They bring you bracelets, necklaces, knives – and it's as though they were waiting for the daily arrival of the rich, white man.

—

Where has all the culture, the beauty and the tradition of this tribe gone? A Masai warrior who talks about having killed lions with a mobile phone on his belt… Dove va il mondo?

—

What happens is that while one is travelling one also thinks of home.
What happens is that while one is living at home one thinks about traveling.
I miss my family. Only 190 days till we return to Sydney.

—

Sitting naked on the bed protected with mosquito nets.
"It's hot" (said in Roman dialect). Another day passes me by. Pumpkin soup, pasta and sauce, chlorinated water, hot shower (but brief); now to bed, reading "The Motorcycle Diaries" of Che before he became Che. I think about mum, Gino, Ale, dad, Marco, Diana, Franchy, Marti and everyone. Cosmo too – my beautiful tom cat.

*****

[BLOG] 4/2/2011

"Back on the road again" (in a Cowboy accent). Friday 4th of February 2011

After our longest stay in any one country (Kenya) of around 40-days, I was SO happy to get on the road again and roll out of Nairobi yesterday. We stopped on the way out of the capital at the "Milimani Hotel" which is on Milimani road and is where my parents lived for around 6-months when my dad used to work for Alitalia and was stationed around the world. One of his postings was right here in Nairobi, and it was really great for me to stop there at the hotel and see the place my folks lived for quite some time. A beautifully blue swimming pool, huge flower-bushes, sweeping city views, very peaceful suburb, and very close to the city centre. I went hunting to see if I could find any record of my parent's stay at the hotel but clearly they hadn't kept any records from guests from 30-years ago.

After quick refreshments by the pool, we jumped back in the saddle and started navigating through one of the most congested city roads I've ever been on in my life. It was heaving with Policemen everywhere replacing the working traffic lights which perplexed us at first but then we realised that the drivers just didn't follow the lights because of the immense traffic jams – and so, the officers step in and direct the flows of traffic.

After a measly 200 Km from Namanga (which is the border town we had to sleep at which really isn't a safe, and suggested travelers option – but we had no choice as we arrived after dark) we reached Ngorogoro Crater. A World Heritage listed conservation area, Ngorogoro Crater is adjacent to the Serengheti National Park. Unfortunately, Quad Bikes are not allowed into these game reserves for obvious reasons of the potential dangers of us riding around some dirt track and then turning a corner and then a lion appears leaping out in front of us severing our jugular in one swipe of its weapon-like Paw. Instead of going in, we had to retire back to the previous town and camp out for the night. Tomorrow we'll have to go in with a 4WD and guide and then the day after start blasting East for Mt. Kilimanjaru.

Val.

[BLOG] 4/2/2011

"Di nuovo in viaggio" (con accento da Cowboy). Venerdì, 4 febbraio 2011

Dopo la nostra più lunga permanenza in assoluto di circa 40 giorni nello stesso paese (il Kenya), ero COSÌ felice ieri di rimettermi in viaggio e partire da Nairobi. Uscendo dalla capitale ci siamo fermati per strada al "Milimani Hotel" che è su Milimani Road ed è dove i miei genitori hanno vissuto per circa 6 mesi quando mio papà lavorava per l'Alitalia e girava il mondo. Una delle sue sedi di lavoro è stata proprio qui a Nairobi, ed è stato fantastico per me fermarmi qui all'albergo a vedere il luogo dove i miei hanno vissuto per un certo periodo di tempo. Una piscina meravigliosamente blu, enormi cespugli fioriti, ampie vedute della città, un quartiere molto tranquillo e vicinissimo al centro. Sono andato a caccia alla ricerca di una qualche traccia del soggiorno in albergo dei miei genitori ma chiaramente non avevano tenuto i registri con i nomi degli ospiti di 30 anni fa.

Dopo un veloce spuntino ai bordi della piscina, siamo rimontati in sella e abbiamo attraversato una delle strade cittadine più congestionate su cui mi sia mai trovato in vita mia. Brulicava di poliziotti ovunque al posto dei semafori funzionanti, il che ci ha stupito inizialmente, ma poi ci siamo resi conto che i guidatori semplicemente non rispettavano i semafori a causa degli immensi ingorghi stradali – e così gli agenti intervengono a dirigere i flussi di traffico.

Dopo la miseria di 200 km di viaggio da Namanga (città di confine dove abbiamo dovuto dormire, che non è certo un'opzione sicura né consigliata ai viaggiatori – ma non avevamo altra scelta essendo arrivati che ormai era buio) abbiamo raggiunto Ngorongoro Crater. Area protetta elencata nella lista del Patrimonio dell'Umanità, Ngorongoro Crater è adiacente al Serengheti National Park. Purtroppo le moto quad non hanno il permesso di entrare in queste riserve naturali, per l'ovvia ragione dei potenziali pericoli che si corrono circolando su queste piste sterrate, quando dietro una curva puoi veder apparire un leone che ti balza davanti all'improvviso e ti recide la giugulare con un colpo di zampa simile a un'arma.

Invece di entrare, abbiamo dovuto rifare indietro il cammino fino alla città precedente ed accamparci per la notte. Domani ci toccherà entrare con un fuoristrada e una guida e poi il giorno dopo ci dirigeremo a tutta birra a Est verso il Kilimangiaro.

Val.

P.S. To the Askari (local Massai warriors) from the other night at Namanga, thank you for staying awake ALL NIGHT watching over our bikes on that precarious border-town.

*****

[DIARIO] 6/2/2011
Domenica, sei febbraio due mila e undici

Bevo una “Kilimanjaro” sotto il Kilimanjaro.
Sta ca’ di penna non funziona.
Ma la serata è unica.
Lanterna ad olio. Stelle brillanti. Musica jazz anni ’60.
Eccoci qua in Africa – pare un film.
Domani dovremo raggiungere Dar Es Salaam…
Credo che la penna ora funzioni... quasi almeno.
Pensieroso sono.

*****

[BLOG] 7/2/2011

545 Km. 150 speed bumps. 11-hours. Storytelling. Dar Es Salaam, Tanzania! Monday 7th February 2011
"BEEP... BEEEP... BEEP... Val get up!" shouted Ted from his tent to me as I was apparently still stone-cold asleep. "Okay, Jamie, you won't believe what's right above your tent!" he went on as I was now awake. "What's going on?" Jamie replied. "Get up and look man, believe me, it's incredible!!!". Sure enough, it was. Mt. Kilimanjaro and all of its 5456m in all its splendorous magnitude staring straight at us from above the clouds. The highest mountain in Africa with its snow cap seemed as if it was in reaching distance from our campsite. We stayed near a town called Moshi near the *Base Camp* of Kili; and, for all those Sydney fans of ours, on the way there we actually drove passed a funky looking place called "Hugos"! We wanted to stop for a cocktail but time was short.
After a quick watery bowl of porridge (Jamie is a hopeless cook!), a rapid teeth cleaning, and a few goodbyes to the locals, we rolled out at 8:00 am and started blasting our way bound for Dar Es Salaam. "Okay team, 545 Km South-East, three fuel stops, a descent of more than 600m, and an ETA of 1800 hours" said Ted. "Okay cool, and how

P.S. Agli Askari (guerrieri Masai del luogo) dell'altra sera a Namanga, grazie per essere rimasti svegli TUTTA LA NOTTE a fare da guardia alle nostre moto in quella rischiosa città di confine.

*****

[JOURNAL] 6/2/2011
Sunday, sixth of February two thousand and eleven

I drink a "Kilimanjaro" below Kilimanjaro.
This damn pen won't work.
But the evening is unique.
Oil lantern. Shining stars. Jazz music from the 60s.
Here we are in Africa – seems a film.
Tomorrow we have to reach Dar Es Salaam.
I believe the pen is now working… or almost.
Full of thought I am.

*****

[BLOG] 7/2/2011

545 km. 150 dossi di rallentamento. 11 ore. Raccontare una storia. Dar Es Salaam, Tanzania! Lunedì, 7 febbraio 2011
"BIP... BIP... BIP... Val alzati!" mi ha urlato Ted dalla sua tenda mentre io evidentemente dormivo ancora come un sasso. "Okay, Jamie, non puoi credere cosa c'è proprio sopra la tua tenda!" ha proseguito mentre io ormai ero sveglio. "Cosa succede?" ha risposto Jamie. "Alzati e guarda amico, davvero, è incredibile!!!". Effettivamente, lo era. Il Monte Kilimangiaro in tutta la sua altezza di 5456 m ci fissava dritto davanti a noi sopra le nuvole nella sua grandiosa imponenza. La più alta montagna dell'Africa con la sua cima innevata sembrava a portata di mano dal nostro campeggio. Noi stavamo vicino a una città chiamata Moshi vicino al *Campo Base* di Kili; e per tutti i nostri fan di Sydney, mentre eravamo diretti lì siamo effettivamente passati davanti a un posto dall'aria assai particolare chiamato "Hugos"! Ci volevamo fermare per un cocktail ma eravamo a corto di tempo.
Dopo una veloce ciotola di porridge acquoso (Jamie è negato come cuoco!), una rapida lavata di denti, e qualche saluto alla gente del posto, ci siamo messi in moto alle 8:00 riprendendo la nostra corsa diretti a Dar Es Salaam. "Okay squadra, 545 km verso Sud-Est, tre

many of those damn speed humps does everyone think we're going to hit?" said Jamie. I was too preoccupied with my music for this drive. I was listening to *Softwar* a really great Sydney house-electro-experimental style of music.

Now to paint a picture for you about exactly what it feels like to be on a Quad Bike for ELEVEN HOURS, here goes... Imagine the hottest summer day in your home city, and multiply it by three because you'-re wearing a heavy-duty protective motorcycle jacket and matching black pants, black leather gloves, a state-of-the-art crash dirt bike crash helmet, waterproof leather motorcycle boots, a desert-green Safari shirt, and a sports T-shirt to absorb the 2-3 litres of sweat you lose every single day. Add to that the burning black smoke pouring out of every African truck that idles in front of you on the roads; the wind- but not good coastal wind- the dustbowl gust of warm breezes that stick to your goggles and nose; the stenches of smoke from bush fires as the local Massai villagers back-burn their land to improve the soil for their grazing herds of cattle. Then, the daunting reality that you might die on the road on ANY African road is seriously imbedded in the back of your mind.

For anyone who's travelled Africa, you will know what I mean with trucks so damaged by previous head-on collisions that the vehicle's chassis is bent and the truck is actually driving almost on it's side down the road. Then, add to that the challenge of having very little sleep, in a high altitude environment, with a low-nutrient dinner and breakfast, dribbles of chlorinated water (as we have to purify the dirty tap water), managing to ride almost 600 Km in one day alone on roads, tracks, and bush trails that you've NEVER navigated down let alone ever seen or studied before in your life. That's a pretty colourful picture of what I experienced in the flesh today. And it takes its toll. I find myself constantly battling dehydration from the immense amount of sweating and then the potential colds from all of the warm wind hitting my chest at 70 Km per/hour; stomach bugs from poorly prepared local meals; a sore back, a sore neck, blistered fingers and hands from gripping the handle bar so tightly for so long, trying to avoid DVT (Deep Vein Thrombosis) from sitting down for so long with such little movement in my legs, and just the mental side of dealing with Jamie and Ted on good or bad days, missing home, coordinating our project with our Sydney team, and many other ins-and-outs. After 180-days of being "on the road", you get used to it. But it doesn't mean it gets any easier.

soste di rifornimento, una discesa di oltre 600 m, e le 18:00 come orario previsto per l'arrivo" ha detto Ted. "Okay figo, e in quanti di quei dannati dossi di rallentamento pensate che ci imbatteremo?" ha detto Jamie. Io ero troppo assorbito dalla mia musica per questo tratto di percorso. Stavo ascoltando *Softwar* un fantastico genere di musica house-elettro-sperimentale di Sydney.
Ora per farvi un quadro di come ci si senta esattamente a stare su una Moto Quad per UNDICI ORE, ecco qua... Immaginatevi il giorno d'estate più caldo della vostra città, e moltiplicatelo per tre perché indossate una robusta giacca protettiva da motocicletta con i rispettivi pantaloni neri, guanti neri di pelle, un casco da motocross all'avanguardia tecnologica, stivali da motocicletta impermeabili di pelle, una camicia Safari verde-deserto e una maglietta sportiva per assorbire i 2-3 litri di sudore che perdete tutti i santi giorni. Aggiungeteci il fumo nero rovente che si riversa fuori da ogni camion africano che procede al rallentatore davanti a voi per le strade; il vento – ma non vento buono costiero – la raffica polverosa di calde folate che vi si appiccicano agli occhiali e al naso; la puzza di fumo degli incendi boschivi appiccati dagli abitanti Masai del luogo sul loro territorio per migliorare il terreno da pascolo delle loro mandrie di bestiame. E infine, la paurosa realtà che potreste morire in viaggio su QUALSIASI strada africana è saldamente inculcata in fondo alla vostra mente.
Chiunque abbia viaggiato per l'Africa capirà cosa intendo per camion talmente danneggiati da precedenti scontri frontali che il telaio del veicolo è piegato e il camion procede lungo la strada praticamente piegato su un fianco. Inoltre, aggiungeteci la sfida di essere sempre a corto di sonno, in condizioni ambientali di notevole altitudine, con cena e colazione a basso contenuto nutritivo, piccoli sorsi di acqua clorata (dato che dobbiamo purificare l'acqua sporca del rubinetto), cercando di coprire quasi 600 km in un giorno solo su strade, sentieri, e piste nella savana che non avete MAI percorso né tantomeno mai visto o studiato prima in vita vostra. Ecco un quadro piuttosto colorito di cosa ho sperimentato oggi sulla pelle. E ha il suo prezzo. Mi trovo costantemente a combattere la disidratazione causata dall'immensa quantità di sudore e poi i potenziali raffreddori dovuti a tutto il vento caldo che mi colpisce il torace a 70 km all'ora; disturbi gastrici dovuti a pasti locali mal preparati; mal di schiena, male al collo, vesciche alle dita e alle mani causate dallo stringere il manubrio così forte e così a lungo, cercando di evitare la trombosi coronarica per la prolungata posizione seduta con così poco movimento delle gambe, per non parlare dell'aspetto psicologico di avere a che fare con Jamie e Ted nei giorni buoni o cattivi, con

Tanzania is our 28th country so far and often I think about how far we've come and how much we've already accomplished. But then I ask myself, "what am I looking for?" and "why am I doing this?". A mission, it's said, is supposed to have clearly defined objectives. Mine seem to keep changing. My feelings that is. My personality, my attitude, my heart maybe... I think that with any great adventurer upon their return home the public often views them as very different, very changed people to perhaps when they initially set off. However, for the adventurer, I think that in their owns eyes they are still very much the same person from when they left to when they returned. They just "become" the experience of their journey. They become a storyteller.
Constantly African people passing us by are gobsmacked by the unique image of us three and our quad bikes. I find myself always sharing with them a slightly different story to any previous recounting. As the day turns to night, so do your feelings change from white to black. So does your storytelling. A memory becomes a story that becomes repeated that becomes part of a range of stories you can share with your company. African children love stories. And I love storytelling. *Kwaheri!*

Val.

*****

[BLOG] 9/2/2011

Team dynamics. Behind the scenes, behind the scenes. 9th February 2011

Before we left Sydney (in a stagnated departure between June and July 2010 bound for Europe) Jamie, Ted, and I got on board a Gestalt Therapist. We did this because I felt our team dynamics were not perfect. And, perfection does not exist, but, we sure needed help.
An hour in to our first group session with the therapist we all started noticing very interesting traits that we all had. In particular, the many different types of relationship dynamics in our group:

(1) Jamie and Val being best friends for 10 years;
(2) Val and Ted becoming friends in early 2009;
(3) Jamie and Ted becoming friends in mid 2009;
(4) Jamie, Val, and Ted as a group of friends in Sydney;
(5) Jamie, Val, and Ted working as a team in Sydney (and then in the UK) planning our entire project;

la nostalgia di casa, coordinando il progetto con il nostro team di Sydney, e molti altri annessi e connessi. Dopo 180 giorni che sei "on the road", ti ci abitui. Ma non vuol dire che diventi più facile.
La Tanzania è il nostro 28esimo Paese finora e penso spesso a quanta strada abbiamo percorso e quanto abbiamo già realizzato. Ma poi mi chiedo, "che cosa sto cercando?" e "perché lo sto facendo?" Una missione, si dice, dovrebbe avere degli obiettivi chiaramente definiti. I miei sembrano cambiare continuamente. I miei sentimenti intendo dire. La mia personalità, il mio atteggiamento, il mio cuore forse... Penso che chiunque torni da una grande impresa avventurosa, una volta a casa, sia spesso considerato dall'opinione pubblica come una persona molto diversa, molto cambiata rispetto a quando si è messa inizialmente in viaggio. Tuttavia, penso che ai propri occhi, lui si senta più o meno lo stesso, da quando è partito a quando è tornato. È semplicemente "diventato" l'esperienza del proprio viaggio. È diventato un narratore.
Costantemente gli africani che ci passano vicino rimangono di sasso di fronte all'immagine singolare di noi tre e delle nostre moto quad. Io mi trovo sempre a condividere con loro una storia leggermente diversa da qualsiasi racconto precedente. Come il giorno volge alla sera, così anche i tuoi sentimenti cambiano dal bianco al nero. E lo stesso succede al tuo modo di raccontare. Un ricordo diventa una storia che viene ripetuta e che diventa parte di una serie di storie da poter condividere in compagnia. I bambini africani amano le storie. Ed io amo raccontare storie. *Kwaheri*!
Val.

*****

[BLOG] 9/2/2011

Dinamiche di gruppo. Dietro le quinte, dietro le quinte. 9 febbraio 2011

Prima di lasciare Sydney (mentre la partenza per l'Europa ristagnava tra giugno e luglio del 2010) Jamie, Ted ed io abbiamo ingaggiato uno psicoterapeuta Gestalt. L'abbiamo fatto perché sentivo che le nostre dinamiche di gruppo non erano perfette. E, se la perfezione non esiste, noi comunque avevamo bisogno di aiuto.
Dopo un'ora dall'inizio della nostra prima sessione di gruppo con il terapeuta, tutti noi abbiamo cominciato a notare dei tratti molto interessanti che avevamo in comune. In particolare, i molti tipi differenti di dinamiche nella relazione di gruppo:

(6) Jamie, Val, and Ted travelling through 34 countries, across 3 continents, and living together for 365 days;
etc. etc. etc.
All in all I am sure you can see the complexities. What we then realised is another layer of team dynamics which was explained as "Ted is wave surfer. He goes along with more or less anything and is very casual" said the therapist. "Valerio, in comparison, is Ted's 'polar opposite'. He is very structured, very well presented, and asserts authority when necessary", he went on. "On the other hand, Jamie is half way between both", he concluded.
And so we began to understand just how difficult the individual versus group dynamics were going to be. For one year!
Now, at Day 183 (exactly half way) I can appreciate those initial therapy sessions. The sessions themselves did not fix anything definitively but they certainly shone light on to what we should expect from our relationships with each other.
There have been a handful of times (for all three of us) that we have almost ended the journey then and there. Any great journey has its own challenges. Our #1 challenge seems to be our team dynamics. Which seems absurd considering some of the countries we've crossed, and some of the physical challenges we've had to face.

"What makes a story I ask myself?". What makes a story worth telling to my children, to my grandchildren? Well, I certainly didn't think I would be writing about this topic in such depth on our journey before I left Sydney.
Ego. Control. Responsibility. Authority. Understanding. Listening. Learning. Repairing... Repairing.
These are just some of the words that make up our daily interactions. We have to deal with three different egos. We have to assert a certain level of individual control in any given situation. We have to adhere to our set project responsibilities. We have to respect each other's authority. We have to understand exactly what we're trying to communicate to each other. We must listen to each other's problems (physical, mental, emotional). We must learn from our surroundings and from our story itself. We must repair after any rupture.
Today, our Sydney team put on a fantastic event with our charity-partner Oxfam to fundraise for our African cause, and also to have lots of family, friends, and die-hard fans there chit-chatting about The Quad Squad. Unfortunately, 20 minutes before we were supposed to do a live video link to the event (via a projector), Ted and I had a

(1) Jamie e Val migliori amici da 10 anni;
(2) Val e Ted diventati amici all'inizio del 2009;
(3) Jamie e Ted diventati amici a metà del 2009;
(4) Jamie, Val e Ted come gruppo di amici a Sydney;
(5) Jamie, Val e Ted al lavoro come team a Sydney (e poi nel Regno Unito) a pianificare il nostro intero progetto;
(6) Jamie, Val e Ted in viaggio attraverso 34 Paesi, in 3 continenti, vivendo insieme per 365 giorni;
ecc. ecc. ecc.

Tutto considerato sono sicuro che potete vederne le complessità. Quello che individuammo allora è un altro strato di dinamiche di gruppo, che fu spiegato in questi termini: "Ted è un surfista. Va con l'onda praticamente per qualsiasi cosa ed è molto disinvolto", disse il terapeuta. "Valerio, al confronto, è l'estremo opposto di Ted. È molto strutturato, si presenta benissimo e afferma la propria autorità quando necessario", proseguì. "Jamie invece è a metà strada tra i due", concluse.

E così abbiamo cominciato a capire come sarebbero state difficili le dinamiche individuali in relazione a quelle di gruppo. Per un anno!

Adesso, nel Giorno 183 (esattamente a metà strada) riconosco il valore di quelle sessioni iniziali di terapia. Le sessioni in sé non hanno aggiustato niente di sicuro, ma hanno certamente fatto luce su quello che ci saremmo dovuti aspettare dalle nostre reciproche relazioni.

C'è stato un certo numero di volte (per tutti e tre) in cui siamo stati sul punto di mettere fine al viaggio seduta stante. Ogni grande viaggio pone delle prove da superare. La nostra prova n. 1 sembra consistere nelle nostre dinamiche di gruppo. Il che sembra assurdo visto il tipo di Paesi che abbiamo attraversato e certe sfide fisiche che abbiamo dovuto affrontare.

"Che cosa costituisce una storia?" mi chiedo. Che cosa costituisce una storia degna di essere raccontata ai miei figli, ai miei nipoti? Be', certo non pensavo di trattare questo argomento così a fondo durante il viaggio prima di partire da Sydney.

Ego. Controllo. Responsabilità. Autorità. Comprensione. Ascolto. Apprendimento. Riparazione... Riparazione.

Queste sono solo alcune delle parole che costituiscono le nostre interazioni quotidiane. Abbiamo a che fare con tre ego differenti. Dobbiamo affermare con forza un certo livello di controllo individuale in ogni data situazione. Dobbiamo aderire alle nostre responsabilità definite per il progetto. Dobbiamo rispettare l'autorità reciproca. Dobbiamo capire esattamente quello che cerchiamo di comunicarci l'un l'altro. Dobbiamo ascoltare i problemi di ciascuno (fisici, mentali,

major, major blow up. We are discussing certain points about what we were going to speak about it in the event, and then one thing lead to another and wham...

Shit happens you know. It really does. Some times at the worst possible time as well. I was so, so, so aggravated by Ted's violent reproach to me that I threw everything down and ran off down the beach to clear my head. Meanwhile, there was a big crowd of people waiting to see us on the screen at the event with champagne as well. By the time I had walked back, the video link was already half over. Jamie, and Ted had started without me and who knows what excuse they used of my "whereabouts".

I seem to be the odd one out so many times. I try to repair, I try to understand and listen. I try to think it over myself. But, shit happens. We're all three young guys doing something that few people in the world have ever attempted. So for that, I think, we're doing okay to still be here. It's hard, very hard some times like today, but I know I will never give up. I know I will make it back to Sydney on my quad bike if it's the last thing I do.

I would like to formally apologise firstly to Sylvie, and the whole team who organised today's fantastic event down in Sydney. I did not have the stomach to stand in front of the camera and take part in the conversation. I'm really sorry. I ruined it for myself, and I upset a lot of people, so I apologise. Even though we are on beautiful Zanzibar Island (Tanzania) tension still reins. This is The Quad Squad and this is why it's a real story because we are real people on a real life-changing journey. A real story to tell my children, and grandchildren about. As my mum said, I am the youngest, and this is going to teach my so much about who I am. Mum, I agree with you completely. I hope everyone had a really great time at the event, and thank you very, very much for the amazing fundraising and turn out we got.

P.S. thanks to my big sis who consoled me over the phone, Declan, Daniele, and Arianna.
Love, Val.

*****

emotivi). Dobbiamo imparare dall'ambiente circostante e dalla nostra stessa storia. Dobbiamo riparare dopo ogni rottura.
Oggi, il nostro team a Sydney ha organizzato un evento fantastico insieme alla nostra istituzione benefica Oxfam per raccogliere fondi per la nostra causa africana, e anche per radunare lì un bel gruppo di familiari, amici e fan accaniti per chiacchierare della Quad Squad. Purtroppo, 20 minuti prima dell'ora stabilita per il collegamento video con l'evento (tramite un proiettore), Ted ed io abbiamo avuto una pazzesca litigata esplosiva. Stavamo discutendo di certi aspetti di quello di cui avremmo parlato all'evento, e poi una cosa ha tirato l'altra e bum...
La merda capita sapete. Davvero. Talvolta anche nel momento peggiore in assoluto. Ero talmente, talmente innervosito dal violento rimprovero di Ted nei miei confronti che ho mollato tutto e sono scappato di corsa alla spiaggia per schiarirmi le idee. Nel frattempo, c'era una gran folla di persone in attesa di vederci sullo schermo in quell'appuntamento festoso con anche lo champagne. Quando sono tornato, il collegamento video era già oltre la metà. Jamie e Ted avevano cominciato senza di me e chissà quale scusa avevano addotto per giustificare "dove ero andato a finire".
Sembra che sia io l'estraneo tante volte. Cerco di riparare, cerco di capire e ascoltare. Cerco di rifletterci su da solo. Ma la merda capita. Siamo tutti e tre ragazzi giovani impegnati in un'impresa che pochi al mondo hanno mai intrapreso. Per questo, penso, non ce la stiamo mica cavando male ad essere ancora qui. È duro, durissimo certe volte, come è capitato oggi, ma so che non molleremo mai. So che ce la farò a tornare a Sydney sulla mia moto quad fosse l'ultima cosa che faccio.
Vorrei scusarmi formalmente innanzi tutto con Sylvie e con tutto il team che ha organizzato il fantastico evento di oggi giù a Sydney. Non ho avuto il fegato di stare in piedi davanti alla videocamera e partecipare alla conversazione. Me ne dispiaccio davvero. Mi sono dato la zappa sui piedi da solo e ho dato un dispiacere a un mucchio di gente, perciò mi scuso. Anche se siamo nella bella isola di Zanzibar (Tanzania) regna ancora tensione. Questa è la Quad Squad e questo è il motivo per cui è una storia vera perché noi siamo persone vere in un viaggio vero che cambia la vita. Una storia vera da raccontare ai miei figli e nipoti. Come ha detto la mamma, io sono il più giovane e questo mi insegnerà tantissimo su chi sono. Mamma, sono totalmente d'accordo con te. Spero che tutti si siano davvero molto divertiti all'evento, e grazie mille per l'eccezionale raccolta fondi e l'afflusso di gente che abbiamo avuto.

P.S. grazie alla mia sorellona che mi ha consolato al telefono, a Declan, Daniele e Arianna.
Baci, Val.

[BLOG] 9/2/2011

Ted; is that you? 9th of February 2011

After reading Ted's response..............

Ted, is that you? Val, is that me?

Friendship.

Friendship is a dynamic title. Much like love, it can come and go with your feelings.

10:13 pm and I am sitting cornered off from the world facing the Indian Ocean, questioning my beliefs, and being perplexed by the darkness that is the milky way.

After reading the previous blog by Ted, re-reading my own prior blog, and hearing the many voices of opinion and support from back home and fans in other parts of the world, I still am coming to grips with the hole that both myself and Ted dug ourselves in to today. Like rabbits, we burrowed deep underground. Deep underground.

>>>> Ted, if you're reading this, I do love you like a brother, and as much as it hurts me to see what pain we cause each other I think we need to pass through these barriers to come out the other side.

I still remember watching that "*Where the hell are we? Down the rabbit hole*" movie with you in your room one late night post-sponsorship calls to Europe. A film which then captured our imagination and taught us to question reality, the world, and ourselves. One of the many, many nights we spent metaphorically spliffing away philosophical topics. What did I learn from those nights of eating Richard's lamb shanks with our eyes closed in your Melbourne apartment after calling the PC from Long Way Down; walking the streets of The Rocks in Sydney recounting almost autistically the number plates of cars driving past with a 1-second glance 'training' for our African adventure; or going out ALL of those nights chasing women...?

That you and I are alike in many ways.

Sure, we are "polar opposites" but I think together we form a polar unity. Something which we forged so strongly over such a long period of time and after so many experiences, and now, has been lost in the blinc of an eye.

We are stronger together than we are apart. In a time of war, I offer a flag of white. I raise it high and proud. I wave it far and wide. And, I am sure our mums are back home fretting over all this shit right now as well. What we're doing has never, EVER, been done before. We're half way man, and there's a long, long way to go. As

*****

[BLOG] 9/2/2011

Ted, sei tu? 9 febbraio 2011

Dopo aver letto la risposta di Ted..........

Ted, sei tu? Val, sono io?

Amicizia.

L'amicizia è un titolo dinamico. Simile all'amore, può andare e venire con i tuoi sentimenti.

22:13 e io sono seduto in un angolo appartato dal mondo di fronte all'Oceano Indiano a mettere in discussione le mie convinzioni, confuso dall'oscurità che è la via lattea.

Dopo aver letto il blog precedente di Ted, aver riletto il mio di prima, e sentito i molti pareri e gli incoraggiamenti provenienti da casa e dai sostenitori di altre parti del mondo, sono ancora alle prese con quel solco che io e Ted ci siamo scavati con le nostre mani oggi. Come i conigli, ci siamo infilati in un cunicolo profondo sottoterra. Profondo sottoterra.

>>>> Ted, se stai leggendo questo, ti voglio bene come a un fratello, e per quanto mi faccia male vedere il dolore che ci causiamo reciprocamente, penso che abbiamo bisogno di superare queste barriere per sbucare dall'altra parte. Ricordo ancora quando guardavamo insieme il film *What the bleep? Down the rabbit hole* nella tua stanza una sera tardi dopo le telefonate in Europa per le sponsorizzazioni. Film che allora ci ha catturato l'immaginazione e ci ha insegnato a mettere in discussione la realtà, il mondo e noi stessi. Una delle tante, tante serate passate a farci delle canne metaforiche a base di argomenti filosofici. Cosa ho imparato da quelle serate passate a mangiare gli stinchi di agnello di Richard a occhi chiusi nel tuo appartamento di Melbourne dopo aver chiamato il PC da Long Way Down; a camminare per le strade di The Rocks a Sydney recitando quasi autisticamente i numeri delle targhe delle macchine che passavano dopo un'occhiata di 1 secondo 'allenandoci' per la nostra avventura africana; oppure a uscire TUTTE quelle sere a caccia di donne...?

Che tu ed io ci assomigliamo in molti modi.

Certo, siamo "poli opposti" ma penso che insieme formiamo un polo unico. Qualcosa che abbiamo forgiato così solidamente in un arco di tempo così lungo e dopo così tante esperienze, e che ora è andato perso in un batter d'occhio.

Siamo più forti insieme che non separati. In tempo di guerra, alzo bandiera bianca. La sollevo in alto e con orgoglio. La sventolo in lungo e in largo. E sono sicuro che anche le nostre mamme a casa proprio in

with any marriage, there's rain, sunshine, wind, clouds, and every now and then a massive bloody storm.
And, we deal with the lightening differently. That much is clear. I communicate poorly some times, guilty as charged. But I make shit happen. And, Ted, please remember, my intentions are for the best interests of the project, the journey, and for us as best friends. Always.
I am a grown man (or so it appears chronologically) and I so I know when I f#$k up.
"Ted, we need balance". A sentence that we repeat almost religiously each day to each other. And I think we need balance now. My flag is up, but my heart hurts. It really does. You hurt me a lot. I lost a lot of amicable respect for you and for what I see in you as a person. I am sure I have done the same to you. And for this I apologise.
10:26 pm the lonely beach is calling. I need time to think. I need time to digest. Not sure if I'll make it back tonight. Time heals. And we need time.
With (moderate) love,

Val.

*****

[MESSAGGIO FACEBOOK] 10/2/2011

12:53am
Arianna

mandami un email qua Ari.
Mi ha fatto moltissimo piacere vederti oggi. Veramente.
Spero che ci possiamo sentire molto piu spesso.
Ti voglio tanto bene, e ricordati che sono qua per qualunque cosa. Siamo famiglia, quindi non ti nascondere!
un mega bacione xoxoxo

*****

questo momento sono agitate per tutto questo casino. Quello che stiamo facendo non è mai, MAI, stato fatto prima. Siamo a metà strada, amico, e c'è ancora molta, molta, strada da percorrere. Come in ogni matrimonio, c'è pioggia, sole, vento, nuvole, e ogni tanto una maledetta tempesta colossale.
E noi reagiamo al fulmine in modi diversi. Su questo non c'è dubbio. Io comunico malamente a volte, colpevole secondo l'accusa che mi è stata fatta. Ma tiro avanti la carretta. E, per favore, ricordati Ted, che il mio scopo è il bene del progetto, del viaggio, e nostro come migliori amici. Sempre.
Sono un uomo fatto (o così sembra anagraficamente) e perciò so quando faccio una cazzata.
"Ted, abbiamo bisogno di equilibrio". Frase che ci ripetiamo a vicenda quasi religiosamente tutti i giorni. E io penso che abbiamo bisogno di equilibrio adesso. La mia bandiera è alzata, ma il cuore mi duole. Veramente. Mi hai fatto molto male. Ho perso un bel po' del rispetto fraterno per te e per quello che vedo in te come persona. Sono sicuro che questo valga anche per te nei miei confronti. E per questo mi scuso.
22:26 la spiaggia solitaria mi chiama. Ho bisogno di tempo per pensare. Ho bisogno di tempo per mandare giù la cosa. Non so se ce la farò a tornare stasera. Il tempo cura. E noi abbiamo bisogno di tempo.
Con (moderato) affetto,

Val.

*****

[FACEBOOK MESSAGE] 10/2/2011

12:53am
Arianna

Send me an email here Ari.
I really loved seeing you today. Truly.
I hope we can be in contact a lot more often.
I love you so much, and remember that I'm here for anything at all.
We're family, so don't hide yourself away.
A great big kiss xoxoxo

*****

[FACEBOOK MESSAGE] 11/2/2011

7:32pm
Ted Dom Jamie

Just like the old Woollahra days, we'll back partying in no time!!
Thanks so much for coming and I hope there were a few birds there for you and the boys ;)
RE: visiting – great idea! I've already made a rough plan for when I think it would be easiest and most fun for anyone who wants to come visit us en-route in Aus.
Darwin and then onwards through Kakadu (April-May)
- Cape York and Cape Tribulation (June-July)
- Byron Bay and Sky diving! (P.S you have no option with this one. All the boys are coming (August 3-8)
- and then obviously the Newcastle-to-Sydney bike ride (August 13th
> our welcome home date for sydney)
Keep in touch buddy.

Big hug

*****

[EMAIL] 14/2/2011

From: Valerio De Simoni
To: Teddy Vaux
Monday, 14 February 2011 1:45 AM

Hey Teddy!

I hope you realise how annoyed I am for not being able to be there to chin-chin with you guys!!!!

I am so, so very proud of you and happy for both of you.

We're about to leave Zanzibar Island (Tanzania) with Ray Charles playing in the background sitting at Livingstone's Bar... amazing!

Looking forward to giving you a big hug, and having a night out with

[MESSAGGIO FACEBOOK] 11/2/2011

19:32
Ted Dom Jamie

Proprio come ai vecchi tempo di Woollahra, saremo di ritorno per festeggiare fra pochissimo!!
Moltissime grazie per esser venuti e spero ci saranno delle pollastrelle per voi e i ragazzi;)
RE: visite- idea fantastica! Ho già preparato un piano di massima per quando penso che sarebbe più facile e divertente per tutti quelli che vogliono venirci a trovare en-route in Australia.
- Darwin e poi oltre, attraverso il Kakadu (Aprile-Maggio)
- Cape York e Cape Tribulation (giugno-luglio)
- Byron Bay e Sky diving! (P.S su questo non avete scelta. Tutti i ragazzi vengono (3-8 agosto)
- e poi ovviamente la tappa Newcastle- -Sydney (13 agosto >la nostra data di arrivo per sydney)
tienti in contatto, mate.

Abbraccione

*****

[EMAIL] 14/2/2011

Da: Valerio De Simoni
A: Teddy Vaux
Lunedì 14 febbraio 2011 - 1:45 AM

Ciao Teddy!

Spero che tu ti renda conto di quanto mi dispiace non poter essere là a fare cin-cin con voi ragazzi!!! Sono così tanto fiero di te e felice per tutti e due voi.

Stiamo per lasciare l'isola di Zanzibar (Tanzania) con il sottofondo musicale di Ray Charles seduti al Livingstone's Bar... Fantastico!

Non vedo l'ora di riabbracciarti e di passare una serata con te, Larry e Lorenzo al Bar Reggio (o in un postaccio del genere, come sempre).

Larry, Lorenzo, and us at Bar Reggio (or something cheesy like always).

Lots of love to you and Mrs. Vaux wooh!
Vale xox

*****

[JOURNAL] 14/2/2011 Monday 14th February 2011, 07:45 local time
Aboard the "LCT.HAPPY" cargo vessel from Zanzibar to Dar Es Salaam.

What a textbook adventurer's night crossing from island to mainland! Sadness was in the air leaving last night at 8:30pm, or was it 9? Or 10? Or 11? African + Swahili time!
Zanzibar's Stone Town is an immensely vibrant, atmospheric place. There is colour and music. There is religion and dancing. There is beautiful skies and sticky-hot days. There is crystal–clear turquoise waters – the postcard beaches. I regretfully didn't approach a very beautiful, young Danish girl who sat across from us at the pizzeria we had dinner at.

—

I love women; their energy, their look, their ability to fire up my own energy with a simple connection of the eyes. From now on I will make every opportunity count. Remember… the 10,000 hour rule.

—

On the ship, Ted was lots sick; the cyclone never hit us; and, cocooned in my sleeping bag atop a sweat-ridden, dirt-clad stray city mattress – I slept as best as I could.

—

Docking at Dar now. The crane will air lift our cargo on to the ship yard. Another series of precarious maneuvers. Today, we await response from the Sydney Talent Agency – fingers crossed. Then, food shopping and then time pending "will I stay or will I go?" (to Malawi that is).

*****

Con tanto affetto per te e la signora Vaux wooh!
Vale xox

*****

[DIARIO] 14/2/2011 Lunedì 14 febbraio 2011, 07:45 ora locale
A bordo del cargo "LCT.HAPPY" da Zanzibar a Dar Es Salaam.

Che avventura da manuale traghettare di notte dall'isola al continente! C'era tristezza nell'aria alla partenza alle 8:30 ieri sera, o erano le 9? O le 10? O le 11? Ora africana + Swahili! Stone Town di Zanzibar è un posto immensamente vibrante, atmosferico. C'è colore, e musica. C'è religione, e danza. Ci sono bellissimi cieli e giornate caldissime e appiccicose. C'è un'acqua turchese trasparente come il cristallo – le spiagge da cartolina. Mi dispiace non aver attaccato bottone con una bellissima giovane danese seduta davanti a noi in pizzeria dove stavamo cenando.

—

Amo le donne; la loro energia, il loro look, la loro abilità di dar fuoco alla mia energia con un semplice scambio di sguardi. Da ora in poi farò in modo di cogliere ogni occasione. Ricordati… la regola delle 10.000 ore.

—

Sulla nave, Ted stava dando di stomaco al di là del ponte; il ciclone non ci ha mai raggiunti; e avviluppato nel mio sacco a pelo sopra un materasso abbandonato, incrostato di sporcizia e inzuppato di sudore – ho fatto del mio meglio per dormire.

—

Stiamo attraccando a Dar ora. La gru solleverà il nostro cargo sul molo. Un'altra serie di manovre precarie. Oggi aspettiamo la risposta dall'agenzia Sydney Talent – teniamo le dita incrociate. Poi spesa e poi, dipende da quanto tempo abbiamo, "Resto o vado ?" (in Malawi, voglio dire).

*****

[BLOG] 14/2/2011

A change of pace. The team rebuilds. And, a cyclonic over-night ferry back to Dar Es Salaam. Sunday 13th February 2011

Clearly the last few days have been a little up and down. For every one who's been following our team dynamics, we've made progress. After thorough deliberation, advice, and peace and quiet, I conjured up a therapy-based 'questionnaire' for us all to dwell upon and answer. It's aim: to be brutally honest and get everything off our chests once and for all.

So far, so good. Last night the three of us sat down for dinner at the beach resort looking out into the starry night. With a good helping of gin and tonics, I think we had our first proper group laughing session which exceeded 10 minutes... in months... We laughed about "all of the most absurd places we had stayed in" and "the worst toilets we've seen in Africa". The jokes and drinks seemed to go on forever, and, it was great. So, today Jamie handed me his questionnaire and I am just finishing mine for both Ted and Jamie. We're planning on sitting down in pairs separately, and then going through our raw feelings openly and unafraid this week sometime. I will keep you all posted?! P.S. How do you all think it will go?!

<Back to today>

"See the funny thing is that our journey is one of hellos and goodbyes which never seems to end. I fall in love with a place or I hate a place, we're always moving so the atmosphere is always changing", I was explaining to Elizabeth at the resort, a 50-something English lady who manages the cottages. Much like me, she said, her "temper is paper thin in the heat". We rolled out heading for Stone Town on the southern tip of Zanzibar Island. An island my parents wanted to visit about 30-years ago but they couldn't for some logistical reason. Stone Town itself is the heart of the island's atmospheric life blood. There's colour, music, 'sex on the beach', coconuts falling from the sky, beach-dancers, lots of smiley people, and that wet and sticky hot summer breeze.

We sat down once more at Livingstone's Bar (the famous beach bar). Ted was chasing girls. I was consumed by the usual 40-person crowd standing around me as I was trying to get a power nap asking me every sort of question. I ended up having to half-translate in to Swahili, German, Italian, French, and Swedish. It was an effort! Jamie on the other hand kept watch of the bikes from afar and before long we all went for our last tour of the town. Nina, a

[BLOG] 14/2/2011

Cambio di ritmo. Il team si ricostruisce. E, una ciclonica traversata notturna in ferry per tornare a Dar Es Salaam. Domenica, 13 febbraio 2011

Chiaramente gli ultimi giorni sono stati un po' su e giù. Per chiunque abbia seguito le nostre dinamiche di gruppo, abbiamo fatto dei progressi. Dopo approfondita riflessione, consigli, pace e tranquillità, ho prodotto un 'questionario' a base terapeutica affinché tutti ci rimuginiamo su e rispondiamo. Lo scopo: essere brutalmente onesti e toglierci tutti i pesi dallo stomaco una volta per tutte.

Per ora, tutto bene. Ieri sera ci siamo seduti tutti e tre a cena al resort sulla spiaggia con lo sguardo rivolto alla notte stellata. Aiutati da una buona porzione di gin and tonic, penso che abbiamo avuto la nostra prima vera sessione di risate di gruppo durata oltre 10 minuti... da mesi... Abbiamo riso di "tutti i posti più assurdi in cui avevamo alloggiato" e "i peggiori bagni che abbiamo visto in Africa". Le battute e le bevande sembravano non avere fine, ed è stato bellissimo. Così, oggi Jamie mi ha consegnato il suo questionario ed io sto per finire il mio sia per Ted che per Jamie. Abbiamo intenzione di sederci due alla volta separatamente e poi di passare in rassegna apertamente e senza paura i nostri sentimenti messi a nudo nel corso di questa settimana. Vi terrò informati tutti?! P.S. Come pensate che andrà?!

<Tornando a oggi>

Vedi la cosa buffa è che il nostro viaggio è un viaggio fatto di "salve e addio" che sembra non aver mai fine. Mi innamoro di un posto o lo odio, siamo sempre in movimento perciò l'atmosfera cambia sempre spiegavo ad Elizabeth al resort, una signora inglese di 50 e passa anni che gestisce i cottage. Proprio come me, ha detto, che il suo "umore è fragile quando fa caldo".

Ci siamo rimessi in moto in direzione di Stone Town sulla punta meridionale dell'isola di Zanzibar. Isola che i miei genitori volevano visitare circa 30 anni fa ma non ci sono riusciti per qualche motivo logistico. Stone Town stessa è il cuore dell'atmosferica linfa vitale dell'isola. C'è colore, musica, 'sesso sulla spiaggia', noci di cocco che cadono dal cielo, ballerini da spiaggia, un mucchio di gente allegra, e quella calda brezza estiva umida e appiccicosa.

Ci siamo seduti di nuovo al Bar Livingstone (il famoso bar sulla spiaggia). Ted era a caccia di ragazze. Io ero consumato dalla solita folla di 40 persone in piedi intorno a me che mi ponevano ogni sorta di domande mentre cercavo di fare un pisolino rigenerante. Ho finito per

lovely 25 year old manager of an NGO volunteer teaching program based out of Dar Es Salaam, and family friend of Jamie's, gave us a historical lesson on the go.

We came to a roof top bar that Jamie had visited I think at age 10. It had sweeping views of the entire island from every angle. The prayers came on just as the cyclone clouds started appearing on from the south. It was a really dramatic backdrop with our cargo ship laying anchor in the port in front of us as well. It seemed like a renaissance painting with the cloud-piercing pinks and oranges beaming through from the sky above. A seriously awesome final mental picture to treasure for a long time to come. The only problem was I had a seriously upturned stomach fearing that our ship would depart with our bikes on there and not us, because of the calculations between GMT local time and the different Swahili time. "At least from up here we'll be able to get a good photo of the ship sailing away with our bikes" I remember dreadfully joking to Jamie on the roof. A quick feed of pizza, souvenir hunting, and one final Kilimanjaro beer at Livingstones later, 10:20 clocked and we needed to board the vessel.

"Val, not joking get me some f$%king toilet paper I can't hold it" Ted yelled out to me with a stern look in his eye. I raced over to his bike, whipped open the case, and before I could say "here you go" he was bent over the side of the draw-bridge at the bow of the ship doing his liquified business on a 60 degree angle to avoid falling off in to the water or hitting himself so to speak. He looked in really bad shape. We organised his hydrolite pack, sorted out our bedding, and then there was still another hour of sitting around listening to the INCREDIBLE tunes (such as Michael Jackson mixed in with Madonna mixed in with Ray Charles) coming from the bar in front of our mooring. By 11:30pm the Captain of the "LCT. Moody" set sail for the mainland of Tanzania. You wouldn't believe what kind of a night we had. Seriously.

I slept on a piss-stained, sand-covered, vomit-smelling single mattress that was being sent back to Dar either to be repaired or thrown in to a mammoth furnace that would do this putrid bed justice. Better still, I had the option of laying adjacent Ted and his explosively contagious diarrhea, or being near the old car batteries leaking toxic chemicals on to the ship's deck. And yes, this was an open-decked flimsy boat we had to haggle to get on leaving 3-hours late and heading straight for a cyclone coming up from south-to-north from Madagascar. Great! In the end, I opted the slightly less toxic option of laying in between Ted's wheels and some rubbish boxes that had

dover semi-tradurre in swahili, tedesco, italiano, francese e svedese. Che fatica! Jamie a sua volta teneva d'occhio le moto da lontano e dopo non molto siamo andati tutti a fare il nostro ultimo giro della città. Nina, deliziosa manager di un programma d'insegnamento di volontari per una ONG di base a Dar Es Salaam e amica di famiglia di Jamie, ci ha fatto una lezione di storia strada facendo.
Siamo arrivati a un bar panoramico dove Jamie era già stato credo all'età di 10 anni. Aveva ampie vedute di tutta l'isola da ogni angolo visuale. Le preghiere sono cominciate proprio mentre le nuvole del ciclone iniziavano a comparire da Sud. Era davvero uno scenario drammatico con anche la nostra nave da carico che si ancorava nel porto davanti a noi. Sembrava un quadro rinascimentale con raggi splendenti rosa e arancioni che facevano capolino bucando le nuvole in alto nel cielo. Un ultimo quadro grandioso impresso nella mente da custodire gelosamente per lungo tempo a venire. L'unico problema era che avevo lo stomaco gravemente in subbuglio nel timore che la nostra nave partisse con le nostre moto a bordo senza di noi, a causa dei calcoli tra l'ora GMT [il tempo medio di Greenwich] e la diversa ora Swahili. "Almeno da quassù potremo fare una bella foto della nave che salpa con le nostre moto" ricordo di aver scherzato atrocemente con Jamie sulla terrazza. Una pizza veloce, a caccia di souvenir, un'ultima birra Kilimanjaro al Livingstone, e sono scoccate le 22:20, ora in cui dovevamo imbarcarci.
"Val, non scherzo portami della carta igienica del ca..o che mi scappa" Ted mi ha urlato con sguardo serio negli occhi. Sono corso alla sua moto, ho spalancato in un colpo il bauletto/la cassa, e prima che io potessi dire "ecco qua" lui era accucciato contro la fiancata del ponte mobile a prua della nave a fare i suoi bisogni liquefatti ad un angolo di 60 gradi per evitare di precipitare in acqua o di centrare se stesso per così dire. Aveva un'aria proprio malmessa. Gli abbiamo preparato il suo pacchetto di Hydrolite/idrolitico, organizzato la nostra roba per dormire, e poi c'è stata ancora un'altra ora seduti ad ascoltare gli INCREDIBILI motivi (come per es. Michael Jackson mixato con Madonna mixata con Ray Charles) provenienti dal bar di fronte al nostro ormeggio. Alle 23:30 il Comandante del "LCT. Moody" è salpato per la terraferma della Tanzania. Non credereste alla nottata che abbiamo passato. Senza scherzi.
Ho dormito su un materasso singolo macchiato di piscio, coperto di sabbia, puzzolente di vomito che veniva rispedito a Dar per essere o aggiustato o gettato in una mega fornace che avrebbe reso giustizia a quel letto putrido. Meglio ancora, avevo la scelta di sdraiarmi accanto a Ted e alla sua diarrea esplosivamente contagiosa, o di stare vicino alle vecchie batterie di automobile che lasciavano colare

the smell of wet cardboard boxes (for all those who've shared a similar nose tasting).
I could barely sleep with the salt spray hitting my face and the constant fear of Ted's wrath right in front of me. I looked up and remember thinking to myself "f$%k, look where I am! In the middle of the ocean, sleeping on a deck with a crew full of mad Tanzanians, on a bed I wouldn't even put my dirty laundry on to rest whilst I emptied the washing machine of my clean clothes. We've made it. We're living the dream. We're pushing our limits, we're growing, we're going, we're doing it for real. This is an adventure!" I yelled before cracking under and snoring away with the boat's rocking...
To the very interesting people I met today, I hope you've enjoyed my blog. It was a heck of a day!

Val.

*****

[FACEBOOK MESSAGE] 14/2/2011

1:55am
Alessandro

Lalu,
Sorry I missed you bro.
You would LOVE this Island (Zanzibar)! Next is Malawi.
P.S. I hope you are thinking of a travel destination for us to go and check this year or next. A few weeks, a month what ever.
Write me when you can. Lots of love.
Vale

*****

sostanze chimiche tossiche sul ponte della nave. E sì, quella era una barca poco solida a ponte scoperto per salire sulla quale avevamo dovuto contrattare, partita con 3 ore di ritardo e diretta in pieno verso un ciclone proveniente dal Madagascar con direzione sud - nord. Grande! Alla fine, ho scelto l'opzione leggermente meno tossica di sdraiarmi tra le ruote di Ted e delle scatole di rifiuti che odoravano di cartone bagnato (per tutti quelli che hanno condiviso una simile degustazione olfattiva).
Potevo a stento dormire con gli spruzzi salati che mi colpivano il viso e il timore costante della furia di Ted proprio davanti a me. Ho alzato lo sguardo e ricordo di aver pensato tra me e me "ca..o, guarda dove sono! In mezzo all'oceano, a dormire sul ponte con un equipaggio pieno di tanzaniani folli, su un letto dove non poserei neanche i miei panni sporchi in attesa di svuotare la lavatrice della mia roba pulita. Ce l'abbiamo fatta. Stiamo vivendo il sogno. Stiamo estendendo i nostri limiti, stiamo crescendo, lo facciamo davvero. Questa sì che è un'avventura!" Ho urlato prima di piombare nel sonno e mettermi a russare con il dondolio della barca...
Alle persone molto interessanti che ho incontrato oggi, spero abbiate gradito il mio blog. È stata una giornata bestiale!

Val.

*****

[FACEBOOK MESSAGE] 14/2/2011

1:55
Alessandro

Lalu,
mi dispiace, non ci siamo beccati.
Avresti semplicemento AMATO questa isola (Zanzibar)! Dopo c'è il Malawi.
P.S. spero tu stia pensando a una destinazione per il viaggio per noi per andare quest'anno o il prossimo. Qualche settimana, un mese, vediamo. Scrivimi quando puoi. Baci baci.
Vale

*****

[JOURNAL] 16/2/2011

16 febbraio 2011, Dar Es Salaam Tanzania - Aspettando il mio pesce grigliato al "Q Bar."

—

Babbo – buon compleanno. Hai 56 anni se non mi sbaglio? Finalmente grande e grosso.
Eccomi qua. Tuo figlio. Il tuo studente.

—

Cosa ti dico? Cosa vuoi sapere?
Marco comunque è diventato un grande uomo. Il tuo fratellino è il mio nuovo idolo. Sono fiero di lui e di come si sta vivendo la vita assieme la sua famiglia.

—

Nonna – quanto gli volevo bene. Ed ancora gliene voglio.

—

Mamma – la persona più importante nella mia vita.

—

Babbo – padre – non mi hai abbandonato. Hai fatto quello che il tuo corpo ti permetteva. E so, con tanto dispiacere, quanta strada volevi e potevi ancora fare.

—

I think about you a lot. But sometimes not deeply enough. I feel so proud of you, my mother, and my family. A tree, I will honour forever and ever.

—

I just wish I could have you alive in my life. Quanto sarebbe diversa la mia vita. Credo di essere il prodotto tuo e della tua assenza. Un'assenza che mi ha fatto crescere più di quanto tu possa immaginare. Anche, sicuramente, più di quanto possa immaginare anch'io. / Incomincio a mangiare...

—

My courage, my pride, my ability, my strength, my focus, my determination, my arm, my fist, my passion, my heart, my thoughts – and me – are yours.

*****

[DIARIO]16/2/2011

16th February 2011, Dar Es Salaam, Tanzania. Waiting for my grilled fish at the "Q Bar".

—

Papa – happy birthday. You're 56 now, if I'm not mistaken. Finally big and all grown up.
Here I am. Your son. Your student.

—

What will I say to you? What do you want to know? Marco in any case has become a great man. Your little brother is my new idol. I'm proud of him and of the way he's living his life with his family.

—

Grandma – how I loved her. And how I still love her.

—

Mum – the most important person in my life

—

Papa – father – you didn't abandon me. You did what your body allowed you to do. And I know, so unhappily, how much road you still wanted to, and could have travelled.

—

Ti penso molto... Sono molto fiero di te, di mia madre e della mia famiglia. Una discendenza che onorerò per sempre.

—

Vorrei soltanto averti nella mia vita. Quanto sarebbe diversa la mia vita. Credo di essere il prodotto della tua assenza. Un'assenza che mi ha fatto crescere più di quanto tu non possa immaginare. Indubbiamente anche più di quanto non riesco ad immaginare neanche io. Incomincio a mangiare…

—

Il mio coraggio, il mio orgoglio, la mia abilità, la mia forza, il mio obiettivo, la mia determinazione, il mio braccio, il mio pugno, la mia passione, il mio cuore, i miei pensieri – ed io – sono tuoi.

*****

[EMAIL] 16/2/2011

From: Valerio De Simoni
To: dbrady@gestaltAtTheCentre.com
Wednesday, 16 February 2011 4:49 PM

Hi Dec,

No problem. We are doing much, much better. I wrote up a "questionnaire" document for us all to answer as honestly and bluntly as possible.
The questions are about how we make each other feel, our objectives both for the journey and the project, and what we appreciate most about each other, and, our memories of better times as friends in Sydney etc. etc. etc.

Then, we keep them to ourselves and share them with only that one person in a 'private' meeting. E.g. Jamie and I and Ted and I. Not all three at once.

I think the best way to go about this is to repair our individual friendships FIRST and then the group dynamics. It seems to be working so far and we're still yet to go through the questionnaires with each other which I'm sure will reveal even more and give us all more clarity and understanding.

Since I gave it to them 4 days ago, we've been laughing, joking, and remembering all the good times – more than we've ever done. It seems as though we're on the right track so I will keep you posted and maybe next week we can touch base when you're back in Syd.

Thanks Dec, and hope you guys are doing good also.
Big hug,

Vale

*****

[EMAIL] 16/2/2011

Da: Valerio De Simoni
A: dbrady@gestaltAtTheCentre.com
Mercoledì, 16 febbraio 2011 4:49 PM

Ciao Dec,

Nessun problema. Stiamo andando molto, molto meglio. Ho scritto un questionario per tutti noi, a cui dobbiamo rispondere il più possibile con franchezza e sincerità.
Le domande sono su come comunichiamo l'un l'altro, i nostri obiettivi sia per il viaggio che per il progetto, quello che apprezziamo di più l'uno dell'altro, i più bei ricordi della nostra amicizia a Sydney ecc. ecc.

Poi ce li teniamo per noi e li condividiamo soltanto con una persona per volta, in un incontro privato. Per esempio, Jamie ed io, Ted ed io. Non tutti e tre insieme.
Credo che il modo migliore di procedere sia riparare PRIMA i nostri rapporti di amicizia individuali e dopo le dinamiche di gruppo. Per adesso sembra funzionare; dobbiamo ancora leggerci l'un l'altro le risposte ai questionari, cosa che sicuramente rivelerà molte altre cose e ci darà maggiore chiarezza e comprensione.

Appena ho dato a loro il questionario, 4 giorni fa, abbiamo cominciato a ridere, a scherzare e a ricordare i bei tempi più di quando avessimo mai fatto. Sembra che siamo sulla strada giusta, ti terrò informato e magari la settimana prossima possiamo sentirci, quando ritorni a Syd.

Ti ringrazio, Dec, e spero che anche voi stiate tutti bene.
Un abbraccione

Vale

*****

[EMAIL] 17/2/2011

From: Valerio De Simoni
To: Stacia Nordin; RD NeverEndingFood@gmail.com
CC: Jamie Kenyon, Mardi Kendall, Sylvie Narciso
Thursday, 17 February 2011 3:45 PM

Hello Stacia,

We are just leaving Dar Es Salaam today so we will not arrive until Monday-Tuesday.
We apologise for the late notice but we had a video camera stolen from us and so had a lot of Police investigation to go through.

I think the easiest for us is that we will be in Lilongwe anyway and so it would be nice to pop in for a cup of tea and then we can go and visit one of the other bigger missions the day after or so once we've finished our tire change in the city. Is the road down to Blantyre City sealed tarmac and is it a major road?

Also, how many kilometres is it from Lilongwe more or less? Just so we can work out our timing so to speak.

*****

[EMAIL] 21/2/2011

From: Valerio De Simoni
To: Martina Palombi
Monday, 21 February 2011 11:43 PM

Hey sis,
Just wanted to chat about our arrival in to Perth for around the 15th of april. We're planning to stay at a hotel (all organised)
for about 7 days to relax and do all of the press stuff before heading off in to central Australia.

I would very much like it if you and the fam could be there. I know, it sure isn't easy, but if it's too hard to come all four of you,
I would still like you to come even for 2-3 nights with mum as well.
I'm going to invite Ari as well so maybe you three gals can
make a weekend out of it if possible with the girls being looked after

[EMAIL] 17/2/2011

Da: Valerio De Simoni
A: Stacia Nordin; RDNeverEndingFood@gmail.com
CC: Jamie Kenyon; Mardi Kendall; Sylvie Narciso
Giovedì, 17 febbraio 2011- 3:45 PM

Salve Stacia,

partiamo oggi da Dar Es Salaam, quindi non arriveremo prima di lunedì o martedì.
Ci scusiamo per avertelo detto così all'ultimo momento ma ci hanno rubato la telecamera e ci siamo dovuti subire un mucchio di indagini di polizia.

Credo che la cosa più semplice per noi sia arrivare comunque a Lilongwe, così sarebbe carino passare per una tazza da tè; poi potremmo andare a visitare una delle missioni più grandi, il giorno dopo o comunque appena avremo finito con il cambio delle gomme in città. La strada per Blantyre City è asfaltata ed è una strada principale? A quanti chilometri si trova, più o meno, da Lilongwe? Tanto per poter calcolare grosso modo i tempi di percorrenza.

*****

[EMAIL] 21/2/2011

Da: Valerio De Simoni
A: Martina Palombi
Lunedì, 21 febbraio 2011 11:43 PM

Ciao sorella,
Volevo solo fare due chiacchere sul nostro arrivo a Perth verso il 15 aprile. Abbiamo in programma di stare in un albergo (tutto organizzato) per circa 7 giorni a rilassarci e occuparci di tutte le storie con la stampa, prima di dirigerci verso l'Australia centrale.

Mi piacerebbe molto se tu e la tua famiglia potesse esserci. Lo so che non è certo facile; ma se è troppo complicato venire tutti, mi piacerebbe che almeno tu venissi per 2-3 notti con mamma. Inviterò anche Ari, così magari voi tre ragazze potrete farvi un weekend fuori, se ci

by Dec/Nipako...? So we can all hang out, have some cocktails ;)

Anyway, there's still two months to go, but it will go quickly so please have a think about it.
We're going to organise flights and accommodation hopefully for all our families so I will let you know.
Lots of love sis baci xoxox

*****

[JOURNAL] 21/2/2011
Monday 21 February 2011. Moevenpick Royal Hotel, Dar Es Salaam.

My pen is still struggling. Porco mondo.
I signed the contract with Blinc...
Now: Spaghetti. Then: *Lord of the Rings.*
Plus: Sleep

*****

[BLOG] 23/2/2011

Today we could get arrested! Don't worry Mum... (I hope)... Wednesday 23rd February 2011
"I'll tell you why, because your breath bloody stinks of alcohol and it's 10:00pm, and we've been riding in a thunderstorm for 2-hours, and we almost got electrocuted", I shouted at the officer. "Man, man, listen to me man, do you know the law of my country? Do you know my job?", shouted back the officer to me. At this point I am standing in my sarong and my sweaty t-shirt stomping on the spot to avoid the malaria-carrying mosquitoes whilst Ted is next to me clenching one of our Australian passports whilst the officer is waving the other two around.
It's gone well past 10:00pm now and the immigration officer (so says his accredited ID card – which looked like a dog had vomited up) had some how heard that we were staying at this make-shift 'hoteli' in the small town of Nachingwea, southern Tanzania, and subsequently told me that it was his "job to visit and question all foreigners who enter Nachingwea". He then went on, "you are now in Tanzania and have crossed the border so I need to know why you

riuscite, con le bimbe tenute da Dec/Nipako...? Così potremo uscire, potremo berci qualche cocktail ;)

Comunque mancano ancora 2 mesi, ma passeranno in fretta, quindi ti prego di pensarci su.
Dovremmo riuscire ad organizzare voli e pernottamenti per tutte le nostre famiglie, quindi ti farò sapere.
Ti voglio bene sorella, baci xoxox

*****

[DIARIO] 21/2/2011
Lunedì 21 febbraio 2011. Moevenpick Hotel Palm Royal, Dar es Salaam.

La mia penna sta facendo fatica. Goddam.
Ho firmato il contratto con Blinc...
Ora: Spaghetti. Poi: *Il signore degli anelli.*
Più: dormire

*****

[BLOG] 23/2/2011

Oggi potremmo essere arrestati! Non ti preoccupare Mamma... (spero)... Mercoledì, 23 febbraio 2011
"Te lo dico io perché, perché il tuo maledetto fiato puzza di alcol e sono le 10 di sera, e abbiamo viaggiato col temporale per 2 ore, e per poco non siamo morti fulminati", ho urlato al funzionario. "Amico, amico, ascoltami amico, conosci la legge del mio Paese? Conosci il mio mestiere?", mi ha urlato di rimando il funzionario. A questo punto sono dritto davanti a lui col mio sarong e la mia maglietta sudata pestando i piedi sul posto per evitare le zanzare portatrici di malaria mentre Ted è accanto a me con stretto in mano uno dei nostri passaporti australiani mentre il funzionario sventola in aria gli altri due.
Le 22:00 sono passate da un pezzo ormai e il funzionario dell'immigrazione (così dice il suo documento d'identità accreditato – che sembrava rigurgitato da un cane) aveva in qualche modo saputo che noi stavamo in questo 'hoteli' improvvisato nella cittadina di Nachingwea, Tanzania meridionale, e successivamente mi ha detto che era il suo "mestiere andare a trovare e interrogare tutti gli stra-

have come to Tanzania and where you are going now?". Ted and I both looked at each other not knowing what more to say as the officer was slurring violently and was holding two of our passports. It was one of those moments when I thought to myself "are we being done over or is this lunatic for real?!"...

"Like I told you five times already mate, we're traveling around the world and are visiting some friends in Tanzania and I sure as hell don't need to give you their names, or any reason why we're here so go away because this is really starting to piss me off", Ted belted at him. "I don't care, this is the law here and..." and I interrupted "listen, I don't care who you are, we crossed the border in to Tanzania from Kenya 2-weeks ago and did all of the visa paper work, carnet du passage, and passports..." I shot in... "You tell me now who you visit and I also take all of your passports to my office to photo copy", he replied.

Now, again, just picture what scene all of this was. There is the loudest crackling thunderstorm just outside the hotel; the floors of the foyers are flowing with water; there is no electricity inside so it's pitch black other than a candle; we were all in bed half asleep when we here a violent knock on the door and open up to a very tall, dark, suspicious-looking man demanding our passports, money, and the details (first names and surnames) of the people we are visiting tomorrow, whilst waving around his almost hand-drawn ID card. What would you do if an immigration officer was hunting you down and followed you to your hotel at 10:00pm in the middle of an African country?

The drama of this almost got too much for Ted and I and we almost got physical with the guy because it was getting pretty dodgy. The hosts we will be staying with tomorrow have 25+ armed security professionals on-site 24/7. We were asked if we had handguns with us. Luckily, we do not. We answered the officer's questions before I instructed Ted (and myself) to just walk away and shut the door and I snatched our passports back. We did, and we heard nothing else from outside. I mean it looked like this random guy was going to just walk off with three passports?! What a joke...

In to bed feeling very worked up, full of blood in my knuckles, and very, very tired and wet from the day's ride. We had left Lindi Town at about 11:00 am and clocked about 320 Km. Of those, 1-hour in the pitch black under a thunderstorm with the land sliding under our tires- any further and the road would have been COMPLETELY under water. Mud had clogged up all of our joints, and the road was literally

nieri che entrano a Nachingwea". Ha poi proseguito, "adesso siete in Tanzania e avete attraversato il confine perciò devo sapere perché siete venuti in Tanzania e dove state andando adesso?". Ted ed io ci siamo guardati a vicenda senza sapere che altro dire mentre il funzionario farfugliava violentemente e aveva in mano due dei nostri passaporti. Era uno di quei momenti in cui ho pensato tra me e me "ci stanno fregando oppure questo demente fa sul serio?!"...
"Come ti ho già detto cinque volte, amico, stiamo viaggiando intorno al mondo e siamo venuti a trovare degli amici in Tanzania e non devo diamine certo dirti come si chiamano, o una qualsiasi ragione per cui siamo qui, perciò vattene perché questo sta veramente cominciando a farmi incazzare", gli ha mitragliato Ted. "Non m'importa, questa è la legge qui e... " e io ho interrotto "ascolta, non m'importa chi sei, abbiamo attraversato il confine dal Kenya alla Tanzania 2 settimane fa e abbiamo fatto tutte le scartoffie richieste per il visto, carnet du passage, e i passaporti..." ho ribattuto io... "Voi adesso mi dite chi andate a trovare e io inoltre porto tutti i vostri passaporti in ufficio per fotocopiarli", ha risposto.
Ora, ancora una volta, cercate d'immaginarvi la scena di tutto questo. C'è questo temporale fragoroso che imperversa proprio fuori dall'albergo; i pavimenti dei foyer inondati d'acqua; dentro manca la luce perciò è buio pesto tranne che per una candela; eravamo tutti a letto semi addormentati quando sentiamo bussare violentemente alla porta e ci si presenta davanti un uomo molto alto, scuro, dall'aria sospetta che ci ordina di dargli i nostri passaporti, soldi e i dettagli (nomi e cognomi) delle persone che andiamo a trovare domani, sventolando per aria la sua tessera di riconoscimento praticamente disegnata a mano. Voi cosa fareste se un funzionario dell'immigrazione vi desse la caccia e vi seguisse fino in albergo alle 10:00 di sera nel bel mezzo di un Paese africano?
Questa situazione drammatica è diventata quasi insopportabile per Ted e per me e siamo quasi venuti alle mani con il tizio perché il clima si stava facendo piuttosto rischioso. Gli ospiti da cui staremo domani hanno 25 e passa guardie di sicurezza armate in servizio 24 ore su 24, 7 giorni alla settimana. Ci hanno chiesto se avevamo pistole. Per fortuna non ne abbiamo. Abbiamo risposto alle domande del funzionario prima che io indicassi a Ted (e a me stesso) semplicemente di andarsene e chiudere la porta ed io ho riafferrato i passaporti. Così è stato, e non abbiamo sentito altro dall'esterno. Non voglio dire, ma sembrava che questo tizio piombato dal cielo stesse per scappare via così con tre passaporti?! Bella storia...
A letto sentendomi molto teso, pieno di sangue nelle nocche, e stanchissimo e bagnato dal viaggio della giornata. Eravamo partiti da

sinking beneath us. It was a rush, I'll tell you- the race against time, having to look at the skies above and avert and lightening, and stand up on the bike to balance all of the immense weight under pressure.

Val.

P.S. The officer said that if we visit the gold mine (which we WILL tomorrow) that his office will be there and arrest us on the spot. So, fingers crossed we're not going to be behind bars in some Tanzanian goal.
P.P.S. Sylv, don't worry we've got the PLBs and sat phone on.

*****

[JOURNAL] 24/2/2011 Thursday 24th February 2011.
Mahenge, Tanzania - Nankala Guest House

—

Thunderstorm. Water. Puddles. Lightning. Clouds. Wind. Rain. Mud. Cold. Humid. Low visibility. Darkness. Steam. Stream.

*****

[BLOG] 25/2/2011

Panning for gold in Tanzania. Friday 25th February 2011
The last time I was panning for gold was when I was in year 8 or 9 at high school back at IGS in Sydney around 2001. We were on an excursion to the Bathurst gold mine in N.S.W. and our entire science class was sprawled out in the little streams panning for specks of gold. Today, I relieved those early-teen experiences of being "scientific". With Jim as our personal instructor and guide, we were able to get one of the most hand-on lessons in gem and gold mining anywhere. Jim is a 60-something researcher, writer, teacher, and renowned academic completing his PhD in geology and hydrogeology in the US. He was been a very prominent figure in the scientific community in the States and around the world on numerous papers including beachfront erosion, and many, many others. Jim is also a keen investor in mining firms in the Americas and Africa and for this reason was brought out to this US-owned mining property in Southern Tanzania that we had been invited to by the company's Director, whom we met and dined with in Dar Es Salaam.

Lindi Town circa alle 11:00 e percorso circa 320 km. Di questi, 1 ora nel buio pesto sotto un temporale con il terreno che slittava sotto le ruote – ancora un altro po' e la strada sarebbe stata COMPLETAMENTE sott'acqua. Il fango ci aveva bloccato le articolazioni, e la strada stava letteralmente affondando sotto di noi. È stata una volata credetemi – la corsa contro il tempo, il dover tener d'occhio il cielo sopra di noi ed evitare i fulmini, ed alzarsi in piedi sulla moto per bilanciare tutto il peso immenso sotto pressione.

Val.

P.S. Il funzionario ha detto che se visitiamo la miniera d'oro (cosa che FAREMO domani) il suo ufficio sarà lì e ci arresterà seduta stante. Perciò, per non finire dietro le sbarre in una qualche prigione tanzaniana.
P.P.S. Sylv, non ti preoccupare abbiamo i PLB (trasmettitori di soccorso) e il telefono satellitare accesi.

*****

[DIARIO] 24/2/2011 Giovedì 24 febbraio 2011.
Mahenge, Tanzania - Nankala Guest House

—

Temporale. Acqua. Pozzanghere. Lampi. Nuvole. Vento. Pioggia. Fango. Freddo. Umido. Scarsa visibilità. Buio. Vapore. Ruscello.

*****

[BLOG] 25/2/2011

Alla ricerca dell'oro in Tanzania. Venerdì, 25 febbraio 2011
L'ultima volta che cercavo oro è stata durante l'ottavo o nono anno della scuola secondaria presso l'International Grammar School di Sydney intorno al 2001. Eravamo in gita alla miniera d'oro di Bathurst nel New South Wales e tutta la nostra classe di scienze era sparpagliata nei piccoli corsi d'acqua alla ricerca di pagliuzze d'oro. Oggi ho rivissuto quelle esperienze "scientifiche" risalenti alla prima adolescenza. Con Jim come nostro istruttore e guida personale, abbiamo potuto fare una delle lezioni più pratiche in assoluto sull'estrazione di gemme e d'oro. Jim è un ricercatore sui 60 anni, scrittore, insegnante e accademico rinomato che ha completato il suo PhD in geologia e idrogeologia negli

Don't ask me how/why/when/where etc because we are "sworn to secrecy". What I can tell you is I had a bloody great time with my old school pan!

"So the key is remember to swish the pan up and down just on the edge of the water line ensuring the top soil runs off and the black, finer sand and precious metals [gems and gold flakes] remain at the bottom of the pan", Jim told us as we were boot-deep in a muddy section in front of the enormous engineering contraption louder than a 747 Jumbo Jet that basically filters the excavated sediments through the various compartments of the machine before churning out the finer, more valuable finds in to the 'solution buckets' before Jim and his team proceed with more detailed inspections and equipment in their field labs back at the base camp.

When we rolled in yesterday through a seemingly inpentrable scrub land impossible to navigate if it were not for local instructions from the company (as the surrounding areas are all cordoned off and secured), I remember feeling as if we had just arrived on to a US base in the middle east. Barbed wire, sand bags and gun posts, pump-action shot guns, military standard satellite comms centre, an armory, desert trucks and motorcycles all facing the entry/exit for emergencies, and a huge set up of camouflaged army tents.

After returning from the mine we visited with Jim for lunch, the Head of Security of the camp took us on another unique activity. To the firing range! After the company Director had jokingly offered we test out on of their RPGs (Rocket Propelled Grenade launchers), we opted for the smaller, less destructive options of Glock handguns and shotguns.

Now, I want to make this VERY, VERY clear. I am 100% against all firearms; I was protesting against the Bush administration's "War on Terror" back when I was 16 and jigging history classes to attend the rallies in the city; but, we were guests, and very VIP guests in this extremely unique place in the middle of Africa- and it was a once in a lifetime experience (the whole two days I mean), so that's the only reason I took part in the practice shooting.

The Head of Security is an ex-British paratrooper and has a long career of just over 20-years. He has killed 10-people. After listening extremely carefully to his instructions, I fired 15-live rounds out of the Glock, and a further 8-live rounds out of the 12-gauge pump-action shotgun. It was a frightening and eye-opening experience. For everyone who eats meat, I think it's important to see how the animal is killed to understand it fully. For everyone at home who has wat-

U.S.A. Era stato una figura di grande spicco nella comunità scientifica degli Stati Uniti e di tutto il mondo per numerosi articoli/interventi a convegni relativi all'erosione costiera e molti, molti altri. Jim è anche un investitore appassionato in compagnie minerarie nelle Americhe e in Africa e per questa ragione era stato fatto venire in questa proprietà mineraria a capitale statunitense nella Tanzania meridionale dove noi eravamo stati invitati dal Direttore della compagnia, che avevamo incontrato e con il quale avevamo cenato a Dar Es Salaam.
Non chiedetemi come/perché/quando/dove ecc., perché ci hanno fatto "giurare di mantenere il segreto". Quello che vi posso dire è che mi sono divertito alla grande con la mia vecchia vaschetta scolastica!
"Allora il segreto è ricordarsi di far oscillare la vaschetta su e giù a pelo d'acqua accertandosi che la terra sopra scorra via e la sabbia nera più fine e i metalli preziosi (gemme e schegge d'oro) rimangano sul fondo della vaschetta", ci ha detto Jim mentre eravamo immersi a tutto stivale in una sezione fangosa davanti all'enorme macchinario ingegneristico più rumoroso di un Jumbo Jet 747 che in sostanza filtra i sedimenti scavati attraverso i vari scompartimenti della macchina prima di buttar fuori i ritrovamenti più fini, più preziosi nei 'secchi di diluizione' prima che Jim e la sua squadra procedano con ispezioni e attrezzature più dettagliate nei loro laboratori al campo base.
Quando siamo arrivati ieri attraversando una boscaglia apparentemente impenetrabile in cui era impossibile orientarsi se non fosse stato per le istruzioni in loco da parte della Compagnia (dato che tutta la zona circostante è recintata e sorvegliata), ricordo la sensazione come fossimo appena arrivati a una base USA in Medio oriente. Filo spinato, sacchi di sabbia e postazioni di tiro, fucili a pompa/a ripetizione, centro di comunicazioni satellitari di standard militare, un'armeria, camion e moto da deserto tutti con il muso verso l'entrata/uscita per le emergenze, e un immenso accampamento di tende militari mimetizzate.
Dopo esser ritornati dalla miniera ed aver pranzato con Jim, il Capo della Sicurezza del campo ci ha portato a fare un'altra attività singolare. Al poligono di tiro! Dopo che il Direttore della compagnia ci aveva scherzosamente offerto di provare uno dei loro RPG (lanciagranate a propulsione missilistica), abbiamo optato per le opzioni più piccole, meno distruttive delle pistole e dei fucili Glock.
Ora, ci tengo ad essere MOLTO, MOLTO chiaro su questo punto. Sono contrario al 100% alle armi da fuoco; protestavo contro la "Guerra al Terrorismo" dell'amministrazione Bush già quando avevo 16 anni e marinavo le lezioni di storia per partecipare alle manifestazioni in città; ma eravamo ospiti, e ospiti molto VIP in questo posto incredibilmente

ched like me 1000's of fake deaths on television and from Hollywood, I think in some way, it's important to see the brutal and damaging power of live firearms, again, to fully understand and appreciate just why weapons are just so damn horrible.
Beans, spinach, rice, massa tea, and a huge downpour later- we were all tucked away in our neat, clean, and symmetrically perfect army tents.

Val.

*****

[EMAIL] 5/3/2011

From: Valerio De Simoni
To: Vittoria Pasquini
Saturday, 5 March 2011 4:22 AM

Still alive.

in Malawi.
All good.
Call you from Lilongwe in 2 days.
baci xoxox

*****

[EMAIL] 5/3/2011

Da: Valerio De Simoni
A: Giulia Dante
Sabato, 5 marzo 2011 4:52 AM
Sta c#$%o de Roma!!!!!!!!!

Vabbe....

Ancora vivo, con Pavarotti ad alto volume sul lago di Malawi appena passato il bordo nazionale.

I am fucking drunk!!!!!!!!!!! We are drinking EVERTHING on the menu..... o dio!!!!!!

unico nel bel mezzo dell'Africa – ed era un'esperienza che capita una volta sola nella vita (i due giorni interi intendo dire), di conseguenza questa è l'unica ragione per cui ho preso parte all'esercizio di tiro.
Il Capo della Sicurezza è un ex paracadutista britannico e ha una lunga carriera di poco più di 20 anni. Ha ucciso 10 persone. Dopo aver ascoltato con estrema attenzione le sue istruzioni, ho sparato 15 cartucce vere dal Glock, e altre 8 dal fucile a pompa/a ripetizione calibro 12. È stata un'esperienza paurosa e illuminante. Per chi mangia carne, penso sia importante vedere come l'animale viene ucciso per capire fino in fondo. Per chi a casa ha visto come me 1000 morti finte alla televisione e nei film di Hollywood, in qualche modo penso sia importante vedere la potenza brutale e dannosa delle armi da fuoco vere, ribadisco, per capire e valutare fino in fondo il perché semplicemente le armi da fuoco sono così maledettamente orribili.
Fagioli, spinaci, riso, tè verde matcha, e un enorme acquazzone più tardi – eravamo tutti ben rincalzati nelle nostre tende militari curate, pulite e simmetricamente perfette.

Val.

*****

[EMAIL] 5/3/2011

Da: Valerio De Simoni
A: Vittoria Pasquini
Sabato, 5 marzo 2011 4:22 AM

Ancora vivo.
In Malawi.
Tutto bene.
Ti chiamo da Lilongwe fra due giorni.
Baci xoxox

*****

[EMAIL] 5/3/2011

FROM: Valerio De Simoni
TO: Giulia Dante
SATURDAY, 5 MARCH 2011 - 4:52 AM
This f#$%*g Rome!!!!!!!!!

Kuche kuche
green
special brew
stout
elephant
vodka
gin
cane
brandy
captain morgan
whiskey
wine
juice
shots
1664

bahhhhhhhhhhhhhhhhhhhhhh............................
UBRIACCCCCCCCCCCCCOOOOOOOOOOOOOO

baci
VDS

*****

[SKYPE]

[6/3/11 05.37.09] Valerio Daniel De Simoni: oli
[6/3/11 08.41.47] Valerio Daniel De Simoni: ci sei?
[6/3/11 08.41.57] Valerio Daniel De Simoni: oli ola olo
[6/3/11 09.24.06] marcofaina: gubigù
[6/3/11 09.59.24] Valerio Daniel De Simoni: ok, beh famo uno skype mercoledì?
[6/3/11 09.59.59] marcofaina: perfetto
[6/3/11 10.00.15] marcofaina: in mattinata sarebbe meglio
[6/3/11 10.00.34] Valerio Daniel De Simoni: beh allora giovedì mattina?
[6/3/11 10.00.45] Valerio Daniel De Simoni: perché noi torneremo verso pomeriggio immagino
[6/3/11 10.01.10] marcofaina: va beh proviamo mercoledì quando puoi sennò giovedì... tanto io sarò di riposo...
[6/3/11 10.01.40] marcofaina: ti mando un bacio

OK, then...

Still alive, with Pavarotti playing loudly over Lake Malawi, just inside the national border.

Sono ubriaco perso!!!!!!!!!!! Ci stiamo bevendo TUTTO quello che c'è sul menù. Oddio!!!!!!

kuche kuche
green
special brew
stout
elephant
vodka
gin
cane
brandy
captain Morgan
whiskey
wine
juice
shots
1664

bahhhhhhhhhhhhhhhhhhhhh..............................
DRRRRRUUUUUUUNNNNNNNNKKKKKKKKKKK

Love
VDS

*****

[SKYPE]

[6/3/11 05.37.09] Valerio Daniel De Simoni: oli
[6/3/11 08.41.47] Valerio Daniel De Simoni: you there?
[6/3/11 08.41.57] Valerio Daniel De Simoni: oli ola olo
[6/3/11 09.24.06] marcofaina: gubigù
[6/3/11 09.59.24] Valerio Daniel De Simoni: ok, well, will we skype Wednesday?
[6/3/11 09.59.59] marcofaina: perfect

[6/3/11 10.01.45] Valerio Daniel De Simoni: okay ottimo
[6/3/11 10.01.46] Valerio Daniel De Simoni: bacione

*****

[EMAIL] 6/3/2011

From: Valerio De Simoni
To: Larry Vaux
Sunday, 6 March 2011 5:54 PM

I couldn't stop laughing about your speech response haha. I am sure your brother appreciated it..

Remember that it's easy to idle away in a negative sense when you compare yourself to what you thought it would be like to "be a doctor". The reality is the reality, and that's all you need to get used to. You are living the reality of the road to becoming what ever specialist it is you want to be.

And yes, I know what it feels like when everything seems to be like "wait a minute, this isn't what I signed up for?!" but it is - you just weren't perhaps prepared for the first part; the leg work... I think...

Also, what I am doing, sure, is pretty crazy, but in reality dude, I think it's much easier to go away for a year and be a 'hero' than to dedicate yourself to a profession (any really) away from home, and sticking it out. You might not inhale dust storms, get pelted with hail stones, have to deal with extremely tense security situations at military check points, or other - but, you're sticking it out like you should.

There's a very famous Italian proverb which roughly translated is along the lines of: "don't look in to the other person's eye, instead, look at the splinter blinding your eye and understand why it's blinding you from your reality"...

Without getting philosophical, I think life has many phases. I mean it certainly does, but if you can look at it as a phase-based time line then you are just in a phase that you need to finish (your parents tone here) and then you can jump out of aeroplanes in to the Kalahari Desert, or chase wild Bachean Camels in Mongolia.

[6/3/11 10.00.15] marcofaina: would be better in the morning
[6/3/11 10.00.34] Valerio Daniel De Simoni: ok the, Thursday morning?
[6/3/11 10.00.45] Valerio Daniel De Simoni: because we'll be coming back towards midday I imagine
[6/3/11 10.01.10] marcofaina: ok let's try for Wednesday when you can, otherwise Thursday. In any case I won't be working then...
[6/3/11 10.01.40] marcofaina: Send you a hug
[6/3/11 10.01.45] Valerio Daniel De Simoni: ok, great
[6/3/11 10.01.46] Valerio Daniel De Simoni: big kiss

*****

[EMAIL] 6/3/2011

Da: Valerio De Simoni
A: Larry Vaux
Domenica, 6 marzo 2011 5:54 PM

Non riuscivo a smettere di ridere del tuo discorso di replica, ha ha. Sono sicuro che tuo fratello lo ha apprezzato.

Ricordati che è facile avere l'impressione di stare buttando via il proprio tempo quando fai il confronto con quello che pensavi che sarebbe stato l'essere un medico. La realtà è quello a cui devi abituarti. Stai vivendo la realtà della strada per diventare uno specialista in qualunque sia il campo che hai deciso.
E, sì, lo so come ci si sente quando ti viene voglia di dire aspetta un minuto, non è questo quello per cui ho firmato! ma invece è solo che forse tu non eri ancora pronto per la prima parte, tutta la fatica che ci vuole, penso...

E quello che sto facendo io è sicuramente folle, ma in realtà, caro mio, penso che sia molto più facile andare via per un anno ed essere un eroe che dedicarsi a un lavoro (qualunque lavoro), lontano da casa e tenere duro fino in fondo. Forse non respirerai tempeste di sabbia, non verrai bombardato dalla grandine, non dovrai affrontare momenti di grande tensione a posti di blocco militari o simili ma stai facendo quello che devi.

C'è un famoso proverbio italiano che, tradotto alla meglio, dice più meno: non guardare negli occhi dell'altra persona, ma guarda la scheggia nel tuo occhio e comprendi perché ti impedisce di vedere la realtà...

It's really comforting knowing that you and so many other people are following our journey. It really, really gives me a lot of inspiration to push on through tough times. And there's fuck loads of tough times, believe me! It's day 208 today and we're about a week away from breaking the world record and "going down (or up I would like to think) in history".

Jumbo mizungo - habari? - mizuri ;)

Zanzibar as you probably know was once the centre of the African slave trade. Merchants from Europe and Asia docked with their amazing wooden vessels, loaded up with goods of all sorts, and set sail back whence they came from to profit immensely. The Island still has its "old town" with the fortress, and ruined palaces. It's a unique vibe and you really get a sense of the history and fast-paced atmosphere when you walk the streets.

It's very tropical and so the weather is amazing. We narrowly missed a category-2 cyclone when we left by ship. Azure waters, amazing music, sticky-hot wind.

We fly in to Perth on the 19th of April. After a week of PR, media and rest we start tracking through the deserts of Central Australia, up to the Kimberley, Arnheim Land, Cape York, Daintree, Brisbane, Byron, Newcastle, and Sydney by Saturday, August 13th. So, we're allowed to invite a few close friends to join us along the way. Why don't you see when your holidays are etc and let me know as we're in Aus for 4-months and you could definitely come join us for a few days if not a week or so anywhere really... WA, NT, QLD, NSW what ever.

Let me know
Vale

*****

Senza filosofeggiare, credo che la vita abbia molte fasi. Ma se riesci a vederla come una linea temporale fatta di diverse fasi, allora sei semplicemente in una fase che devi concludere (qui mi sembro i tuoi genitori) e poi potrai saltare giù da un aereo nel deserto del Kalahari o inseguire cammelli bactriani selvatici in Mongolia.

Mi è di grande incoraggiamento sapere che tu e così tanta altra gente state seguendo il nostro viaggio. Mi dà veramente la forza di andare avanti nei momenti più difficili. E cazzo se ce ne sono stati di momenti difficili, credimi! Oggi è il giorno 208, e ci manca più o meno una settimana per battere il record del mondo e passare (o salire, preferirei pensare) alla storia.

Jumbo mizungo habari? - mizuri ;)

Zanzibar, come forse saprai, un tempo è stata il centro del commercio degli schiavi in Africa. I mercanti arrivavano dall'Europa e dall'Asia con i loro stupendi vascelli di legno carichi di merci di ogni tipo, e rifacevano vela verso i porti da cui provenivano per fare enormi guadagni. L'isola ha ancora la sua old town con la fortezza e i palazzi in rovina.
C'è un'atmosfera unica, che ti dà veramente il senso della storia e del passaggio del tempo, quando cammini per le sue stradine.

Il clima è molto tropicale, meraviglioso. Abbiamo lasciato da poco un uragano di seconda categoria quando siamo partiti per nave. Acque azzurre, musica fantastica, vento caldo e appiccicoso.

Arriviamo a Perth il 19 aprile. Dopo una settimana di PR, rapporti con i media e riposo, ci rimettiamo in pista attraverso i deserti del'Australia centrale, su fino a Kimberley, Arnheim Land, Cape York, Daintree, Brisbane, Byron, Newcastle, e infine Sydney sabato 13 agosto. Possiamo invitare qualcuno degli amici più cari a raggiungerci lungo il percorso. Perché non vedi quando puoi prenderti qualche giorno di vacanza e mi fai sapere? Saremo in Australia per 4 mesi e sicuramente ci potrai raggiungere da qualche parte per qualche giorno o addirittura per una settimana o quello che vuoi, in West Australia, Northen Territory, Quensland, New South Wales, dove vuoi.

Fammi sapere
Vale

*****

[BLOG] 6/3/2011

A real breakfast and then off to Nkhata Bay on Lake Malawi, 6th March 2011

Every once in a while we treat ourselves (or should I say, we get treated) to fine dining. You need it, believe me, or your stomach just cannot handle the six-month marathon of "all you can eat bacterias" you find in some of the places we have eaten in in Africa. So, three-meals per day for six-months equals approximately 540 potentially suspicious meals... And yes, a hot, fresh breakfast of eggs Benedict, toast, jam, juice, bacon, and a newspaper are very welcome once every now and then.

After quick preparations of minor rations, clothes, sleeping gear, reading material, and cameras – we packed up and set off with our driver Isaac (again, a VERY, VERY rare occurrence of being driven in a CAR) northwards towards the top of Lake Malawi. After a good 4-hour drive we arrived at Nkhata Bay, which is a gorgeous waterfront spot gleaming with energy from the vibrant community. We are staying at the Mokoto Village Resort just for tonight before we head out on the famed Ilala boat tomorrow evening for a 3-day tour of the Lake. Half way through a political report in The Times Magazine about the differences between the Bush and Obama administrations, the owner of the resort sat down. She is a lovely lady who fled the UK at just 22-years of age after her college degree. She was caught up in volunteer work with several large NGOs before she fell in love. 11-years later, a beautiful child, and stern South-African husband later, she is "living the dream on one of the most remote and relaxing places on earth" – and I agree.

Did you know that an estimated 70% of ALL colourful fish held in aquarium tanks come from this solitary body of water? That's right, Lake Malawi's fish are strangely all brightly colourful and because of the isolation of this area, and stringent fishing laws, the fish species thrive here.

So many times I sit down at my journal and mid-sentence think to myself, shit!!! I am ACTUALLY the person in this ridiculously amazing adventure. As I've noticed, if you don't take a breath every now and then in life, both literally and psychologically you wont truly appreciate what you've just experienced. It could be a butterfly fluttering passed you; the heart-warming sensation you get when you see a school kid offer their seat to an elderly person; the intoxicating taste of dark chocolate – or just about anything else which gets your blood moving.

[BLOG] 6/3/2011

Una colazione vera e propria e dopo partenza per Nkhata Bay sul Lago Malawi, 6 marzo 2011

Ogni tanto ci concediamo (dovrei dire piuttosto veniamo invitati a) una bella cena. Ce n'è bisogno, credetemi, altrimenti il tuo stomaco non riesce a far fronte alla maratona di sei mesi di "batteri a volontà" che si trovano in alcuni dei posti dove abbiamo mangiato in Africa. Quindi, tre pasti al giorno per sei mesi fanno approssimativamente 540 pasti potenzialmente sospetti... E sì, una prima colazione calda, appena preparata a base di uova alla Benedict, pane tostato, marmellata, succo, pancetta, e un giornale è molto gradita una volta ogni tanto.

Dopo veloci preparativi di piccole porzioni, vestiti, attrezzatura per dormire, roba da leggere e apparecchiatura fotografica/videocamere – abbiamo fatto i bagagli e siamo partiti con il nostro autista Isaac (ancora una volta, un'occasione MOLTO, MOLTO rara di essere portati in MACCHINA) diretti a nord verso la parte superiore del Lago Malawi. Dopo 4 ore e passa di guida siamo arrivati a Nkhata Bay, un favoloso posto sulla riva che sprizza energia dovuta alla vivace comunità. Siamo alloggiati al Mokoto Village Resort solo per stanotte prima di partire domani sera sulla famosa barca Ilala per un giro del Lago di 3 giorni. Nel bel mezzo di un reportage politico su The Times Magazine sulle differenze tra le amministrazioni Bush e Obama, la proprietaria del resort si è messa a sedere. È una signora molto carina che è scappata dal Regno Unito all'età di soli 22 anni dopo la laurea. È stata occupata in lavori di volontariato per diverse grandi ONG prima di innamorarsi. A distanza di 11 anni, con un bel figlio e un austero marito sud-africano, "vive il sogno in uno dei posti più remoti e rilassanti della terra" – ed io concordo.

Lo sapevate che la percentuale stimata del 70% di TUTTI i pesci variopinti che si trovano in vasche di acquario provengono da questo specchio d'acqua solitario? Proprio così, i pesci del Lago Malawi sono stranamente tutti di colori brillanti e, a causa dell'isolamento di questa zona e delle leggi severe sulla pesca, le specie ittiche abbondano qui.

Così tante volte mi siedo a scrivere il mio diario e nel bel mezzo di una frase penso tra me e me, merda!!! Sono PROPRIO io la persona in questa avventura straordinariamente formidabile. Come ho avuto modo di notare, se non prendi fiato ogni tanto nella vita, sia letteralmente che psicologicamente, non puoi renderti conto in pieno di quello che hai appena sperimentato. Potrebbe essere il battito d'ali di una farfalla che ti passa accanto; la sensazione che riscalda il cuore che ti viene quando vedi uno scolaro offrire il posto a una persona

So, without going any further, I am going to leave you with that thought and enjoy the rest of my sunset. Just me, the pinks, reds, oranges, purples, blues, and greens of the sky, and the soft lapping of the waves soundtrack right below me.
Cheerio.
Val.

*****

[DIARIO 7/3/2011
Lunedì 7 marzo 2011. Sul traghetto Lilala in partenza da Kata Bay per Monkey Bay.

———

"Grazie dio, grazie papà, grazie Gesù per questa mia vita meravigliosa. Per favore date da mangiare, aiutate e proteggete tutti gli animali, gli esseri umani, e le creature di questo mondo in questa e nelle altre vite. I love you all".
- La mia solita preghiera –

*****

[DIARIO] 8/3/2011
Martedì 8 marzo 2011 – diretti a Monkey Bay

—

Emer ha "doi" anni.
Domenica ho salutato tutta la famiglia da casa di Marti. Lei e Declan stanno bene. Le bimbe sempre più cresciute ed energiche. La mamma preoccupata come al solito. Zia Rosi alla grande.

———

Penso ad Ale.
Quel bambino con cui giocavo così tanto, così spesso.
Penso ad Ale e Vale.
Gli amici del cuore di un'epoca che fu. Mi manca quella vita. La casa di Dickson; Putt-Putt; la piscina dove facevamo tante vasche per aumentare la nostra "pocket money" come voleva Patricia; l'orto di Gino con quei pomodorini; lo stendipanni da cui ci lanciavamo; la vasca da bagno dove il duo giocava per ore e ore, uscendo alle fine con dita ammollate; il ristorante cinese dove mangiavamo noi cinque (Gino, Patricia, Mamma,

anziana; il gusto inebriante della cioccolata amara – o praticamente qualsiasi altra cosa che ti smuove il sangue. Perciò, senza proseguire oltre, vi lascio con questo pensiero e mi godo il resto del tramonto. Solo io, i rosa, rossi, arancioni, viola, blu e verdi del cielo, e la colonna sonora del dolce sciabordio delle onde proprio sotto di me.
Ciao ciao.
Val.

*****

[JOURNAL] 7/3/2011
Monday, 7th March 2011. On the Lilala Ferry-boat leaving the Kata Bay for Monkey Bay.

———

"Thank you God, thank you papa, thank you Jesus, for this, my wonderful life. Please feed, help and protect all the animals, human beings and creatures of this world in this and in other lives. I love you all".
- My usual prayer

*****

[JOURNAL] 8/3/2011
Tuesday 8 March 2011 – en-route to Monkey Bay

Emer is "too" years old.
On Sunday I caught up with the whole family at Marti's place. She and Declan are well. The little girls always more grown up and vivacious. Mum worried, as always. Aunt Rosi in top form.

—

I think of Ale.
That child with whom I used to play so much, so often.
I think of Ale and Vale.
The best friends of an era gone by. I miss that life. The house at Dickson; the Putt-Putt; the pool where we did so many laps in order to increase our pocket money, as Patricia wanted; Gino's vegetable garden with those baby tomatoes; the clothes-line from which we used to jump off; the bathtub in which the duo would play for hours and hours, finally coming out with wrinkled fingers; the Chinese restaurant where the five of us

Ale, ed io) regolarmente – satay chicken, rice and a can of Fanta to share with straws; i giochi nel giardino enorme di Ale con spade, fucili, Lego, sugli alberi, con le "micro machines"; i giri in bici d'intorno; il ritorno a piedi dalla piscina con Patricia e mamma che ci compravano le patatine "Smiths Originals" nei pacchetti blu; il dopo scuola di Lyneham Primary School, il pulmino della mia scuola di Northside Grammar con i bigliettini fosforescenti timbrati; il negozio di giocattoli "Peter Pan" a Civic; le borse d'acqua calda necessarie per quelle notti fredde; seduti tutti e 5 a tavola a mangiare i bei piattoni di fave, spaghi, insalate, bistecche; andare a Fyshwick per comprare il pesce ed altro (anche qualche fermata ad un mega-negozio di giocattoli); andare con mamma o Gino a comprare la legna per il fuoco a casa; il "Sustagen" that we sprinkled over our cereal; le tante volte che andavamo a Tuross Heads pure con Emily e la banda; the big lizard Ale and I had to bury; la pesca del "nonno" dei leatherjackets con Gino; le corse su e giù per quella piccola hill of grass con il sentiero indimenticabile; le case e spiagge di Turros; Cornucopia a Canberra e quella zona di negozi alternativi; la pasticceria di Tuross con quella porta that "squeaked"; Luna, la mia gatta che era scappata di casa e mamma ed io la trovammo vicino ad parco su Hovea Street; il ragazzo che mi insegnò ad andare in bici al parco stesso; la visita di Nonna che si perse per strada; l'infarto che quasi procurai a mamma dopo che tornai a casa da scuola tutto da solo "on my BMX"; la cabina che hanno costruito Marco e Dani – bellissima – tutti gli alberi da frutta (mela, pera, cilegia, prugna, uva) che mi pappavo spesso prima di andare a scuola la mattina; la shed di Gino con tutti quegli attrezzi; Richard, il nostro omeopata; il ristorante dell'Australian National University dove mi portava mamma a mangiare il "fried rice" quei giorni che facevo finta di stare male; la mia squadra "the Majura Hawks", eravamo imbattibili, vincemmo una partita di "indoor soccer" credo 20-1, il Bruce Stadium dove giocammo a metà tempo durante una partita del NSL; Ren – la mia dolcissima, bellissima babysitter e tutte le puntate di "Melrose Place" che guardavo con lei e le sue amiche mangiando le mandorle con il cioccolato attorno; la mia stanza e casa così comoda e bella, con il giardino enorme, garage, playroom, salone, fireplace; l'ufficio di mamma all'ANU con tutti i mobili vecchi; tutti i disegni storici

(Gino, Patricia, Mum, Ale and I) regularly went to eat – satay chicken, rice and a can of Fanta to share with straws; the games in Ale's enormous garden with swords, rifles, Lego, climbing the trees, playing with the "micro machines"; the bicycle rides around the area; walking back from the pool with Patricia and Mum who would buy us the "Smiths Original" chips in their blue packets; the after-school care at Lyneham Primary School; the minibus of my Northside Grammar school and its phosphorescent, stamped tickets; the Peter Pan toy store at Civic; the hot water bottles needed on those cold nights; all 5 of us seated around the table to eat big plates of broad beans, spags, salads, steaks; going to Fyshwick to buy fish and other things (even the odd stop at the mega toy store); going with Mum and Gino to buy wood for the fire at home; the "Sustagen" that we sprinkled over our cereal; the many times we went to Tuross Heads also with Emily and the gang; the big lizard Ale and I had to bury; fishing for the "grandfather" leatherjacket with Gino; the races up and down that little grassy hill with the unforgettable path; the houses and the beaches at Tuross; the Cornucopia in Canberra and that area of alternative shops; the pastry shop at Tuross with that squeaking door; my cat, Luna, that had run away and Mum and I found near the park on Hovea St; the boy who taught me to ride a bike in that same park; nonna coming to visit us and getting lost along the road; the heart attack I almost caused Mum when I came home all alone on my BMX; the hut – beautiful – that Marco and Dani built and all the fruit from the trees (apple, pear, cherry, plum, grapes) that I would often gobble down before going to school in the morning; Gino's shed with all those tools; Richard, our homeopath; the restaurant at the Australian National University where Mum would take me to eat fried rice on those days when I pretended to be sick; my team, The Majura Hawks, we were invincible, we won an indoor soccer game, I think, 20 to 1, at the Bruce Stadium where we played at half time during an NSL game; Ren – my sweetest, most beautiful baby-sitter and all the episodes of "Melrose Place" that I watched with her and her friends eating chocolate-covered almonds; my room and house, so comfortable and lovely, with the enormous garden, garage, playroom, lounge room, fireplace; mum's office at the ANU with all the old furniture; all the history drawings that Ale and I would do

che facevamo io ed Ale assieme; i "Boggles"; tutti i libri che avevamo come "Asterix &Obelix," "Tin Tin", "Horrible Histories", TUTTE le lotte che facevamo noi tre maschi – saltando sulla schiena di Gino che quasi ci strappava le dita e le orecchie; l'ironia di Patricia troppo simpatica – e con Vitti erano un team perfetto; lo studio di Gino che era così comodo e divertente con quella sedia grigia e di stoffa, tutte le penne e le matite; i "Pacer pencils" per cui Ale ed io eravamo impazziti; quel parco sul lago con il "maze" enorme dove andavamo spesso; i ricordi dei sassi piatti che lanciavamo sul lago; "Woolworths Supermarket" a Dickson dove mamma ed io andavamo sempre insieme; tutti i giorni e le notti che non ricordo, tutto il lavoro, amore, e sacrificio che la mia mamma avrà dovuto dedicare a me.
My childhood I believe has made me in to what I am now. Those years in Canberra are and were some of the most AMAZING times of my entire life. I am so, so, so proud and happy and lucky to have had all of which I had growing up.

———

Non potevo chiedere di più. Voglio vivere il resto della mia vita con tanti di quei sorrisi.

*****

[JOURNAL] 8/3/2011
En-route to Monkey Bay on Itala Boat, Lake Malawi, Malawi.
15:31/nice wind/strong sun/beautiful.

———

I just jumped off the roof of this very old, very African boat into the clear, fresh water of one of the continent's most beautiful lakes. I was told that some 70% of the world's aquarium-fish came from this lake. And yes, they are very colourful!

The Itala is a simple ferry, ferrying locals to and from all of the small islands inaccessible by land. It looks like one of those antique "steam-rollers" from New Orleans.

———

A mostri!!! Che diavolo state a fare???
Spero che vi state a fare gli ultimi bagni dell'estate.

Local people in Malawi are very friendly, generous, and open.

together; the "Boggles"; all the books that we had like "Asterix & Obelix", "Tin Tin", "Horrible Histories"; ALL the wrestles that we three males had – jumping onto Gino's back as he almost pulled off our fingers and ears; the irony of Patricia – so lovely – who with Vitti made a perfect team; Gino's study which was so comfortable and so much fun with that grey, soft armchair, all the pens and pencils; the "Pacer pencils" that Ale and I were mad about; that park on the lake with the enormous maze where we often went; memories of the flat rocks that we threw across the lake; the Woolworths Supermarket at Dickson where Mum and I would always go together; all the days and nights that I don't remember, all the effort, love, and sacrifice that my mother must have had to dedicate to me.
La mia infanzia, io credo, mi ha reso quello che sono oggi. Quegli anni passati a Canberra sono e sono stati uno tra i periodi più incredibili di tutta la mia vita. Sono proprio ma proprio orgoglioso e felice e fortunato di aver avuto tutto quello che ho avuto nella mia infanzia.

—

I couldn't ask for more. I want to live the rest of my life with so many of those smiles.

*****

[DIARIO] 8/3/2011
Diretti verso Monkey Bay sulla nave Itala, Lago Malawi, Malawi
15:31/bel vento /sole forte /bellissimo.

—

Mi sono appena adesso tuffato dal tetto di questo traghetto molto vecchio, molto africano nelle chiare, fresche acque di uno dei laghi più belli del continente. Mi è stato detto che circa il 70% dei pesci da acquario di tutto il mondo viene da questo lago. E sì, sono proprio colorati!

L'Itala è un semplice traghetto, che traghetta la gente del posto da e per tutte le piccole isole inaccessibili via terra. Sembra uno di quei pezzi d'antiquariato come i "battelli a vapore" di New Orleans.

—

Hey, monsters! What the devil are you up to???
I hope you're getting in your last swims of the year.

The atmosphere is positive and light – much to do with the fun and casual way of life – and the relaxing beauty of this small country. We are sleeping on a deck, in the open, and got rained on yesterday. One more sleep today and then we arrive at Monkey Bay tomorrow before returning to the capital Lilongwe.
L'avventura continua!
See you in about 150 days.
Love always, Valerio xoxoxoxo

*****

[LETTERA] 9/3/2011
a bordo del traghetto "Ilala", Lago Malawi

Carissima famiglia Chieli,

Sono le 08.45 e il cielo è completamente coperto di nuvole. C'è una pioggia leggera e calmante. Il rumore del motore mi ricorda il suono continuo ma leggero di una 747. Ieri sera ho visto il tramonto più bello della mia vita. Arancio, rosa, rosso, verde, blu, bianco, giallo, viola – un'immagine preistorica – con le acque tranquille del lago, qualche uccellino nella distanza e le montagne del Mozambico come sfondo.

Insomma, l'avventura è già a 210 giorni dalla partenza da Istanbul. Quando Massimo, Marco ed io ci mangiavamo quei piattoni di spaghi e vongole dal famoso Romano – non pensavo proprio che sarei stato in mezzo all'Africa scrivendovi questa lettera.

È duro. Questo viaggio. È molto duro a volte. Tra noi tre ragazzi, con le moto, con tutte le nuove culture, lingue, ambienti, confini, regole ecc. ecc. Insomma, sarà una gran bella storia alla fine!
Alle prossime vongole...

Vi penso, baci e abbracci
Valerio xox

*****

La gente del posto in Malawi è molto amichevole, generosa, e aperta. L'atmosfera è positiva e leggera – ha molto a che vedere con lo stile di vita rilassato e divertente – e la bellezza rilassante di questo piccolo paese. Stiamo dormendo sul ponte, all'aperto e ieri ci è piovuto addosso. Un'altra dormita oggi e poi arriviamo domani a Monkey Bay, prima di tornare nella capitale Lilongwe.
The adventure continues!
Ci vediamo fra 150 giorni.
Vi voglio bene sempre Valerio xoxoxoxo

*****

[LETTER] 9/3/2011
Aboard the ferry "Ilala" on Lake Malawi, Malawi

Dear Chieli Family,

It's 8.45 and the sky is completely covered by clouds. There's a soft and calming rain. The noise of the motor reminds me of the continuous but soft sound of a 747. Yesterday evening I saw the most beautiful sunset of my life. Orange, pink, red, green, blue, white, yellow, violet – a prehistoric image – with the tranquil waters of the lake, some little bird in the distance and the mountains of Mozambique as backdrop.

Anyway, the adventure is already 210 days on from our departure from Istanbul. When Massimo, Marco and I were eating those great plates of spaghetti and clams at Romano's famous restaurant – I really didn't think that I would find myself in the middle of Africa writing you this letter.

It's hard. This trip. It's very hard, sometimes. What with we three boys, the motorcycles, with all the new cultures, languages, environments, borders, rules, etc. etc. Anyway, it will be a wonderful story in the end. Till the next clams...

I think of you, kisses and hugs
Valerio xox

*****

[EMAIL] 11/3/2011

From: Valerio De Simoni
To: Ren Knerr
Friday, 11 March 2011 2:38 AM

Ciao Ren,

Just wanted to let you know I had a HUGE day of reminiscing the other day about the good old Melrose Place / chocolate-covered almond days...
I wrote a lot down in my diary about so many good memories from Canberra. I'll have to show you no doubt!

How's life? Work? Love? – Here all good. We're a week away from breaking the World Record and we've chosen Zimbabwe, much to mum's heartache, as the location for the "break".

Anyway, lots of love and hope you're well xoxoxo

*****

[EMAIL] 11/3/2011

Da: Valerio De Simoni
A: Lorenzo Logi
Venerdì, 11 marzo 2011 3:18 AM

Carissimo!

Parlavo con Larry l'altro ieri per email e pensavo a tutti quei anni da giovani... Jervis Bay, Nielson Park, le cene, Starcraft, e poi, le birre - tante storie!

Anyway, how are you dude? Study? Work? Papa? China?

I was REALLY pissed off I couldn't make Ted's wedding.. Argh, I would have been so proud to see him! Mamma said the rings were incredible as well.

We're just about to roll out (tomorrow) bound for Mozambique

[EMAIL] 11/3/2011

Da: Valerio De Simoni
A: Ren Knerr
Venerdì, 11 marzo 2011 - 2:38 AM

Ciao Ren,

Volevo solo farti sapere che l'altro giorno ho avuto una LUNGA giornata di reminiscenze dei bei tempi di Melrose Place e mandorle ricoperte di cioccolato...
Ho scritto un sacco sul mio diario su tanti bei ricordi di Canberra. Te lo dovrò sicuramente far vedere!

Come va la vita? Il lavoro? L'amore? Qui tutto bene. Ci manca una settimana per battere il record del mondo e abbiamo scelto lo Zimbawe, con grande preoccupazione di mamma, come location per la battuta".

Comunque, con tanto affetto e stammi bene xoxoxo

*****

[EMAIL] 11/3/2011

FROM: Valerio De Simoni
TO: Lorenzo Logi
FRIDAY, 11 MARCH 2011 - 3:18 AM

My dear friend,

I was talking by email with Larry the other day and thinking about all our younger years... Jervis Bay, Nielson Park, the dinners, Starcraft and then the beers – so many happenings!

Comunque, come stai, mate? Lo studio? Il lavoro? Papà. La Cina?

Mi è VERAMENTE scocciato di non poterci essere al matrimonio di Ted. Argh, sarei stato così fiero di vederlo! Mamma ha detto che anche gli anelli erano stupendi.

Stiamo per ripartire (domani) per il Mozambico prima di puntare sullo

before heading for Zimbabwe to break the world record there and then onwards to Botswana.

I hope you're well and fatti sentire presto.
Un abbraccio

*****

[EMAIL] 11/3/2011

From: Valerio De Simoni
To: Sylvie Narciso
Friday, 11 March 2011 3:48 AM

Hey Sylvie,
On the road there is much time to think.
To think big and to think small. All in all I have done a lot of thinking

I have written down many goals and many ideas and I would like to chat with you in general about the future and all of its potentials.

Can you Skype Saturday morning? Or any other time?
VDS

*****

[FACEBOOK MESSAGE] 11/3/2011

4:56am
Ale, just letting you know that we're trying to get free flight and hotel for us and family and friends to come to Perth for the week starting April 19th (Easter).
I will let you know asap, as it would be awesome if you could come for a few nights even!
Ciao, abbraccio

*****

Zimbabwe dove batteremo il record del mondo, e poi verso il Botswana.

Spero che tu stia bene e hear from you soon.
A big hug.

*****

[EMAIL] 11/3/2011

Da: Valerio De Simoni
A: Sylvie Narciso
Venerdì, 11 marzo 2011 - 3:48 AM

Ciao Sylvie,
Lungo la strada c'è molto tempo per pensare.
Pensare in grande e pensare in piccolo. Fra l'uno e l'altro ho pensato un sacco

Ho buttato giù molti obiettivi e molte idee e vorrei fare due chiacchere con te, in generale, sul futuro e su tutto il suo potenziale.

Puoi chiamarmi su Skype sabato mattina? O quando ti pare?
VDS

*****

[MESSAGGIO FACEBOOK] 11/3/2011

4:56
Ale, solo per farti sapere che stiamo cercado di ottenere dei voli gratis e hotel per noi e famiglia e amici per venire a Perth per la settimana che inizia il 19 aprile (Pasqua).
Ti farò sapere al più presto possibile, dato che sarebbe fantastico se poteste venire anche per pochi giorni!
Ciao, abbraccio

*****

[EMAIL] 11/3/2011

From: Valerio De Simoni
To: Alexander James-Elliott
Friday, 11 March 2011 9:46 PM

Well, to put the trip in perspective for you...
- we live together
- we ride together
- we sleep together
- we eat together
- we get sick together
- we manage the business together
- and there are the inter-personal "friendships"...

So, as you can see, after 210-days, this has to be one of the hardest psychological test I have EVER EVER EVER experienced.

You would think that the 50,000 Km of physical travelling, the 34-countries would be the hard bit... but believe me dude... that's nothing in comparison to the complexities of our team dynamics. Anyway. If it were easy dude, it wouldn't be as special.

Adverto has been downgraded. We are not taking on any new business until the end of the year. But it's still going.

I'm really happy to hear about Taj! Can't wait to stroll down to Bondi with my niece Elena and Taj and get some top-class gelato and kick the ball around!

We'll be back in Sydney in mid-August so keep in touch and congrats on the new job.

Hugs
VDS

*****

[EMAIL] 11/3/2011

Da: Valerio De Simoni
A: Alexander James-Elliott
Venerdì, 11 marzo 2011 - 9:46 PM

Bene, per darti un'idea del viaggio...
- viviamo insieme
- andiamo in moto insieme
- dormiamo insieme
- mangiamo insieme
- ci ammaliamo insieme
- ci occupiamo di tutto insieme
- e poi ci sono le amicizie interpersonali

Quindi, come puoi capire, dopo 210 giorni, questo deve essere uno dei test psicologici più duri a cui io mi sia MAI, MAI, MAI sottoposto.

Forse pensavi che i 50.000 km di viaggio materiale e i 34 paesi fossero la parte più difficile ma credimi, caro mio, non sono niente in confronto alla complessità delle nostre dinamiche di gruppo. Comunque...Se fosse tutto facile, non sarebbe così speciale.

Adverto è stata retrocessa. Non avviamo nuove iniziative fino alla fine dell'anno. Ma va ancora.

Sono veramente contento di sentire di Taj! Non vedo l'ora di farmi una passeggiata per Bondi con mia nipote Elena e Taj, prendermi un super gelato e dare due calci al pallone!

Torneremo a Sydney a metà agosto, quindi teniamoci in contatto e congratulazioni per il nuovo lavoro.

Un abbraccio
VDS

*****

[EMAIL] 12/3/2011

From: Valerio De Simoni
To: rescope@seedingschools.org
Saturday, 12 March 2011 2:29 AM

Hi Mugove, we wont make it there today a bike broke down. Sorry for the late notice again. I will let you know when we leave Lilongwe. Sorry.

*****

[SKYPE]

[12/3/11 09.20.39] marcofaina: giovine? Vale, ci sei?...

*****

[FACEBOOK MESSAGE] 12/3/2011

7:27pm
Morgan Pettini
Val, Gino just called and told us about your accident.
I hope everything is alright you're a strong man and I know you will be fine.
You're in our thoughts and I look forward to hearing from you when you have a chance.
lots of love

*****

FACEBOOK MESSAGE] 12/3/2011

8:42pm
Teall Barnes

Valerio...!!!
Are you okay??
I'm super worried about you. I just heard you had an accident. Jesus I hope you're okay.
I haven't spoken to you for months but I am sorry for this and I really hope you are okay.

[EMAIL] 12/3/2011

Da: Valerio De Simoni
A rescope@seedingschools.org
Sabato, 12 marzo 2011 - 2:29 AM

Ciao Mugove, non ce la facciamo ad arrivare per oggi, una moto si è rotta. Scusami ancora per averti avvisato così tardi. Ti farò sapere quando lasceremo Lilongwe. Mi dispiace.

*****

[SKYPE]

[12/3/11 09.20.39] marcofaina: Hey yo. Vale, you there?...

*****

[MESSAGGIO FACEBOOK] 12/3/2011

19:27
Morgan Pettini
Val, Gino ha appena chiamato e ci ha detto del tuo incidente.
Spero vada tutto bene tu sei forte e sono sicuro che ce la farai.
Sei nei nostri pensieri e attendo con ansia di sentirti quando puoi.
Con grandissimo affetto

*****

[MESSAGGIO FACEBOOK] 12/3/2011

20:42
Teall Barnes

Valerio...!!!
Stai bene??
Sono superpreoccupata per te. Ho appena sentito che hai avuto un incidente. Madonna spero che tu sia okay.
Non ti ho parlato per mesi ma mi dispiace e spero veramente che tu sia okay.
Riguardati e accertati di ricevere tutte le cure mediche giuste.

Rest up well and make sure they give you all the right medical attention.
Be strong.
Love Teall

*****

[FACEBOOK MESSAGE] 12/3/2011

9:05pm
Alice Pettini
Vale!!!!

Just heard the news!! Hope you have a very speedy recovery Vale!!!
Thinking of you all the time!! Tanti baci xx

*****

[FACEBOOK MESSAGE] 17/3/2011

8:55pm
Max Yarrow

Today
Report · 09:27 bad news imfraid.
Report · 09:29 what? Report · 09:30 teddy Jamie and some of the team have lost one of their riders because the kenyan police were after some bad guys and they crashed into one of their drivers which was one of the quadbike riders in their team has gone! so let this person rest in peace. Report · 09:30 what happened max?. Report · 09:30 he broke his 2 arms and 2 legs. Report · 09:30 Who? Report · 09:31 you know the quadbike team that they have with teddy and jamie well my mum just told me to tell you just to say that to jamie. Report · 09:32 max? Report · 09:32 because it was one of his drivers so please send jamie a note from you so we can let his mate rest in peace. Report · 09:33 I dont know who jamie is max. Report · 09:33 he is one of the Kenyons. Report · 09:34 oh ok. at hemingways?. Report · 09:34 YES! so send jamie a note from you just to cheer him up. Report · 09:35ok. sorry. take care, ed. Report · 09:36 Teddy Davant. Ed is offline.

*****

Sii forte.
Con affetto Teall

*****

[MESSAGGIO FACEBOOK] 12/3/2011

21:05
Alice Pettini
Vale!!!!

Ho appena sentito la notizia!! Spero che ti riprenda presto Vale!!! Ti penso tutto il tempo!! *Tanti baci* xx

*****

[MESSAGGIO FACEBOOK] 17/3/2011

21:55
Max Yarrow

Oggi
Report · 09:27 brutte notizie purtroppo.
Report · 09 cosa? Report · 09:30 teddy Jamie e qualcuno del team hanno perso uno dei motociclisti perché la polizia keniana stava inseguendo dei criminali che si sono schiantati su uno dei guidatori di un quad del loro team che è morto! che questa persona riposi in pace. Report · 09 cosa è successo max?. Report · 09:30 si è rotto le braccia e le gambe. Report · 09:30 Chi? Report · 09:31 sai il team con i quad che avevano con teddy e jamie be' mia mamma mi ha appena detto di dirlo anche a jamie. Report · 09:32 max? Report · 09:32 perché era uno dei suoi guidatori per favore manda a jamie un messaggio da parte sua che il suo compagno possa riposare in pace. Report · 09:33 non so chi sia jamie max. Report · 09:33 è uno dei Kenyon. Report · 09:34 oh ok. Dell'hemingway? Report · 09:34 YES! allora manda un messaggio a jamie da parte tua per tirarlo su. Report · 09:35 ok. Mi dispiace. Stammi bene, ed. Report · 09:36 Teddy Davant .Ed non è in linea.

*****

Final page of the journal

Waking Up

Waking up this morning, I smile.
Twenty-four brand new hours are before me.
I vow to live fully in each moment
And to look at all beings with eyes of compassion.

Thic Nhat Hanh

Ultima pagina del diario

Svegliarsi al mattino

Svegliandomi, questa mattina, sorrido.
Ho davanti a me ventiquattr'ore nuove di zecca!
Faccio voto di viverle in pieno ogni momento
e di guardare tutti gli esseri con gli occhi della compassione.

Thic Nhat Hanh